高职高专教育法律类专业教学改革试点与推广教材 ｜ 总主编　金川

民间纠纷调解

王红梅　主编

清华大学出版社
北京

中国·武汉

内容提要

纠纷与法律职业向来有着不解之缘。解决基层司法、行政工作中大量存在的民间纠纷，是法律事务专业毕业生的日常工作之一；纠纷调解的能力是该专业学生必须具备的核心能力之一。本着培养职业能力和"以学为主"的职业教育理念，紧扣法律事务专业人才培养目标与"民间纠纷调解"的课程目标，由多位具有丰富调解实践经验与教学经验的作者共同撰写了这本教材。

本书分为两部分共十一个单元，两部分为：第一部分为调解基础理论，第二部分为调解实务。全书的学习情境分为理论型与实践型两大模块，两者内容均按照总一分的逻辑关系来设置具体学习情境。根据法律事务专业毕业生宽口径的就业现状，在调解基础理论部分设置了人民调解、行政调解、诉讼调解等学习情境，在调解实务部分设置了婚姻家庭纠纷调解实务、相邻关系纠纷调解实务等学习情境。

本教材内参与体例新颖，力求实现理论性与应用性的和谐统一，以及解纷的行业需求与最新的职业教育理念的融合。教材从容解决了为什么学、在哪儿学、学什么、怎么学等教学中的关键问题，适用于法律事务专业学生的教学、自学和对调解工作人员的培训。

图书在版编目（CIP）数据

民间纠纷调解/王红梅主编. ——武汉：华中科技大学出版社，2011.3(2023.1 重印)
 ISBN 978-7-5609-6925-1

Ⅰ.①民… Ⅱ.①王… Ⅲ.①民事纠纷-调解（诉讼法）-中国-高等学校：技术学校-教材 Ⅳ.①D925.114

中国版本图书馆 CIP 数据核字（2011）第 016925 号

民间纠纷调解 王红梅 主编

策划编辑：王京图
责任编辑：焦佳
封面设计：傅瑞学
责任校对：北京书林瀚海文化发展有限公司
责任监印：周治超
出版发行：华中科技大学出版社（中国·武汉）
　　　　　武汉喻家山　邮编：430074　电话：(027)81321915
录　　排：北京星河博文文化发展有限公司
印　　刷：武汉科源印刷设计有限公司
开　　本：710mm×1000mm　1/16
印　　张：15.5
字　　数：287 千字
版　　次：2023 年 1 月第 1 版第 9 次印刷
定　　价：46.00 元

本书若有印装质量问题，请向出版社营销中心调换
全国免费服务热线：400-6679-118　竭诚为您服务
版权所有　侵权必究

总 序

我国高等职业教育已进入了一个以内涵式发展为主要特征的新的发展时期。高等法律职业教育作为高等职业教育的重要组成部分,也正经历着一个不断探索、不断创新、不断发展的过程。

2004年10月,教育部颁布《普通高等学校高职高专教育指导性专业目录(试行)》,将法律类专业作为一大独立的专业门类,正式确立了高等法律职业教育在我国高等职业教育中的重要地位。2005年12月,受教育部委托,司法部牵头组建了全国高职高专教育法律类专业教学指导委员会,大力推进高等法律职业教育的发展。

为了进一步推动和深化高等法律职业教育的改革,促进我国高等法律职业教育的类型转型、质量提升和协调发展,全国高职高专教育法律类专业教学指导委员会于2007年6月,确定浙江警官职业学院为全国高等法律职业教育改革试点与推广单位,要求该校不断深化法律类专业教育教学改革,勇于创新并及时总结经验,在全国高职法律教育中发挥示范和辐射带动作用。为了更好地满足政法系统和社会其他行业部门对高等法律职业人才的需求,适应高职高专教育法律类专业教育教学改革的需要,该校经过反复调研、论证、修改,根据重新确定的法律类专业人才培养目标及其培养模式要求,以先进的课程开发理念为指导,联合有关高职院校,组织授课教师和相关行业专家,合作共同编写了"高职高专教育法律类专业教学改革试点与推广教材"。这批教材紧密联系与各专业相对应的一线职业岗位(群)之任职要求(标准)及工作过程,对教学内容进行了全新的整合,即从预设职业岗位(群)之就业者的学习主体需求视角,以所应完成的主要任务及所需具备的工作能力要求来取舍所需学习的基本理论知识和实践操作技能,并尽量按照工作过程或执法工作环节及其工作流程,以典型案件、执法项目、技术应用项目、工程项目、管理现场等为载体,重新构建各课程学习内容、设计相关学习情境、安排相应教学进程,突出培养学生一线职业岗位所必需的应用能力,体现了课程学习的理论必需性、职业针对性和实践操作性要求。

这批教材无论是形式还是内容,都以崭新的面目呈现在大家面前,它在不同层面上代表了我国高等法律职业教育教材改革的最新成果,也从一个角度集中反映了当前我国高职高专教育法律类专业人才培养模式、教学模式及其教材建设改革的新趋势。我们深知,我国高等法律职业教育举办的时间不长,可资借鉴的经验和成果还不多,教育教学改革任务艰巨;我们深信,任何一项改革都是一种探索、一种担当、一种奉献，改革的成果值得我们大家去珍惜和分享；我们期待，会有越来越多的院校能选用这批教材，在使用中及时提出建议和意见，同时也能借鉴并继续深化各院校的教育教学改革，在教材建设等方面不断取得新的突破、获得新的成果、作出新的贡献。

全国高职高专教育法律类专业教学指导委员会
2008 年 9 月

前　言

我国的调解制度被国际社会誉为"东方一枝花",它是建立在以和为贵的儒家伦理思想与民族心理特征基础之上的,适合我国文化传统与现代社会发展的一种纠纷解决制度。在法律与政策的指引下,调解已成为与诉讼同等重要的纠纷解决机制,且有省时省力、成本低廉、灵活简便等不可比拟的优点。基层法律工作者的重要任务之一就是要化解社会矛盾,促进社会和谐。掌握调解民间纠纷的技能,是法律事务专业的学生一项重要的学习任务。"民间纠纷调解"这一课程,正是适应法律事务专业人才培养目标的多元化、纠纷解决机制的多样化的社会现实而设置的,是高职法律类专业的主干课程之一,是培养高职法律服务人才参与解决民间纠纷能力的核心课程之一。

作为课程教学重要的物质基础,本教材紧扣法律事务专业人才培养目标与"民间纠纷调解"的课程目标,服务于以学为主的教学模式,突出职业性与实践性,着重培养学生的职业能力。"以学为主"既是我们的教学理念,也是我们编著教材的指导思想,主要体现在以下几个方面:

(1) 实训部分比重较大,实训突出"任务驱动法"的应用,配合多样化的教学方法与手段;

(2) 以学生的就业岗位群为导向,以人民调解为重点,兼顾人民调解、诉讼调解与行政调解,并试图让学生将不同性质的调解置于多元化纠纷解决机制的总体框架内进行理解与学习;

(3) 打通了纠纷学与调解学两大领域,以工作任务为导向,以不同性质的纠纷类型的调解为载体,设计不同的学习情景,通过举一反三的练习使学生掌握调解的基本技巧与流程。

总的来说,本教材的特色与创新体现在:

(1) 编写时结合了《中华人民共和国人民调解法》等最新的法律法规的规定;

(2) 结合了国内外最新的 ADR 发展动态、调解学理论成果以及教育教学研究成果;

(3) 首次涉及调解员的职场安全问题;

(4) 充分利用现有的学习资源,将教材与本院已建立的文字案例库、影像案例库、网络教学资源等相结合,以适应灵活多样的教学方法手段;

(5) 实训环节的设计在对以往"以学为主"的教学模式进行总结与反思

的基础上进行了改进，充分予以细化，以调动学生的主观能动性。

另有下列情况需要特别说明：

（1）由于另一门课程"基层常用法律文书制作"已囊括了文书制作的相关内容，因此本教材少有涉及专门的调解文书制作；

（2）实训部分所涉及的文字案例或影像案例若只涉及代码而无特别文字说明，均选自浙江警官职业学院调解实训室的文字案例库或本课程网站的影像案例库，各位培训师可根据自己的需要另选合适的案例；

（3）实训操作题一般都已说明了训练的具体形式，若不加特别说明，培训师可根据教学情况选择具体训练形式，如单独练习、分组练习等。

本教材作者分工情况如下：

王红梅（浙江警官职业学院副教授）：第一、二、三、六学习单元；

韩艳（浙江警官职业学院副教授）：第五、九学习单元；

郭菲（浙江警官职业学院讲师）：第四、十学习单元；

孙琼（浙江警官职业学院讲师）：第七、八学习单元。

全书由王红梅统稿和定稿。

作者
2010 年 9 月于杭州

目 录

第一部分 调解基础理论

学习单元一 调解制度概述 ································· 3
  一、民间纠纷与纠纷解决机制 ··························· 3
  二、调解 ··· 11

学习单元二 人民调解（上） ····························· 16
  一、人民调解的概念 ··································· 16
  二、人民调解的法律地位 ······························· 18
  三、人民调解的作用 ··································· 19
  四、人民调解的活动原则和基本制度 ····················· 22
  五、人民调解协议 ····································· 25
  六、人民调解组织 ····································· 31
  七、人民调解员 ······································· 33

学习单元三 人民调解（下）：人民调解的程序 ············ 40
  一、受理纠纷 ··· 40
  二、调解前的准备 ····································· 42
  三、实施调解 ··· 46
  四、调解的结束与回访当事人 ··························· 50
  五、人民调解协议的变更 ······························· 51

学习单元四 行政调解 ································· 53
  一、行政调解概述 ····································· 53
  二、行政调解的特征与种类 ····························· 57
  三、行政调解的法律地位和法律效力 ····················· 60
  四、行政调解的基本原则 ······························· 63
  五、行政调解的程序 ··································· 64

学习单元五　诉讼调解 ··· 71
　　一、诉讼调解的特征 ··· 71
　　二、诉讼调解的基本原则 ··· 72
　　三、诉讼调解的程序和效力 ··· 73

学习单元六　调解员的职场安全 ··· 78
　　一、调解员的职场安全概述 ··· 78
　　二、调解员的职场安全隐患 ··· 80
　　三、调解员的职场安全维护 ··· 82

第二部分　调解实务

学习单元七　调解的基本技巧 ··· 87
　　学习情景一　调解中的交流技巧 ··· 87
　　学习情景二　调解方式技巧 ··· 105
　　学习情景三　调解方法技巧 ··· 108

学习单元八　婚姻家庭纠纷调解实务 ··· 133
　　一、婚姻家庭纠纷的概念和特点 ··· 133
　　二、婚姻家庭纠纷调解的要点 ··· 135
　　三、处理婚姻家庭纠纷常用法律、法规 ······································· 137
　　学习情景一　人民调解解决婚约财产纠纷 ····································· 137
　　学习情景二　人民调解解决离婚纠纷 ··· 142
　　学习情景三　诉讼调解解决分家析产纠纷 ····································· 150
　　学习情景四　人民调解解决赡养纠纷 ··· 154

学习单元九　相邻关系纠纷调解实务 ··· 165
　　一、相邻关系纠纷的概念与特点 ··· 165
　　二、相邻关系纠纷调解的要点 ··· 167
　　三、处理相邻关系纠纷常用法律、法规 ······································· 168
　　学习情景一　人民调解解决相邻关系纠纷 ····································· 169
　　学习情景二　人民调解解决相邻排水关系纠纷 ································· 174
　　学习情景三　人民调解解决相邻关系纠纷与人身损害赔偿纠纷 ··················· 177

学习单元十　人身损害赔偿纠纷调解实务　181
　　一、人身损害赔偿纠纷的概念与特点　181
　　二、人身损害赔偿纠纷调解的要点　182
　　三、处理人身损害赔偿纠纷常用法律、法规　184
　　学习情景一　诉讼调解解决道路交通事故人身损害赔偿纠纷　184
　　学习情景二　人民调解解决工伤事故人身损害赔偿纠纷　187
　　学习情景三　诉讼调解解决动物伤人人身损害赔偿纠纷　189

学习单元十一　消费纠纷调解实务　194
　　一、消费纠纷情况概述　194
　　二、消费纠纷调解的要点　195
　　三、调处消费纠纷的流程　197
　　四、处理消费纠纷常用法律、法规　200
　　学习情景一　行政调解解决产品质量侵权纠纷　201
　　学习情景二　行政调解解决虚假宣传的消费纠纷　202
　　学习情景三　行政调解解决侵犯消费者人格权纠纷　204
　　学习情景四　行政调解解决售后服务承诺的消费纠纷　205

附录　调解常用法律、法规　210
　　一、中华人民共和国人民调解法　210
　　二、人民调解委员会组织条例　214
　　三、人民调解工作若干规定　216
　　四、最高人民法院关于人民法院民事调解工作若干问题的规定　222
　　五、最高人民法院《关于审理涉及人民调解协议的民事案件的若干规定》　224
　　六、最高人民法院《关于进一步贯彻"调解优先、调判结合"工作原则的若干意见》　226

参考文献　236

第一部分

调解基础理论

学习单元一 调解制度概述

【学习目的与要求】

了解民间纠纷与我国纠纷解决机制之概况,能判断一个纠纷是否属于民间纠纷,属于何种纠纷;掌握调解的概念、特征与功能,理解调解对于建设和谐社会的重要价值。

【学习重点与提示】

纠纷解决机制;调解的概念、特征与功能。

一、民间纠纷与纠纷解决机制

(一)纠纷与民间纠纷

1. 纠纷与民间纠纷的概念

调解最主要的功能就是预防和调处矛盾纠纷,没有纠纷就谈不上调解。了解调解应从了解纠纷入手。

从字面上看,纠纷即争执的事情,纠纷是指人与人(包括自然人、法人与其他社会组织)彼此之间因人身、财产或其他社会关系发生的争执。

民间纠纷的概念有广义与狭义之分。狭义的民间纠纷是指发生在公民与公民之间,公民与法人或其他社会组织之间涉及民事权利义务争议的各种纠纷。[①] 广义的民间纠纷不仅包括民事纠纷,还包括轻微刑事违法行为和违反社会公德而引起的纠纷;不仅包括公民与公民之间,公民与法人或其他社会组织之间的纠纷,也包括法人或其他社会组织相互间的纠纷。[②]

就性质而言,无论是普通的民事纠纷,还是轻微刑事违法行为和违反社会公德而引起的纠纷,都是人民内部的非对抗性矛盾。但这些矛盾纠纷在社会转型时期的广大城乡大量存在,频频发生,有些民间纠纷虽不是法律问题,

---

[①] 参见《人民调解工作若干规定》第20条,这也是《人民调解工作若干规定》所界定的人民调解委员会调解的民间纠纷的范围。

[②] 也有人认为纠纷仅指具有法律意义的争执,是因为法律问题而发生的争执,可参见宋才发、刘玉民主编:《调解要点与技巧总论》,人民法院出版社2007年版,第1页。

影响却很大，处理不当也会演变成法律事件，激化社会矛盾，影响社会和谐。调处民间纠纷是基层法律事务的重要组成部分，是基层法律工作者的主要职责之一。

2. 民间纠纷的特点

（1）民间纠纷的人民性。民间纠纷究其性质是人民内部的非对抗性矛盾。正确处理新时期的人民内部矛盾，关系到改革发展稳定的大局，关系到全面建设小康社会奋斗目标的实现和物质文明、政治文明、精神文明建设的顺利进行。同时，人民内部纠纷的当事人在共同利益上是一致的。因此，对于尚在萌芽状态的纠纷，可以通过预防工作使纠纷当事人互相谅解、互相宽容，消除思想上的隔膜，从而遏制纠纷的发生、发展。

（2）民间纠纷具有广泛性和复杂性。在新的历史条件下，随着我国对外开放程度的扩大、全面建设小康社会的启动，民间纠纷较之于改革开放之前呈现出越来越复杂的态势。民间纠纷广泛存在于经济、政治、思想文化和社会生活等各个领域。上述各个领域内的矛盾又相互交织，彼此影响，从而使得民间纠纷错综复杂，呈现出不同于以往的新特点。

（3）民间纠纷具有长期性和潜伏性。民间纠纷从发生到解决往往需要很长的时间，除少数情况之外，都不太可能在短期内获得解决。特别是彻底做通当事人的思想工作，让当事人心悦诚服地接受调解结果，更是很难在短期内实现。

（4）民间纠纷具有季节性、规律性和可预防性。社会矛盾的生成、发展、激化有着一定的征兆，且有一定的规律可循。民间纠纷发生的时间、地点和发展变化都是有规律的。比如，在节假日里，邻里纠纷、婚姻家庭纠纷比较多；清明时节扫墓祭祖的纠纷多；农忙季节争水、争路、争机具及农机具损害赔偿纠纷多；农闲时节建房、农作物储存、宅基地纠纷多；年终时赡养、债权债务纠纷尤其是拖欠农民工工资的纠纷多，等等。在农村夏季发生的争水纠纷，随着天气的凉爽和雨量的增加，这种纠纷就会缓解，而如果天气越来越热且旱情更严重，争水的纠纷就会加剧。把握了民间纠纷发生时间的规律，有助于做好民间纠纷的预防工作。某些民间纠纷只可能发生在农村，如争水、争农机具的纠纷。宗族之间的纠纷多发生于宗族聚居之地。又如，"民转刑"案件虽多为加害人临时起意激情犯罪，但加害人与被害人之间往往早有积怨存在，等等。一旦掌握了民间纠纷的规律性，则民间纠纷的苗头出现后，我们就能够采取有效措施，防止矛盾进一步发展和激化。因此，对民间纠纷的调解要做到早预防、早调解、防激化、多回访。针对民间纠纷具有季节性和规律性的实际，超前部署，开展有针对性的重点排查走访工作，发现纠纷苗头及时采取针对性措施，能有效避免矛盾纠纷的发生。

（5）民间纠纷具有多变性。民间纠纷并非一成不变，它会随着主观因素和客观形势的变化而发展变化。例如，人民调解委员会若不及时介入纠纷的阻止与调处工作，矛盾便会升级，并向危害后果扩大的方向发展。比如有些民间纠纷一开始只是一般争吵，逐渐成为邻里斗殴，甚至是宗族之间的大规模械斗。民间纠纷的多变性要求人民调解员在纠纷苗头刚一出现时，就要及时展开调解工作，防止纠纷的蔓延和恶化，引导纠纷的缓和与解决。

3. 民间纠纷的种类

以纠纷所指的对象来划分，民间纠纷可分为婚姻家庭纠纷、生产经营性纠纷、财产性纠纷和侵权性纠纷。

（1）婚姻家庭纠纷。这类纠纷是指因婚姻家庭方面的人身关系及由此产生的财产关系所引起的各种纠纷。主要包括因恋爱解除婚约，夫妻不和，离婚，妇女带产改嫁，借婚姻关系索取财产以及父子、婆媳、妯娌、兄弟姐妹、夫妻之间因分家析产、赡养、抚（扶）养以及家务、家庭暴力等引起的纠纷。

（2）生产经营性纠纷。主要是指在社会生产活动中，以生产为目的所引发的纠纷，如种植、养殖、买卖等生产经营性纠纷，还包括因地界、水利、山林果树、草场、滩涂、农机具和牲畜等生产资料使用等引起的纠纷。

（3）财产性纠纷。是指由于财产的确认、归属、损害等问题所发生的纠纷，但不包括因婚姻家庭关系所引起的财产性纠纷和以生产为目的的财产性纠纷。这类纠纷主要包括：所有权纠纷、使用权纠纷、债权债务纠纷。所有权纠纷是指对物质财富的占有、使用、处分、收益权的争议。使用权纠纷是指对物的使用权的争议，如租赁、宅基地纠纷等。债权债务纠纷是指债权人与债务人因债的履行所发生的纠纷。

随着社会经济的发展，生产经营性纠纷和财产性纠纷不仅在数量上显著增长，还在种类上扩大到了如农村土地承包过程中产生的各种纠纷，农业产业化服务中的合同纠纷、划分宅基地、财务管理等方面的纠纷，农村集体企业、乡镇企业在转制、租赁、兼并、破产、收购、转让过程中与职工之间的纠纷，或因拖欠工资、医疗费用等发生的纠纷，在城市（镇）化过程中因征地、拆迁、安置、施工、噪音、道路交通等引发的纠纷[1]，等等。

（4）侵权性纠纷。侵权性纠纷是指纠纷主体一方或数方不法侵害他人的人身权或财产权引起的纠纷，但必须是未构成犯罪的轻微违法行为所引起的。

---

[1] 赵晓彪：《建立民间经济纠纷危机处理机制的思考》，载《甘肃行政学院学报》2005年第2期。

如情节轻微的损害他人财物，轻微伤害，损害名誉等行为以及由此给受侵害一方造成直接或间接财产损失所引起的纠纷。

此外，以纠纷涉及主体的数量为标准，可将纠纷分为双边纠纷和多边纠纷；以纠纷涉及主体的性质为标准，可将纠纷分为个人与个人之间的纠纷，个人与单位之间的纠纷，单位与单位之间的纠纷；以纠纷涉及一方的人数为标准，可将纠纷分为一般性纠纷和群体性纠纷；以纠纷涉及的法律部门为标准，可将纠纷分为传统性纠纷与现代性纠纷，等等。

4. 民间纠纷激化

(1) 民间纠纷激化的概念。

所谓民间纠纷的激化，是指由民间纠纷酿成的特定的刑事案件及自杀案件。近年来，民间有关家庭、婚姻、虐待老人、邻里纠纷等方面的民事案件数量呈上升趋势，许多纠纷调解难度大，事态难平息，矛盾易激化，如处理不当极易引发恶性事件。

(2) 民间纠纷激化的特征。"民转刑"案件非常复杂，但主要表现为下列特征：

①犯罪主体呈"四多"趋势。男性被告人多，文化素质低的多，无业人员多，成年人犯罪多。

②案件类型的集中性。以人身型犯罪为主，犯罪类型以故意伤害、故意杀人、非法拘禁为主，其中故意伤害案件尤为突出。

③作案手段的单一性。从被告人主观故意考虑，一般都是临时起意，虽事先有积怨存在，但转化成刑事案件则大多由突发语言冲突等意外因素的加入而引起的，作案手段表现为激情动手，有预谋地实施暴力犯罪的情形不多。

④纠纷形式的多样性。从纠纷双方主体关系看，主要发生于居民之间、村民之间、外来人员之间。从原民事纠纷的类型看，主要有合同纠纷、恋爱婚姻家庭纠纷、行业竞争纠纷和相邻权纠纷等。①

(3) 民间纠纷激化的规律。

一般认为，民间纠纷的恶性转化，并发展成为凶杀、伤害等恶性案件或自杀事件时，它要经过三个阶段，即纠纷的发生阶段，矛盾的潜伏或发展阶段，纠纷爆发阶段。这就是关于民间纠纷激化问题的三段论。

(4) 预防民间纠纷激化的基本原则。

①预防为主原则。防止民间纠纷激化，必须以预防为主，这是由社会主

---

① 朱珍华：《运用调解制度，及时防范"民转刑"——对民转刑案件调查的思考》，载《湖南公安高等专科学校学报》2004年第3期。

义制度的根本性质决定的,也是由民间纠纷激化的原因、特点及其规律所决定的。只有坚持预防为主的原则,把工作做在前面,才能最大限度地避免由民间纠纷激化酿成"民转刑"案件。

②统一规划、综合治理原则。这是指从整个社会的角度出发,根据与民间纠纷及其激化有关的各因素之间的辩证关系,来对民间纠纷及其激化问题进行根本治理。

③主动干预原则。主动干预是指行政机关、司法机关、人民团体、群众组织以及负有责任的个人,对已经发生或将要激化的民间纠纷主动予以制止的行为。

它包括两方面的内容:一是对发生或群众已上告的纠纷进行积极的调解或处理;二是对已经或将要激化的纠纷主动予以制止,不使事态再扩大。

④注重社会效益原则。社会效益原则,就是讲求工作效率和社会利益。这是坚持局部效益和长远效益的统一,既讲效率又讲效益,否则,仍然会出现民间纠纷激化屡见不鲜的不正常状况。

⑤依靠群众、群防群治原则。群众路线是预防民间纠纷激化的根本路线。对民间纠纷激化的预防采取群防群治的方式就是开展一种群众性的司法活动。

5. 民间纠纷的变化

随着改革开放的不断深入和市场经济条件下利益格局的不断调整,社会发展进入了矛盾多发期,民间纠纷的方方面面都发生了重大变化。

(1) 传统的民间纠纷大量存在并呈现出与其他纠纷相互交错、互为因果的状态。[①] 而新时期人民内部矛盾集中表现为物质利益冲突,经济利益矛盾成为新时期人民内部矛盾的根源性矛盾和主导性矛盾,由于物质利益冲突所引起的民间纠纷在所有的民间纠纷中占绝大多数。

(2) 公民与法人及其他社会组织之间涉及利益关系的纠纷也大量出现,民间纠纷的主体由单一转向多元化,由公民与公民,转化为公民与经济组织、企业、基层干部、基层政府及其职能部门。

(3) 民间纠纷的内容由婚姻、家庭、邻里、房屋宅基地等简单的涉及人身权益、财产权益等方面的纠纷,发展为合同纠纷、土地承包纠纷、下岗失业人员与企业的纠纷、企业拖欠职工工资和医药费纠纷、城市建设噪音扰民纠纷、拆迁征地纠纷等,尤其是群体性纠纷如由动拆迁和企业改制等引发的矛盾明显增多,干群纠纷大量涌现。纠纷的表现形式由当事人之间、当事人的亲朋好友和家族之间,转向有共同利益的群众与集体、经济组织、管理部

[①] 缪新宝:《关于人民调解工作的思考与实践》,载《中国司法》2004年第9期。

门之间的矛盾纠纷。另外，随着我国现代化进程的加快，一些现代型纠纷诸如环境纠纷、产品质量纠纷、医疗事故损害赔偿纠纷、承包权纠纷、采矿权纠纷、社会福利纠纷、公益纠纷等等与日俱增。

（4）民间纠纷的对抗性增强。当前，日益增多的人民内部矛盾，尽管是在人民群众根本利益一致的基础上产生的，一般说来并不具有对抗性。但是，在社会主义初级阶段，多种经济成分并存和矛盾主体日益多元化和复杂化的情况下，人们因物质利益的矛盾而发生冲突，从而引起人民内部矛盾向对抗性的方面转化。① 另外，上述新型纠纷与传统型纠纷相比，当事人一方往往是数量众多且处于弱势的受害人，从而使这些新型纠纷超越个人的利害关系，其争议的焦点往往具有公共性而得以社会化和政治化，其间存在着公的因素与私的因素之间的紧张关系，即新型纠纷的一方当事人往往表现为人数众多的群众，另一方则是政府有关部门，争议的内容往往与政府有关。如果这些矛盾得不到及时合理的解决，就有可能向对抗性转化，就会严重影响正常的社会生活秩序，影响经济发展，造成大局不稳。

面对新形势下民间纠纷的新特点、新趋势，单一而零散的纠纷解决方式是无法应对纷繁复杂的新型纠纷，无法及时化解社会矛盾的。探讨多元调解的方法与策略，建构我国多元化纠纷解决机制，是防止行为失范，巩固合理稳定的公共生活，巩固改革开放胜利成果的必由之路。

（二）纠纷解决机制

1. 纠纷解决机制的概念

纠纷是社会主体间的一种利益对抗状态。② 人们因有限的资源、权力和声望所发生的争斗是永恒的社会现象，也是社会变迁的主要源泉。人类的历史现实表明，纠纷是人类社会的常态。在某种程度上，人类社会的历史，其实也是一部不断产生纠纷和解决纠纷的历史，社会文明的标杆就是在不断生纷和解纷的过程中螺旋上升的。

按照博登海默的说法，"历史表明，凡是在人类建立了政治或社会组织单位的地方，他们都曾力图防止出现不可控制的混乱现象，也曾试图确立某种适于生存的秩序形式。"③ 尽管存在着与主张行为受法律控制和社会生活受规范调整的观念相反的意见，但对历史的研究似乎可以表明，有序生活方式要

---

① 周明海、吴静波：《论人民调解与新时期人民内部矛盾的解决》，载《安徽电气工程职业技术学院学报》2005年第2期。
② 何兵：《现代社会的纠纷解决》，法律出版社2003年版，第1页。
③ ［美］E. 博登海默：《法理学法律哲学与法律方法》，邓正来译，中国政法大学出版社2004年修订版，第228页。

比杂乱生活方式占优势。在正常情形下，传统、习惯、业经确立的惯例、文化模式、社会规范和法律规范，都有助于将集体生活的发展趋势控制在合理稳定的范围之内。① 人类社会的矛盾需要平衡，平衡是解决矛盾的重要手段和根本目的。人类社会普遍存在的矛盾，表现为各不相同的形式，其中的某些重大矛盾表现为民间纠纷。发展为民间纠纷的矛盾，就需要社会干预，需要妥善解决。现代社会避免纠纷引起的过度无序乃至社会动荡，但又不至于削弱社会活力的主要方法，是设置有效的纠纷解决机制。

纠纷解决机制，是指缓解和消除纠纷的方法和制度。当代世界各国都在建构以诉讼为主导或核心，多种辅助手段并存的多元化纠纷解决机制。所谓多元化纠纷解决机制，是指在一个社会中，多种多样的纠纷解决方式以其特定的功能和特点，相互协调地共同存在，所结成的一种互补的、满足社会主体的多样需求的程序体系和动态的运作调整系统。纠纷解决机制发展的总趋势是由单一到多元，由孤立、分散到整合、完备。

2. 纠纷解决机制的种类

根据纠纷解决的制度和方法，可将纠纷解决机制分为自力救济、社会救济和公力救济。

自力救济或称"私力救济"，是指当事人自己解决纠纷，没有第三人的协助，主要包括避让与和解两种方式。避让是指纠纷发生之后，一方当事人主动放弃争执，从而使纠纷归于消灭的行为，其特点在于一方主动放弃争执。和解是指纠纷当事人就争执的问题进行协商并达成协议，从而消灭争执的行为。自力救济是最原始、最简单的纠纷处理机制。

社会救济是指依靠社会力量来解决纠纷的方式，其主要特征是基于纠纷主体的共同愿望，请求除国家机关以外的第三人协助或主持解决纠纷，与自力救济的区别就在于有第三人的介入。由社会力量介入解决民间纠纷的渠道主要有两个，即诉讼外调解和仲裁。运用调解和仲裁的方式处理纠纷，标志着人类社会在纠纷解决机制方面的进步。

公力救济是指利用国家的公权力来解决纠纷，即国家司法机关或行政机关介入纠纷的解决。如果由法院代表国家行使审判权来解决纠纷，其表现形式就是诉讼，这也是最重要的一种公力救济形式。现代社会也广泛存在着由国家行政介入民间纠纷的情形，其表现形式为行政调解。公力救济与社会救济不同，进行诉讼外调解的主要组织——人民调解委员会和仲裁委员会均不是国家机关，民间性是二者的根本属性。而无论法院行使审判权还是行政机

---

① 何兵：《现代社会的纠纷解决》，法律出版社 2003 年版，第 236 页。

民间纠纷调解

关行使行政权,均以国家公权力作为后盾,是为公力救济。

纠纷解决机制经历了由自力救济到公力救济的发展过程,其中也伴随着社会救济的发展。随着市民社会的形成,代表多元利益主体的社会自治组织快速发展,渴望自由地表达各自的利益诉求,化解部分社会矛盾,社会救济的纠纷解决机制大有蓬勃兴旺之势。历史发展到今天,这三类纠纷解决机制已经发展得比较成熟,且是相互交织并存着的,这些解决纠纷的机制共同构成了一个多元化的纠纷解决体系。

根据解决纠纷化解矛盾的途径,可将纠纷解决机制分为法院诉讼与诉讼外办法两种,前者指的是法院运用国家强制力解决民间纠纷的方式,后者被称为"选择性争议解决方式(Alternative Dispute Resolution,简称ADR[①])"、"替代诉讼的争议解决方式"、"非诉讼解决机制"、"代替性纠纷解决程序"、"法院外纠纷解决方式"、"诉讼外纠纷解决方式"、"审判外纠纷解决方式"等。抛开这些译法在名称上的差异,其泛指法院诉讼之外的各种争议解决方法,在审判较难发挥作用的领域,担负起审判的补充和代替功能。不同的文化背景下,解决纠纷的方式和机制往往也是不同的。在西方社会,人们更多地利用双方当事人平等对抗基础上的"竞技性的诉讼"的方式解决纠纷,而在和合文化背景下的古代中国,人们更多地选择调解的方式解决纠纷,从而形成了颇具特色的通过调解解决纠纷的解纷机制和解纷文化。[②] 但在现代社会,世界各国也很重视诉讼外调解,美国、英国、挪威、瑞典、日本、菲律宾等国的诉讼外调解制度都很发达。[③] 基于司法资源的有限性与不断增长的司法负荷之间不可调和的矛盾,世界各国都在进行司法改革。由于灵活简便,费用低廉,充分尊重当事人的意思自治等不可比拟的优势,ADR 被视为能从根本上减轻司法负担的解决纠纷的重要途径,正在世界范围内受到关注及推崇。甚至有人坦言:"(ADR)在当代已逐渐成为民商事争议解决的主流,诉讼往往成为'选择性的'或'替代',而这些其他争议过程却是'正常情况'。"[④]

在我国现阶段,除却诉讼与仲裁,解决争议的重要手段就是调解。从事调解工作的机构主要有:人民法院、仲裁组织、行政机关和人民调解委员会

[①] 在澳大利亚,Appropriate Dispute Resolution(亦简称 ADR)已历史性地替代了 Alternative Dispute Resolution,因为劝说或调解等方式已不仅是诉讼的替代方式,且往往是最优、最适合的争端解决方式。但因我们对 Alternative Dispute Resolution 作了扩大解释,所以仍然沿袭了对 ADR 的上述定义。

[②] 刘敏:《论传统调解制度及其创造性转化——一种法文化学分析》,载《社会科学研究》1999年第1期。

[③] 胡泽君:《人民调解工作的改革与发展》,载《国家行政学院学报》2003 年第 3 期。

[④] 尹力:《调解含义界说》,载《贵州师范大学学报》(社会科学版)2004 年第 4 期。

等。调解密切了当事人之间的关系,成为解决争议的桥梁,而且对争议的解决起到缓冲分流的作用。[1]

二、调解

(一) 调解的概念与特征

通俗地讲,调解是指由一定的组织或个人,依据一定的标准,居于纠纷的双方当事人之间,劝导他们自愿达成和解的活动。调解作为处理纠纷和争端的方法之一,是随着人类社会的出现而产生的;对于人们在物质生产、生活的过程中产生的矛盾和纠纷,需要采取包括调解在内的方法来解决。根据1990年4月19日司法部发布的《民间纠纷处理办法》第15条的规定,处理民间纠纷,应当先行调解。调解时,要查明事实,分清是非,促使当事人互谅互让,在双方当事人自愿的基础上,达成协议。

调解具有如下区别于其他争议解决方式的基本特征:

(1) 调解的主持者是纠纷双方当事人以外的第三方。这里的第三方,在原始社会是民族、部落组织或其内部有威望者;在阶级社会是政府组织、司法组织或者公民个人。与协商谈判相比较,调解最大的特点就在于中立第三方的协助。第三方的协助对当事人之间纠纷的解决具有重要作用。在调解实践中,为保证第三人的中立性,通常第三人应当遵守一定的行为规则,同时,当事人也拥有对第三人的选择权。

(2) 调解的程序和使用的规范具有广泛选择性。作为一种程序便捷的纠纷解决方式,调解无须遵循严格的程序,当事人可以根据纠纷的特点、彼此的关系以及各自的需要选择使用适当的程序。调解时须遵循一定的准则,这里的准则,在原始社会是当时的风俗习惯,在阶级社会是国家的法律和社会公德,调解必须符合法律和政策。但调解所适用的规范相对灵活,除依据现行法律法规外,调解还可以以各种有关的社会规范作为解决纠纷的依据和标准,如地方惯例、行业标准、乡规民约、公共道德准则、通行的公平原则等。

(3) 调解的进行以纠纷当事人的自愿为前提,当事人具有高度的自主性。调解的启动、调解规则的适用、调解员的选定、调解程序的进行以及调解结果的履行等都取决于当事人的共同意愿。纠纷双方当事人对纠纷是否调解要看其自愿,调解后是否能和解要由双方当事人自愿决定。调解主持者不得对

---

[1] 易航帆:《ADR程序群及其启示》,载《中国司法》2004年第5期。

纠纷双方当事人实行强制调解或强制其达成协议。实践中所谓的强制性调解，是法律强制规定的必须经历的程序，也不应理解为侵害了调解的合意本质，因为调解协议的达成及其履行仍取决于当事人的自愿。当事人达成的调解协议具有契约性，至于调解协议是否具有司法性，取决于具体调解机构的性质和各国的立法与实践。

（4）调解主要不是依赖国家强制力，而是采用说服教育的方法解决纠纷，这与审判、行政决定等其他仰赖国家强制力解决纠纷的方式大相径庭。除却诉讼调解与仲裁调解，其他的调解所达成的协议基本上不具有强制执行力，但并非绝对没有法律效力，如经过人民调解达成的协议具有法律约束力。

（5）调解是一种成本低廉的纠纷解决方式。这不仅体现为调解的程序收费低廉，且与旷日持久的诉讼程序相比耗时较短，也体现为调解是在非对抗性的氛围中解决纠纷的，与诉讼程序中纠纷当事人唇枪舌剑、针锋相对的对抗方式比较起来，这种平和对话的方式更有利于维护双方之间长久存在的经贸交往和人际关系。

（二）调解的种类

我国目前的调解已形成了一个多层次、多渠道的调解体系。以调解主体的性质为标准，调解可分为：

1. 民间调解

民间调解是指在非司法性和非行政性的民间组织、团体或个人主持下进行的调解。目前我国普遍存在的中间人"调息"、"说和"的纠纷解决形式源远流长、历史悠久，为广大人民群众所接受，因此，迄今仍有旺盛的生命力。民间调解中最重要的组成部分——人民调解在《宪法》、《民事诉讼法》、《人民调解法》等法律法规中都有规定。在我国，律师调解和仲裁调解本质上也属于民间调解的范畴。我们不赞同学界存在的将民间调解等同于人民调解的观点，这种界定把不具有人民调解特定内涵但在基层纠纷解决过程中随处可见的中间人说和、行会调解、律师调解等调解形式排除在民间调解之外，人为地将民间调解的外延狭隘化了。

2. 行政调解

行政调解是国家行政机关依照法律规定，调解解决某种特定纠纷的活动。比如，2002年9月1日国务院颁布的《医疗事故处理条例》把行政调解作为解决医疗纠纷的必经程序。行政调解在《行政诉讼法》、《民事诉讼法》、《婚姻法》、《道路交通安全法》、《治安管理处罚法》等法律文件中有规定。行政调解可单独适用，也可以合并于行政裁决或行政仲裁中适用，在行政司法中具有不可忽视的作用。

3. 法院调解

法院调解是人民法院处理民事案件、经济纠纷案件和轻微刑事案件的一种诉讼活动。法院调解在《民事诉讼法》和《刑事诉讼法》中有规定。2010年，最高人民法院通过司法解释确立了"调解优先、调判结合"的工作原则。①

随着民间调解、法院调解与行政调解在纠纷处理中的不断融合，相互衔接，一种"大调解"的格局正在形成。所谓的大调解，是指在党委政府的统一领导下，由政法综合部门牵头协调，司法行政部门业务指导，调处中心具体运作，职能部门共同参与，整合各种调解资源，对社会矛盾纠纷的协调处理。其目的是将民间调解、行政调解、司法调解等其他各种调解资源整合在一起，把矛盾纠纷化解在基层。②

（三）调解的功能

（1）调解具有解决纠纷的功能。调解与诉讼一样具有解决纠纷的功能，且调解很少受到法定程序规则的严格限制，因而是一种灵活简便的解决纠纷方式。同时，调解的平和对话的气氛有利于促成当事人合意的形成。③

（2）调解具有实现案件分流，合理分配司法资源的功能。各国相继进入"诉讼爆炸"的时代，法院普遍承受着沉重的诉讼负荷。调解所具有的强大的纠纷解决功能，有助于缓解各国法院普遍面临的诉讼压力。利用和发展调解的纠纷解决方式，也有助于将相当比例的司法资源投入到非诉讼的纠纷解决机制中去，合理分配司法资源。

（3）调解具有降低纠纷解决成本的功能。调解解决纠纷的方式简洁便利，收费低廉，可以节约当事人的时间和金钱，使当事人以较低的代价获得较大的利益。所谓"迟来的正义不是正义"，司法效率对于实现法律正义至关重要。我国《民事诉讼法》规定的普通程序审结期限为六个月，如果因特殊情况在六个月内不能审结的经过本院院长同意后，可以延长六个月。还需延长的要报请上级法院同意。再加上其他各种因素对审判过程的影响，使很多案件久拖不决，更毋论高昂的诉讼费，导致民众将诉讼的纠纷解决方式视为畏途。而调解的程序则简洁便利，严格强调程序效益，如人民调解委员会调解纠纷，一般在一个月内调结。更值得一提的是，在"无讼"传统影响下，我国的纠纷当事人通过正式的诉讼机制实现私权利的结果未必有利于自己，诉讼往往意味着紧张的利益对抗、和谐的人际关系的破坏，这无疑也是一种高

---

① 参见最高人民法院《关于进一步贯彻"调解优先、调判结合"工作原则的若干意见》。
② 章武生：《ADR与我国大调解的产生和发展》，上海市高级人民法院、上海市司法局、上海市法学会编：《纠纷解决——多元调解的方法与策略》2008年版，第6页。
③ 杜闻：《论ADR对重塑我国非诉讼纠纷解决体系的意义》，载《政法论坛》2003年第3期。

民间纠纷调解

昂的成本；而调解却能避免诉讼方式"一场官司十年仇"、"赢了官司输了关系"的遗憾，在协商与对话的气氛中促成当事人达成合意或者重归于好，这比"竞技性的诉讼"更有利于维持纠纷当事人之间的长久的情感关系或商业伙伴关系。

 **相关法律、法规**

1．《中华人民共和国民事诉讼法》第85—90条、第128条、第155条、第180条；

2．《中华人民共和国刑事诉讼法》第172、173条；

3．司法部《民间纠纷处理办法》第3条、第15条；

4．《人民调解工作若干规定》第2条、第20条、第33条；

5．最高人民法院《关于审理涉及人民调解协议的民事案件的若干规定》第1条；

6．最高人民法院《关于人民法院民事调解工作若干问题的规定》第1条、第2条。

 操作训练一　综合练习

训练目的

通过训练，能判断一种纠纷是否属于民间纠纷，并初步培养通过适当的纠纷解决机制解决民间纠纷的意识。

训练材料

某日，章某的邻居王某打死了章某家的鸭子，章某的父亲去向王某索赔，彼此发生吵骂，后经村委会干部调解平息。晚十点左右，王某之子王伟领十余人，持猎枪、刀、斧头等凶器冲到章家院内，章某的母亲上前阻拦，被王伟用刀在嘴唇上刺了一下，造成穿刺性伤害，左眼眶遭到枪托的猛击，造成轻伤。章某的母亲在精神上也受到很大刺激，住院半个月。此事经人民调解委员会处理，仅按医疗费的70%赔偿。

训练要求

请你回答：此案是否属于民间纠纷？应当如何解决？

 操作训练二　分步练习

训练目的

通过旋转木马法的运用，培养学生积极聆听的能力和表达能力，并促使其思考调解的价值与功能，以及合作型法治的特点与优势。

训练材料

苏力先生在《法治及其本土资源》一书中提到电影《秋菊打官司》，电影中秋菊与村长之间的纠纷以村长被行政拘留而告终，但秋菊也并没因此而高兴，说自己"只是要个说法"。

训练要求

第一步

全班同学按照一定的方式排列成内、外两圈，里圈的同学与外圈的同学面对面。先由里圈的同学对下列问题发表看法，由外圈的同学聆听（注意不要随意打断对方的表达）：

(1) 你认为本案中正式的法律干预是对秋菊的保护，还是可能带来更大的伤害？

(2) 立法者的正义观与公众的正义观是否完全一致？

第二步

听到教师"交换"的指令后，里圈的同学停止表述，改由外圈的同学就上述问题作出表述，里圈的同学聆听。

第三步

外圈的同学向左移动两个身位，与外圈的其他同学重新建立一一对应关系。由里圈的同学向新的合作者陈述对下列问题的看法，外圈的同学聆听。调解等非诉讼纠纷解决机制与诉讼相比，你如何评价两者实现正义的价值？

第四步

听到教师"交换"的指令后，里圈的同学停止陈述，听外圈的同学陈述自己就上述问题的看法。

第五步

教师抽查学生的观点进行比较与点评，并对参与者遵守规则的情况给出反馈意见，总结倾听他人陈述的基本要点。

学习单元二 人民调解（上）

【学习目的与要求】

了解人民调解的概念和基本制度，理解人民调解的地位与作用；能深刻理解人民调解的活动原则并能在调解工作中贯彻上述原则；能正确理解人民调解协议的法律效力；了解人民调解组织的基本情况；具备遵守人民调解员职业道德与纪律的意识，知晓人民调解员的各项权利与义务。

【学习重点与提示】

人民调解的概念、性质；人民调解的活动原则；人民调解协议的法律效力；人民调解员的权利与义务。

一、人民调解的概念

（一）人民调解的含义

在日常生活中，我们时常在两个不同的层面上使用人民调解这一词语。"人民调解"在不同的场合具有不同的含义。

（1）有时，人民调解是指一种群众性的社会活动。作为群众性社会活动的人民调解，是19世纪20年代在中国出现的一种独特的调解方式。根据《中华人民共和国人民调解法》（以下简称《人民调解法》）的规定，人民调解，是指人民调解委员会通过说服、疏导等方法，促使当事人在平等协商基础上自愿达成调解协议，解决民间纠纷的活动。实务中将目前遍布全国乡镇基层的司法所所从事的调解活动也纳入广义的人民调解的范畴。

（2）有时，人民调解是指一种法律制度。作为法律制度的人民调解，是指从中国古代社会的诉讼外调解演化发展而来的，运用说理、疏导的方式来排解民间纠纷的群众性自治制度，也是我国重要的排解民间纠纷的法律制度形式。① 例如，"人民调解是我国法律制度体系的重要组成部分"，在上述句子

---

① 秦国荣：《人民调解制度的现代意义分析》，载《新疆大学学报》（社会科学版）2002年第2期。

里面"人民调解"指的就是一种法律制度。

(二) 人民调解的性质

人民调解是人民群众自我教育、自我管理、自我服务的重要手段,这一属性及定位是人民调解工作赖以存在的基础,也是长期以来人民调解工作保持强大生命力、深受群众欢迎的根本原因。尽管人民调解组织形式、调解领域、工作方式有许多新的发展变化,但这一性质始终没有改变。人民调解的本质属性主要体现在其群众性、民间性和自治性这三个方面。当然,从法律上讲,人民调解组织是群众性组织,其工作理念、工作方法应该是以社会化、自治化为特征的[1],但是,目前我国社会自治程度较低,现代意义上的包括基层自治在内的各种自治性组织仍处于培养和发展的过程中,其自治能力和自控能力相对较低[2],当前人民调解的社会化、自治化程度还不高。

(三) 人民调解的基本特征

人民调解既具备调解的一般特征,也具有自身的特征:

(1) 人民调解的主持者是作为基层群众性自治组织的人民调解委员会。它排除了国家行政机关和人民法院主持的调解,也不同于民间存在的个人出面进行的调解。

(2) 人民调解委员会进行调解时要依据一定的标准。这个标准是我国的法律和政策以及社会公共生活准则。

(3) 人民调解的客体是发生在双方当事人之间的民间纠纷,如婚姻纠纷、邻里纠纷、房屋宅基地纠纷、生产经营纠纷等。

(4) 人民调解的方法是教育、疏导。人民调解委员会往往以动之以情、晓之以理、明之以法的方法教育、疏导纠纷当事人,这种处理纠纷的方法既是由人民调解委员会的性质决定的,也是由纠纷的性质决定的。

(四) 人民调解与其他类型调解的关系

人民调解虽然是调解的一种类型,但它与其他类型的调解有明显区别(可参见学习单元三)。包括人民调解在内的民间调解、行政调解和法院调解共同构成我国的调解体系。它们之间虽各有特点,但最终都为同一个目标而服务。它们之间存在着密切的联系,其中,人民调解是法院调解的基础,法院调解是人民调解的重要保障,有效地建立基层人民法院与各人民调解组织间的联通互动机制,使其在各自的执法活动中做到必要的衔接互补,对各自职能的有效开展起着促进作用。

---

[1] 周明海、吴静波:《论人民调解与新时期人民内部矛盾的解决》,载《安徽电气工程职业技术学院学报》2005年第2期。

[2] 范愉:《社会转型中的人民调解制度》,载《中国司法》2004年第10期。

为了保障及时化解纠纷，防止矛盾激化，《人民调解法》在充分总结了几种解决方式之间互相衔接、互相配合、发挥各自优势化解社会矛盾的经验，以及充分贯彻调解优先原则的基础上，对它们的相互衔接进行了程序性规定：

（1）基层人民法院、公安机关对适宜通过人民调解方式解决的纠纷，可以在受理前告知当事人向人民调解委员会申请调解。① 换言之，在法院立案之前或公安机关行政裁决之前，认为有些案件是可以不经过行政、诉讼程序来解决的，可以引导当事人通过人民调解来解决这些矛盾。

（2）人民调解委员会对调解不成的纠纷，应当告知当事人可以依法通过仲裁或者行政、司法途径维护自己的权利。②

（3）经人民调解委员会调解达成调解协议后，双方当事人认为有必要的，可以自调解协议生效之日起三十日内共同向人民法院申请司法确认，人民法院应当及时对调解协议进行审查，依法确认调解协议的效力。③ 这项新制度是对人民调解协议法律效力的有力的司法保障和司法支持。

（4）当事人之间就调解协议的履行或者调解协议书内容发生争议的，一方当事人可以向人民法院提起诉讼。④

二、人民调解的法律地位

我们通常所说的人民调解的地位，即是指人民调解在我国的法律地位。在我国的调解体系中，人民调解具有特殊而重要的地位。人民调解制度是我国独有的一项调处民间纠纷的法律制度，是我国诉讼外解决纠纷的主要方式，属于ADR解纷机制的一种，是我国多元化纠纷解决体系中不可或缺的组成部分。1954年3月制定并颁布的《人民调解委员会暂行组织通则》，成为我国开展人民调解工作的统一的法律依据。1979年7月颁布、1983年9月修订的《人民法院组织法》、《民事诉讼法》中也都有关于人民调解工作的规定。1982年12月颁布的《宪法》明文规定在城市和农村设立人民调解委员会调解民间纠纷，这一规定肯定了人民调解制度的宪法地位。1989年颁发的《人民调解委员会组织条例》，更加具体明确地规定了人民调解制度的地位和作用。2002年最高人民法院通过的司法解释进一步明确了人民调解协议的性质和法律约束力，在最高人民法院与司法部联合召开的全国人民调解会议则奠定了人民

---

① 参见《人民调解法》第18条。
② 同上书，第26条。
③ 同上书，第33条第1款。
④ 同上书，第32条。

调解是基层解决民间纠纷主流手段的地位。2010年8月28日第十一届全国人民代表大会常务委员会第十六次会议通过了《人民调解法》，以法典形式赋予了人民调解坚实可靠的法律地位。

（一）人民调解制度在社会主义民主法制中的地位

人民调解制度是适应人民民主的需要而产生和发展的。随着人民调解制度在全国的普遍建立，它在实现和发展社会主义民主及群众自我管理的事务中，发挥了重要作用。人民调解制度是实现社会主义直接民主的一种重要形式。这是人民群众运用自己的力量，在一定范围内直接、实际地对国家和社会事务进行管理。人民调解是我国解决民间纠纷的一项基本原则，在我国纠纷解决机制中占有独特而重要的地位。人民调解是司法机关解决民间纠纷的有力助手，人民调解制度是我国司法制度的辅助，是我国的重要法律制度之一。

（二）人民调解在社会综合治理中的地位

1. 人民调解组织是社会治安综合治理的重要基层组织之一

搞好人民调解组织，有利于把社会治安综合治理的各项措施落实到基层，形成一个上下结合、齐抓共管、群防群治的局面。

2. 人民调解队伍是社会治安综合治理的一支重要力量

首先，社会治安综合治理是一项需要全社会共同参与的系统工程，而人民调解人员是其中的一支重要力量。他们不仅有庞大的队伍，而且广大调解人员工作在基层，生活在群众中，联系着数以亿计的人民群众，他们可以充分利用和发挥其地熟、人熟、情况熟的特点和优势，将广大群众动员组织到社会治安综合治理的行列中来。其次，当前的犯罪不少是由于民间纠纷激化引起的。大力加强人民调解工作，及时预防纠纷、排查纠纷、妥善处理纠纷，就能很好地预防和大大减少这类犯罪的发生。我国的司法机关对民间纠纷和犯罪的预防虽然也能够起到巨大作用，是搞好社会治安的主要力量，但由于对问题发现不及时或不了解，有时很难做到对症下药，因此，人民调解是搞好社会治安综合治理的一项重要治本措施。[1]

三、人民调解的作用

（一）人民调解具有促进社会主义物质文明建设的作用

民间纠纷的发生，对经济的发展有很大的负面效应。建设社会主义物质文明，需要有一个良好的生产、生活秩序和社会环境，需要及时解决生产、

---

[1] 翟东堂：《人民调解制度的社会功能及其完善》，载《商丘师专学报》1999年第3期。

流通领域里产生的各类纠纷，需要最大限度地调动人民群众的生产建设积极性。通过人民调解组织的调解活动妥善解决各类纠纷，能给生产建设创造一个良好的环境，使劳动者最大限度地发挥主观能动性，达到与生产力其他要素的最佳结合，保证生产经营的顺利进行，直接促进生产和经济的繁荣。

(二) 人民调解具有促进社会主义精神文明建设的作用

不知法、不懂法和落后的思想意识是产生各种民间纠纷乃至导致犯罪的重要原因之一。根据《人民调解工作若干规定》第3条第2项的规定，通过调解工作宣传法律、法规、规章和政策，教育公民遵纪守法，尊重社会公德，预防民间纠纷的发生是人民调解委员会的任务之一。人民调解组织调解的各种纠纷，都涉及道德、纪律、法律等方面的问题，人民调解组织调解纠纷的过程，就是向当事人及周围群众进行道德、纪律、法制宣传教育的过程。这对促成良好道德风尚的形成，有效地遏制犯罪进而促进社会主义精神文明建设起到重要作用。

(三) 人民调解具有促进民主法治建设进程的作用

作为现代调解制度重要组成部分的人民调解制度是建立在市场经济和民主政治基础上的，反映了现代市场经济和民主政治的法权要求，有利于法治的实现。与很多人的设想不同，人民调解非但不是法治的对立面，不但不会阻滞法治进程，蚀损法治精神，恰恰相反，人民调解具有与法治的亲和性，它可以成为法治发展的促进性力量。[①] 人民调解是在坚持和强调自愿合法的基础上解决纠纷的，反映了现代市场经济条件下私法自治或私权自治的要求，体现了对当事人权利的尊重，尤其是对当事人意思自治权的尊重。法治是以确立法律至上原则，对权力进行限制和控制、对权利进行确认和保障为构成要素的，人民调解符合了保障权利这一法治的核心要素的要求。人民调解的当事人通过人民调解组织的依法调解来解决纠纷，这一制度的确立和实施，有利于培养公民对法律的情感和信仰，而公民对法律的情感和信仰正是实现法治的一个前提条件。

(四) 人民调解具有缓解和消除社会矛盾，改善人际关系，促进社会和谐的作用

人民调解体现了强调和追求和谐的中国传统法律文化，这种和合文化对于调节人际关系，促进社会的稳定有序发展具有不可低估的积极作用。这种主张社会本位、追求秩序和谐的基本理念，反映了中国人对他人、社会、国家利益的切实关心和注重人情温暖的伦理观念，这对于指引社会成员行为的

---

① 韩波：《人民调解：后诉讼时代的回归》，载《法学》2002年第12期。

理性化,防止和减少社会矛盾冲突,形成和谐稳定的社会秩序是有非常积极的意义的。① 人民调解的出发点就是为了能建立形成良好的社会人际关系,使社会各阶层的利益主体在争取自身利益的同时,兼顾对方当事人的利益及社会公共利益,并做到在分清是非曲直的基础上,达到既维护当事人的合法权益,也维护社会稳定和形成良好人际关系的目的。大量的民间纠纷通过人民调解解决在基层,使成千上万个家庭和个人,消除了隔阂,改善了关系,增强了团结,这对整个社会的安定团结,具有重要作用。

(五) 人民调解具有政法工作第一道防线的作用

刘少奇同志在1957年曾说过:"人民调解工作是政法工作的第一道防线"。

首先,人民调解可以有效地预防矛盾的激化,有助于将矛盾及时、有效地控制在萌芽状态,能够预防犯罪,减少犯罪的发生和协助公安、检察机关发现犯罪、打击犯罪。

其次,在社会矛盾纠纷解决机制中,人民调解是"第一道防线",法院诉讼是最终和最权威的"最后一道防线"。换言之,应当让诉讼外解纷机制化解大部分民间纠纷,只有在其他途径无法解决的时候,才能借助于国家强制力来解决。"如果一个社会完全靠国家强制力来化解矛盾,维护稳定,那么这个社会是不健全的,这种稳定是脆弱的,执政的成本也是昂贵的。"② 将民间纠纷通过人民调解工作化解在第一线,有利于建立和运用社会稳定的长效机制,是件利国利民的好事。近五年来,全国人民调解组织直接调解、协助基层人民政府调解各类民间纠纷2900多万件,调解成功2795万件,调结率为96%;防止因民间纠纷引起的自杀10万余件,防止因民间纠纷转化成刑事案件25万余件。人民调解已成为我国纠纷解决机制中的"第一道防线"。

(六) 人民调解具有沟通党和人民政府与人民群众相互联系的渠道作用

首先,按照我国《村民委员会组织法》的规定,村民委员会的任务之一,是向人民政府反映村民的意见、要求和提出建议,人民调解委员会是村(居)民委员会的一个组成部分,对村(居)民委员会的规定,也当然适用于人民调解委员会。这就在党和人民政府与人民群众的相互关系上起了桥梁作用。

其次,人民调解组织是一个巨大的社会信息网络,也是一个庞大的信息

---

① 秦国荣:《人民调解制度的现代意义分析》,载《新疆大学学报》(社会科学版) 2002年第2期。

② 胡泽君:《人民调解工作的改革与发展》,载《国家行政学院学报》2003年第6期。

传导体系。通过它，党和政府可以及时获得大量来自基层和群众的各种信息，这就为党和政府制定、修改政策法律，进行各种决策提供了依据。

四、人民调解的活动原则和基本制度

依据《人民调解工作若干规定》第4条的规定，人民调解委员会调解民间纠纷，应当遵守下列原则：(1) 依据法律、法规、规章和政策进行调解，法律、法规、规章和政策没有明确规定的，依据社会主义道德进行调解；(2) 在双方当事人自愿平等的基础上进行调解；(3) 尊重当事人的诉讼权利，不得因未经调解或者调解不成而阻止当事人向人民法院起诉。《人民调解法》第3条则规定，人民调解委员会调解民间纠纷，应当遵循下列原则：(1) 在当事人自愿、平等的基础上进行调解；(2) 不违背法律、法规和国家政策；(3) 尊重当事人的权利，不得因调解而阻止当事人依法通过仲裁、行政、司法等途径维护自己的权利。据此，可将人民调解的活动原则概括为依法调解原则、自愿平等原则和尊重当事人权利的原则。调解不收费则是人民调解的显著特征，是一项基本制度。

(一) 依法调解原则

依法调解，是指人民调解组织必须依照国家的法律、法规、规章和政策进行调解，调解活动不得违背法律、法规和国家政策。法律、法规、规章和政策没有明确规定的，根据社会主义道德规范进行调解。与纯粹的持当事人主义，特别尊重当事人处分权的调解不同，目前从整体上看人民调解还不可避免地带有官方或半官方色彩，调解员在调解过程中自觉或不自觉地表现出职权主义的倾向，因此，不排除当事人在调解人员的劝说下，迫于种种压力而勉强作出让步的可能性存在。例如，城镇街道人民调解委员会的委员往往兼负该街道或该街道下辖社区的综合治理、消防安全等职责，又如，司法所的司法助理员系政府行政机关公务人员等，都有可能对部分当事人形成一定的制约与心理压力。在这样的背景下，我们更应强调依法调解的原则。

依法调解的原则，包括如下方面：

(1) 调解的范围合法。依据《人民调解工作若干规定》第20条和第22条的规定，人民调解委员会调解的民间纠纷，包括发生在公民与公民之间、公民与法人和其他社会组织之间涉及民事权利义务争议的各种纠纷；法律、法规规定只能由专门机关管辖处理的，或者法律、法规禁止采用民间调解方式解决的，以及人民法院、公安机关或者其他行政机关已经受理或者解决的纠纷，人民调解委员会不得受理调解。某些基层的调解人员为了避免民事纠纷激化为刑事案件,将个别已然构成犯罪的刑事案件也当成普通的民事纠纷来调解,对这些刑事案件隐瞒不报,甚至阻止压制被害人向司法机关控告,这就严重违反了依法调解原则。

(2) 调解的方式、方法合法。今天我们的社会生活的意识中已经渗透了法和权利的观念,完全不问法律上谁是谁非而一味地无原则地要求妥协的调解方式已不可能再获得民众的支持,因为申请调解的当事人虽然没有选择利用诉讼制度,却也是为了实现自己的权利才提出要求调解。受数千年的封建臣民意识,及几十年高度集权和计划经济体制支配下的观念影响,人民调解尚有较浓重的"重义轻利"色彩和"折衷调和"等现象。显然这与法治社会注重人们权利和义务,注重人民利益的观念是相异的。[1] 人民调解依据的是法律,这与传统的民间调解强调"循礼重于循法"是根本不同的。依法进行调解,就要切实转变固有的传统观念,切实提高权利、义务、利益观念。应在分清是非,明确责任的基础之上,促成当事人互谅互让达成协议。调解的结果必须要使责任方明白所负的责任;享有权利的一方,要明白自己应有的权利。因此,调解不是"和稀泥",不是一味地无原则地要求一方忍让,从而息事宁人,而是应在明确权利义务的前提下进行,或谴责、或维护要分明。在公正与效益的价值体系当中,既要注重有效率地解决纠纷,更要尊重当事人的合法权利,不能以牺牲一方当事人的正当权益而换取调解的成功率。我们不赞同在调解中将当事人的合意强调到极致,而忽略了公正价值的实现的做法。因为,人民调解不仅要达到解决纠纷的目的,同时也担负着预防纠纷的任务,如果当事人通过人民调解所实现的权利与其若采取审判的解纷方式所能实现的权利相去甚远的话,则纠纷的解决只是暂时的,一旦当事人的权利意识觉醒,纠纷会以新的形式爆发出来。尊重当事人的法定权利,也是现代市场经济的内在要求。

(3) 经调解,当事人双方达成的协议合法。人民调解的当事人是通过协议来达成合意的,其判断的依据除了法律,还有传统的情理观念、社会常识、风俗习惯等,而且调解员的调解往往是建立在对民间纠纷的矛盾渊源及当事人具体情况的深刻了解的基础上的,因此,比起法官仅仅根据法律和针对纠纷本身所作出的一刀切的裁决,调解更容易带来符合实际情况的衡平式的解决。然而,调解协议是当事人合意的集中体现,只有双方达成的调解协议合法,才能使当事人的合意获得正当性。此外,当事人期待通过人民调解来实现自身的权利最大化,这只有在调解结果与审判结果基本一致的情况下才有

---

[1] 陶舒亚:《论人民调解制度》,载《现代法学》1999年第3期。

可能,如果其通过调解所实现的权利与法院处理应获实现的权利相比质量较差的话,即使节约了当事人的成本,其实效依然要大打折扣。

(4) 尽最大的可能避免"民转刑",但不得随意混淆民事案件与刑事案件的界限,更不应对刑事案件隐瞒不报。有些基层的人民调解组织或者人民调解员将避免"民转刑"强调到了极致,把刑事案件当成普通民事纠纷来处理,甚至对刑事案件隐瞒不报,还阻止受害人向司法机关报案;而受害人也往往经过一番劝说,再加上若干经济补偿,便息事宁人,哑巴吃黄连,有苦自己吞。这样做的后果极其严重,且不说这种做法本身就是违法的,事实上使法律变成了一纸空文,而对刑事案件隐瞒不报,无论出于何种动机,其结果都是包庇了犯罪分子。如果只用经济赔偿的手段来处理刑事案件,不啻于是对违法犯罪行为的怂恿纵容,使犯罪分子仗着手中有钱为所欲为逍遥法外,使良善群众缺乏安全感,提心吊胆过日子。这种混淆民事纠纷与刑事案件本质区别的做法违背了依法治国的方略,践踏了法律的权威,不利于从根本上打击犯罪和维护社会的长治久安。

(二) 自愿平等原则

自愿平等原则,指人民调解委员会应在双方当事人自愿平等的基础上进行调解,不能采取任何强迫措施。调解必须建立在当事人双方完全合意的基础上。合意是调解的本质要求,因为这是强调契约自由、意思自治的市场经济的内在要求。

自愿平等原则表现在如下几个方面:(1) 用调解的方式解决纠纷是矛盾双方当事人真实意思的表示,其有决定选择调解程序和方式的自由。(2) 调解组织受理纠纷时和在调解纠纷时,都必须坚持自愿原则。调解前,尊重当事人有选择诉讼或调解方式来解决纠纷的自由;调解中,尊重当事人有终止调解,选择诉讼的自由;调解后,尊重当事人依法向法院诉讼的自由。(3) 调解协议是矛盾双方真实合意的表示,调解协议的内容完全由双方当事人自己做主,调解协议书的签订必须双方同意。(4) 调解协议要当事人自觉履行。

(三) 尊重当事人权利的原则

尊重当事人权利的原则,是指人民调解委员会对民间纠纷的调解不是起诉的必经程序,不得因未经调解委员会调解或者调解不成而阻止当事人以仲裁、行政、司法等途径维护自己的权利。根据《中华人民共和国人民调解法》第26条的规定,人民调解员调解纠纷,调解不成的,应当终止调解,并依据有关法律、法规的规定,告知当事人可以依法通过仲裁、行政、司法等途径维护自己的权利。

尊重当事人权利的原则有两方面的内容：一是纠纷发生时，双方当事人均有选择权，可以不经人民调解委员会调解而直接向有管辖权的人民法院起诉，或通过行政、仲裁等途径解决纠纷；二是在人民调解委员会调解进行中，双方或一方当事人不愿继续调解，即可向调解委员会提出退出调解而向有管辖权的人民法院起诉或通过行政、仲裁等途径解决纠纷。

（四）人民调解不收费制度

《人民调解法》第4条规定，人民调解委员会调解民间纠纷，不收取任何费用。这就是人民调解不收费制度。该项制度要求各种类型的人民调解组织、人民调解员和参加调解工作的其他人员，以及这些人民调解组织的设立单位，不得向当事人收取或者变相收取任何费用、财物。①

五、人民调解协议

（一）人民调解协议的概念

人民调解协议，是民间纠纷的双方当事人在自愿平等的基础上，就争执的权利义务关系，依照法律政策达成的一致意见，也是在人民调解委员会主持下形成的纠纷解决的法律文书。《人民调解法》首次以法律的形式肯定了人民调解协议的法律效力，该法第31条规定：经人民调解委员会调解达成的调解协议，具有法律约束力，当事人应当按照约定履行。

（二）人民调解协议的效力

对于人民调解协议是否具有效力，理论上历来有肯定说和否定说这两种相左的观点存在。

肯定说认为人民调解协议具有法律效力，其主要理由有：

（1）调解协议是对当事人之间存在的法律关系的重新确定，是当事人真实意思的表示，因此达成的协议是一种合法的法律行为，应具有法律约束力。

学界对于人民调解协议是否属于民事合同，亦存在着肯定说与否定说两种看法。肯定说认为调解协议实质上是传统民法上的和解合同，是一种无名合同，与《合同法》规定的十五种有名合同一样，是平等主体之间设立、变更、终止民事权利义务关系的协议。不能因为有调解员主持参与就改变其法律性质。调解员不是仲裁员，更不是法官，当事人在调解员居间调解下，处分的是自己的私权，所达成的协议应具有合同的法律效力。②

---

① 全国人大常委会法制工作委员会民法室、中华人民共和国司法部法制司编著，扈纪华、陈俊生主编：《中华人民共和国人民调解法解读》，中国法制出版社2010年版，第18页。

② 胡泽君：《人民调解工作的改革与发展》，载《国家行政学院学报》2003年第6期。

否定说认为人民调解协议不同于民事合同。人民调解协议与《合同法》所调整的合同存在着诸多不同之处：①人民调解协议所涉及的纠纷的范围已超出了《合同法》所调整的合同的范围。人民调解协议是当事人之间就已发生的民事纠纷而自愿达成的协议，其不仅是解决民事纠纷方面的协议，而且还有非民事法律关系的、纯属道德问题方面纠纷的协议，有些属于轻微刑事违法行为引起的纠纷的协议。① 而《合同法》所称的合同，是平等主体的自然人、法人、其他组织之间设立、变更、终止民事权利义务关系的协议。②一般民事合同一旦被撤销，或被宣告无效，其法律后果是返还财产或赔偿损失，而人民调解协议一旦被撤销或被宣告无效，原纠纷依然存在，当事人仍可就原有的争议的法律关系向人民法院提起诉讼。② ③一般民事合同的标的是基于一定的民事法律事实所产生的民事权利义务，其目的在于设立、变更或终止民事权利义务关系。而人民调解协议的对象，是一定法律关系所生之争执，故争议法律关系是调解协议客体，其目的在于解决彼此争端，从而达到确定民事权利义务的目的。④从法院管辖的确定来看，一般的民事合同争议由被告住所地和合同履行地法院管辖，而调解协议一旦发生争执，基于人民法院对调解组织的指导和监督，当事人只能向调解所在地人民法院提起变更或者撤销之诉。⑤作为解决争议的一种形式，与仲裁委员会作出的裁决书、法院作出的调解书等一样，人民调解协议也是经过一定程序达成的结果，不宜将其视为一种民事实体法律关系。⑥作为一种民事合同，从纠纷解决的角度而言，当事人的民事权利义务只是暂时确定了，时刻有引发纠纷的可能，将人民调解协议视为一种民事合同，有违效率原则。③ 基于上述理由，有学者认为将人民调解协议视为一种民事合同是不妥当的。

(2) 调解委员会作出的调解协议如不具有法律效力，势必影响调解机构职权的行使。

否定说认为人民调解协议不具有法律效力，持否定意见的理由是：

(1) 如果人民调解协议具有法律效力，实际上等于把执法的权能授予了一个群众性自治组织，在理论上说不通，且有损于法律尊严。

(2) 调解协议是建立在当事人自愿基础上的，如果强求当事人履行协议，必然同人民调解工作的本质特点与基本原则相悖。

(3) 多数调解人员文化水平较低，法律知识欠缺，调解协议内容的合法性可疑，如果强迫当事人履行，势必损害法律严肃性。

---

① 陈楚天：《人民调解制度与人民调解协议的再完善》，载《齐齐哈尔大学学报》（哲学社会科学版）2004年第5期。

② 同上。

③ 江伟、廖永安：《简论人民调解协议的性质与效力》，载《法学杂志》2003年第2期。

在实践中，由人民调解委员会主持经双方当事人自愿协商达成的调解协议在过去被视为无法律效力的协议，缺乏法律强制力的保障，其履行有赖于诚实信用的道德原则和社会舆论的压力，当事人可以任意反悔、不履行协议而向人民法院起诉，这给当事人、人民调解委员会乃至整个社会造成不良影响，也增加了人民法院的负担。根据《法律年鉴》的资料统计，在20世纪80年代调解与诉讼的比例约为10：1（最高时达17：1），到2001年却降至1：1，从而与法院的案件快速上升以及世界ADR纠纷解决机制的蓬勃发展，形成了鲜明的对比。其中的一个重要原因，是法律对于人民调解协议的效力缺乏明确规定。[1] 根据我国《民事诉讼法》和《人民调解委员会条例》的规定，人民调解委员会依照法律规定，根据自愿原则进行调解。当事人对调解达成的协议应当履行，不愿调解、调解不成或者反悔的，可以向人民法院起诉。这一规定导致普通公民乃至法官对人民调解协议采取否定的效力评价，将其视为只能约束"君子"，不能约束"小人"的"君子协定"。如果纠纷当事人不顾社会信誉，对调解协议予以反悔，不按调解协议方式履行义务，调解人员进一步做工作又无效，调解组织和调解人员以及对方当事人都无能为力，后者只能向人民法院提起诉讼以解决争议。这就动摇了当事人对调解组织的信任，致使许多纠纷久拖不决。

正是基于上述背景，最高人民法院于2002年9月5日通过了《关于审理涉及人民调解协议的民事案件的若干规定》，首次明确了人民调解协议具有民事合同的性质。根据该规定第1条，"经人民调解委员会调解达成的、有民事权利义务内容，并由双方当事人签字或者盖章的调解协议，具有民事合同性质。当事人应当按照约定履行自己的义务，不得擅自变更或者解除调解协议。"最高人民法院和司法部的这一举措，赋予人民调解协议以一定的法律效力，初步实现了人民调解制度和诉讼制度的对接，在当时具有积极意义。为了引导公民在自愿的基础上慎重地处分权利，使调解协议得到有效履行，《人民调解法》第31条规定：经人民调解委员会调解达成的调解协议，具有法律约束力，当事人应当按照约定履行。这一规定明确了人民调解协议在法律上的效力，即履行调解协议不仅是当事人的道德义务，也是其法定义务。显然，立法者认为调解协议并不等同于民事合同，而且其效力应高于民事合同，因此没有在《人民调解法》中规定人民调解协议属于民事合同。

根据上述规定，人民调解协议的法律效力主要体现在以下两个方面：

（1）人民调解协议具有法律约束力，当事人应当按照协议内容履行自己

---

[1] 江伟、廖永安：《简论人民调解协议的性质与效力》，载《法学杂志》2003年第2期。

的义务。一方当事人不履行的，对方当事人可以要求其履行，也可以请求人民调解委员会督促其履行。

(2) 人民调解协议不具有强制执行的效力，但经司法确认，由人民法院依法确认调解协议有效的，该调解协议即具有强制执行的效力。必须指出的是，《人民调解法》第31条第2款规定，人民调解委员会的职责仅限于对调解协议的履行情况进行监督，督促当事人履行约定的义务，如果当事人仍然拒绝履行，人民调解委员会不能强制当事人履行，而只能根据《人民调解法》第31条和第32条的规定，建议另一方当事人向人民法院提起诉讼或以其他方式解决纠纷。

(三) 人民调解协议的司法审查

根据《人民调解法》第32条的规定，经人民调解委员会调解达成调解协议后，当事人之间就调解协议的履行或者调解协议的内容发生争议的，一方当事人可以向人民法院提起诉讼。对调解协议的履行发生争议主要指当事人不愿意履行或者履行不符合约定；或在订立调解协议时对履行的期限、方式等约定不够明确等。对调解内容发生争议，指的是当事人认为在订立调解协议时存在误解、显失公平等情形，或当事人认为自己是在受欺诈、胁迫等情况下订立调解协议等。[①] 当事人向人民法院提起诉讼，应当遵守《民事诉讼法》和有关司法解释关于管辖、起诉和诉讼时效等事项的规定。根据最高人民法院《关于审理涉及人民调解协议的民事案件的若干规定》第5条的规定，人民法院可依法认定调解协议无效。

《人民调解法》还规定了人民调解协议的司法确认制度。该法第33条规定：经人民调解委员会调解达成调解协议后，双方当事人认为有必要的，可以自调解协议生效之日起三十日内共同向人民法院申请司法确认，人民法院应当及时对调解协议进行审查，依法确认调解协议的效力。人民法院依法确认调解协议有效，一方当事人拒绝履行或者未全部履行的，对方当事人可以向人民法院申请强制执行。人民法院依法确认调解协议无效的，当事人可以通过人民调解方式变更原调解协议或者达成新的调解协议，也可以向人民法院提起诉讼。当事人依法申请强制执行的，也应该遵循《民事诉讼法》中关于管辖、期间等事项的规定。

司法实践中也有当事人向人民法院对人民调解协议提请司法审查，人民法院不予确认该调解协议效力的情形：一是调解协议内容不明确，无法确认

---

① 全国人大常委会法制工作委员会民法室、中华人民共和国司法部法制司编著，扈纪华、陈俊生主编：《中华人民共和国人民调解法解读》，中国法制出版社2010年版，第128页。

和执行的；二是确认非法同居等身份关系存在的协议；三是主张以物抵债的协议等。

（四）人民调解协议的无效、撤销与变更

根据司法实践，人民法院对调解协议进行审查后，决定是否确认调解协议的效力。审查的结果一般有两种情形：一是调解协议有效，二是调解协议全部或部分无效。

1. 调解协议有效

具备以下条件的调解协议应确认为有效：一是当事人具有完全民事行为能力；二是当事人意思表示真实；三是调解协议的内容不违反法律、法规的强制性规定或者社会公共利益。

2. 调解协议全部或者部分无效

根据最高人民法院《关于审理涉及人民调解协议的民事案件的若干规定》第5条的规定，有下列情形之一的，调解协议无效：

（1）损害国家、集体或者第三人利益；

（2）以合法形式掩盖非法目的；

（3）损害社会公共利益；

（4）违反法律、行政法规的强制性规定；

（5）人民调解委员会强迫调解的，调解协议无效。

在理解和适用上述规定时，应注意掌握以下的规则：

（1）对国家利益、集体利益的理解不能随意化，不能把国有企业的利益、银行的利益、某些国家机关的利益错误地理解为国家利益；不能把集体经济组织的利益片面地理解为集体利益。特别是在一方当事人为自然人而另一方当事人为国有企业时，以所谓保护集体利益为由损害自然人的合法权益。因为对各种民事主体实行平等保护是民事法律的基本要求。

（2）要正确理解社会公共利益。在西方国家的民事立法中，常常规定合同内容不得违反"公共秩序和善良风俗"。而实践中确实有些合同的内容损害的不是国家、集体或者第三人利益，国家现行法律、行政法规也没有对这一行为作出明确的禁止性规定，但确实违反了社会公共利益和善良风俗，应在禁止之列，但我国现行民事立法中还未有"公共秩序和善良风俗"的提法，该条款中依然沿用了《民法通则》和《合同法》中违反"社会公共利益"的提法。在理解和适用该条时，对司法解释中的"社会公共利益"应作扩大解释，实际上包含了公共秩序和善良风俗。

（3）不得擅自扩大对"违反法律、行政法规的强制性规定"的解释。只有违反法律、行政法规的禁止性规定，才是调解协议无效的情形之一，因此，不能以合同中存在违反法律授权性规定和倡导性规定为由，认定该合同因违法而导致无效。

根据新确立的人民调解协议的司法确认制度，人民法院依法确认调解协议无效的，当事人可以通过人民调解方式变更原调解协议或者达成新的调解协议，也可以向人民法院提起诉讼。

根据最高人民法院《关于审理涉及人民调解协议的民事案件的若干规定》第6条的规定，下列调解协议，当事人一方有权请求人民法院变更或者撤销：(1)因重大误解订立的；(2)在订立调解协议时显失公平的。一方以欺诈、胁迫的手段或者乘人之危，使对方在违背真实意思的情况下订立的调解协议，受损害方有权请求人民法院变更或者撤销。当事人请求变更的，人民法院不得撤销。

这里所谓的调解协议的变更，仅指内容的变更，即对调解协议所约定的当事人双方的权利义务作出调整，而不涉及主体的变更，即不涉及变更双方当事人。

因调解协议显失公平或因重大误解而订立调解协议等原因而遭受不利的一方当事人是撤销权人。撤销权人行使撤销权，应当向人民法院提起撤销调解协议的诉讼。不通过向人民法院提起诉讼的方式行使撤销权，而是单方面向对方当事人主张撤销调解协议的，不能发生撤销调解协议的法律效力。

根据最高人民法院《关于审理涉及人民调解协议的民事案件的若干规定》第7条的规定，有下列情形之一的，撤销权消灭：(1)具有撤销权的当事人自知道或者应当知道撤销事由之日起一年内没有行使撤销权；(2)具有撤销权的当事人知道撤销事由后明确表示或者以自己的行为放弃撤销权。

无效的调解协议或者被撤销的调解协议自始没有约束力。调解协议部分无效，不影响其他部分效力的，其他部分仍然有效。①

(五) 调解协议的诉讼时效

调解协议的诉讼时效，适用《民法通则》第135条的规定。② 原纠纷的诉讼时效因人民调解委员会调解而中断。调解协议被撤销或者被认定无效后，当事人以原纠纷起诉的，诉讼时效自调解协议被撤销或者被认定无效的判决生效之日起重新计算。③

---

① 参见最高人民法院《关于审理涉及人民调解协议的民事案件的若干规定》第8条。
② 《民法通则》第135条的规定：向人民法院请求保护民事权利的诉讼时效期间为二年，法律另有规定的除外。同时《民法通则》第136条规定："下列的诉讼时效期间为一年：(一)身体受到伤害要求赔偿的；(二)出售质量不合格的商品未声明的；(三)延付或者拒付租金的；(四)寄存财物被丢失或者损毁的。"
③ 参见最高人民法院《关于审理涉及人民调解协议的民事案件的若干规定》第9条。

六、人民调解组织

(一) 人民调解组织的性质与设置

人民调解委员会是依法设立的调解民间纠纷的群众性组织。

近年来,各地为了满足有效预防化解矛盾纠纷的需要,探索建立了一些新型人民调解组织,使调解组织形式有了新的发展。截至2009年底,全国共有人民调解组织82.4万个,形成了遍布全国城乡厂矿的人民调解组织网络。其中村(居)民调解委员会67.4万个,企业事业单位人民调解委员会7.9万个,乡镇、街道人民调解委员会4.2万个,区域性、行业性调解组织1.2万个,基本上达到了城乡村(居)民委员会设调解委员会,村(居)民小组设调解小组,每十户设调解员或纠纷信息员,调解组织基本形成镇(街)调委会——村(居)民调委会——调解小组的三级调解网络。

《人民调解法》在总结实践经验的基础上,完善了人民调解组织形式,规定人民调解组织形式包括:一是村(居)民委员会设立人民调解委员会;二是企(事)业单位根据需要设立人民调解委员会;三是乡镇、街道、社会团体或者其他组织根据需要可以设立人民调解委员会。多种形式的人民调解组织,可以更好地适应化解不同类型、不同领域矛盾纠纷的需要。

人民调解委员会由委员三至九人组成,设主任一人,必要时,可以设副主任若干人。人民调解委员会应当有妇女成员,多民族居住的地区应当有人数较少民族的成员。村民委员会、居民委员会的人民调解委员会委员由村民会议或者村民代表会议、居民会议推选产生;企业事业单位设立的人民调解委员会委员由职工大会、职工代表大会或者工会组织推选产生。

(二) 人民调解委员会的制度

《人民调解委员会组织条例》对人民调解委员会的制度建设作了原则性规定。《人民调解工作若干规定》第19条则对人民调解委员会的制度作出了更加明确、具体的规定,要求人民调解委员会应当建立健全岗位责任制、例会、学习、考评、业务登记、统计和档案等各项规章制度,不断加强组织、队伍和业务建设。《人民调解法》第12条规定,人民调解委员会应当建立健全各项调解工作制度,听取群众意见,接受群众监督。

1. 岗位责任制度

岗位责任制度是人民调解委员会各项工作制度建设的核心内容,它是通过明确调解人员的责任,确定具体任务,使责、权、利密切相结合的一项制度。岗位责任制度的内容很多,形式多种多样,其中最基本、最主要的内容是"三定一奖惩",即定人员、定任务、定指标;完成任务奖励,完不成的减发一定比例的报酬或者奖金。

2. 纠纷登记制度

纠纷登记是人民调解委员会调解民间纠纷的依据,人民调解委员会对纠纷当事人的口头申请或者书面申请都应当进行纠纷登记。纠纷登记应当记明当事人姓名、性别、年龄、工作单位、家庭住址、事由,记录人签名或盖章,记明登记日期。人民调解委员会登记后,应当对纠纷进行审查,对不属于人民调解委员会调解范围的纠纷,要在稳定事态发展的基础上,告知当事人到有关部门申请处理。对属于人民调解范围的纠纷,应当以书面或者口头的形式告知当事人。人民调解委员会和调解小组均应当设立专门的纠纷登记簿,调委会每季度汇总后报司法所或司法助理员。

3. 统计制度

统计制度是人民调解委员会的一项基本的工作制度,对检查人民调解工作计划的落实情况、完成任务情况,研究分析矛盾纠纷发生、发展的新情况、新特点,发现人民调解工作中的问题等具有重要意义。

人民调解工作统计制度的内容有:确定统计人员,建立统计簿册;设立统计表(含人民调解委员会组织建设统计表、人民调解委员会工作统计表);统一统计标准(司法部下发的统计表中同时附有统计说明,人民调解委员会应按规定执行,避免漏报、重复上报数字的现象发生,确保统计数字的真实性和准确性);及时汇总上报,人民调解委员会应于每月底将所登记并调结的民间纠纷按统计项目填表汇总,核对无误后上报司法所(司法助理员),人民调解委员会工作统计表每季度、组织建设统计表每半年由司法所(司法助理员)上报县区司法局;建立统计档案,设立统计台账,调委会各种登记簿册、统计表按时间、年限分类装订成册,建立统计档案和统计台账,保管备查。

4. 文书档案管理制度

这也是人民调解委员会的基本工作制度。主要内容有:设立保管人员,规定必要的调阅、保管管理办法,做好文书的审查、装订工作。调解文书包括纠纷登记的原始记录、调查笔录、调解笔录、调解协议书,以及调委会对调解未成功的纠纷的处理意见及各种证明材料等。调解文书档案要求一事一卷,装订成册。一般保管期限为三年。

5. 回访制度

回访制度是指人民调解委员会对已调结的纠纷、特别是较复杂的或有可能出现反复的纠纷进行走访、了解情况的工作制度。人民调解委员会对调结的较复杂的纠纷、涉及多方当事人的纠纷、濒临激化的纠纷以及时间长的矛盾纠纷在协议履行期间或调解后的一段时间里应经常进行回访。回访后,对影响正常履行协议的各种隐患、纠纷动向、当事人的思想状况等要分析研究,提出具体的解决办法。对有激化苗头的,要果断采取措施,重大险情要及时上报。

6. 纠纷排查制度

这是人民调解组织定期对辖区内的民间纠纷进行摸底、登记、分类的一项工作制度,是人民调解组织了解掌握纠纷信息、有的放矢地开展调解工作的重要方法,也是人民调解工作向党委、政府反映社情民情,参加社会治安综合治理的措施之一。排查纠纷包括参加司法行政机关组织的排查和调解委员会根据纠纷情况自行组织的排查。不管是哪种排查,人民调解委员会都要做好以下几个方面的工作:明确排查的目的、意义;掌握排查的时间、范围、方法;逐门、逐户、逐人进行摸底排查,掌握纠纷的重点户、重点人;填写排查工作统计表;对应当由人民调解委员会调解的,落实调解人员,及时化解纠纷;不属于调解范围或调解不了的,及时上报;对排查中揭发出的犯罪线索,立即移交公安部门。

7. 纠纷信息传递与反馈制度

纠纷信息传递与反馈制度指通过各种渠道将民间纠纷的征兆或消息传送到人民调解组织,人民调解组织对纠纷信息分析研究、加工处理后,将具体的调解意见传回纠纷发生地或传送到有关部门,为科学地预测、预防、疏导、调解民间纠纷提供依据的活动。纠纷信息传递与反馈制度的主要内容有:(1) 建立信息传递与反馈组织。一般由调解小组或调解员担任纠纷信息员。(2) 组织信息的传递。一种是纵向的传递,即将纠纷信息向上一级调解组织传递;一种是横向传递,即调解组织将信息传递给有关部门或共同调解的各调解组织。(3) 做好信息的加工处理工作。人民调解组织应对获取的信息进行分析,按照矛盾纠纷的性质、轻重缓急进行处理,对可以解决的提出调解意见,反馈给基层组织;对带有普遍性、规律性、多发性的矛盾纠纷在调解的同时要提出预防、疏导的措施和建议;对容易激化的纠纷、群体性纠纷、群众性械斗应在稳定事态发展的基础上,报告基层人民政府或有关部门处理。(4) 及时进行信息反馈,保障信息渠道的畅通,使调解组织、有关部门及时掌握纠纷情况,了解上一级调解组织的调解意见,便于有效疏导、调解。

七、人民调解员

(一) 人民调解员的概念与条件

1. 人民调解员的概念

学界对人民调解员并无统一的定义。《人民调解工作若干规定》第 2 条指出：人民调解员是经群众选举或者接受聘任，在人民调解委员会领导下，从事人民调解工作的人员；人民调解委员会委员、调解员，统称人民调解员。根据《人民调解法》第13条的规定，人民调解员由人民调解委员会委员和人民调解委员会聘任的人员担任。人民调解员在人民调解委员会的领导下，具体从事人民调解工作，要服从人民调解委员会的领导和工作安排，要主动向人民调解委员会汇报工作，反映纠纷情况，要积极参加人民调解委员会组织的各种活动。

在人民调解的过程中，人民调解员作为保持中立地位的第三方，参与、主持调解全局，提出解决争议的建议，对推进调解进程起着重要作用。因此，作为一名合格的人民调解员，必须具备法律规定的条件，具有与调解工作相适应的政治素质、思想素质、业务素质等从业素质。

截至2009年底，全国共有人民调解员494万人，其中高中以上文化水平的调解人员298万余人，占调解人员总数的60.3%。

2. 人民调解员的条件

按照《人民调解法》、《人民调解委员会组织条例》、《人民调解工作若干规定》，人民调解员应当具备以下基本条件：

(1) 为人公正。调解人员待人处事应该主持公道，正直无私，不偏不倚。在调解民间纠纷或向上级有关部门反映情况时，应实事求是，光明正大，不徇私舞弊，不贪赃枉法，不搞歪门邪道。

(2) 热心调解工作。调解人员必须热爱这项工作，才能树立高度的事业心，保持强烈的责任感，热情耐心，认真负责，不怕苦累，不惧艰险，积极为群众排难解纷，及时防止民间纠纷激化。

(3) 具备一定的法律知识、政策水平和文化水平。人民调解员掌握与调解工作直接有关的法律和政策，是正确贯彻人民调解工作合法原则的前提和关键。人民调解员必须认真掌握国家法律、法规和政策，以保证在工作实践中，严格依法办事，正确运用法律武器，自觉维护法律的尊严，维护纠纷当事人的合法权益。乡镇、街道人民调解委员会委员应当具备高中以上文化程度。

(4) 成年公民。一般的，自然人随着年岁渐长，阅历渐丰，心智愈来愈健全，辨认和控制自己行为的能力愈来愈强。我国立法界认为，只有成年人才具备介入市民社会生活所需要的生理和物质基础，能独立处理个人事务和判断自己行为的社会后果。人民调解员所从事的工作需要高超的调解技巧和说服能力，非知识与阅历丰富、理智健全、思维敏捷、意志坚强、能负责任者莫属。根据我国《民法通则》第11条的规定，十八周岁以上的公民是成年人，具有完全民事行为能力，可以独立进行民事活动，是完全民事行为能力人。据此,只有十八周岁以上的成年人才能担任人民调解员。

以上四条,是作为一名合格的人民调解员应当具备的基本条件,只要是具备了这些条件的公民,不分民族、种族、性别、职业、社会出身、宗教信仰以及财产状况等,都可以当选为人民调解组织的成员。

近年来建立的首席人民调解员制度是一项卓有成效的新事物。根据《人民调解工作若干规定》,首席人民调解员在调解纠纷时可商请有关部门和个人协助配合。首席人民调解员调处的纠纷,一般都是调委会调处不了而上报到司法科或调解中心的"老大难"问题。因此,对首席调解员的要求较高,必须具有中等专业技术职称,从事人民调解工作三年以上的人才能担任。很多首席人民调解员懂法律、有威信,有良好的群众基础和较高的素质,这些都是化解疑难纠纷的必要条件。首席人民调解员制度在某些地区试行以来,不仅为传统的人民调解工作带来了新血液,也有力地促进了疑难纠纷的化解,提高了人民调解组织的综合调处能力。

(二)人民调解员的权利与义务

1. **人民调解员的职业道德**

《人民调解工作若干规定》第18条第2款对人民调解员的职业道德提出了明确的要求,即人民调解员履行职务,应当坚持原则,爱岗敬业,热情服务,诚实守信,举止文明,廉洁自律,注重学习,不断提高法律、道德素养和调解技能。

作为一种民间调解,人民调解工作的权威主要来自于其符合法律、符合文明社会公认的道德准则,而不像审判工作那样对国家强制力有强烈的依赖性。要使人民调解具备权威性与社会公信力,人民调解员自身首先应成为守法的表率,道德的楷模,热爱人民,忠于职守,清正廉明,刚直不阿,不徇私情,这样才能服务于民,取信于民,充分发挥人民调解工作的效能和作用。

2. **人民调解员的纪律**

《人民调解委员会组织条例》规定人民调解委员会调解纠纷必须遵守五条纪律,《人民调解工作若干规定》第17条重申了上述工作纪律,并且扩大适用于人民调解员。

人民调解员调解纠纷,必须遵守下列纪律:

(1) 不得徇私舞弊;

(2) 不得对当事人压制、打击报复;

(3) 不得侮辱、处罚纠纷当事人;

(4) 不得泄露当事人隐私;

(5) 不得吃请受礼。

《人民调解法》第 15 条对人民调解员违反执业纪律的行为规定了一定的制裁措施,人民调解员在调解工作中有下列行为之一的,由其所在的人民调解委员会给予批评教育、责令改正,情节严重的,由推选或者聘任单位予以罢免或者解聘:

(1) 偏袒一方当事人的;

(2) 侮辱当事人的;

(3) 索取、收受财物或者牟取其他不正当利益的;

(4) 泄露当事人的个人隐私、商业秘密的。

3. 人民调解员的权利

人民调解员的权利保障体系至今很不完善,我们结合《人民调解法》、《人民调解委员会组织条例》、《人民调解工作若干规定》等相关法律法规的规定,结合法理,概括出人民调解员应当享有的权利:

(1) 生命财产安全权。人民调解员履行职务,其生命与财产安全理应受到起码的保障。《人民调解工作若干规定》第 18 条规定,人民调解员依法履行职务,受到非法干涉、打击报复的,可以请求司法行政机关和有关部门依法予以保护。

(2) 经济利益权。经济利益权主要包括以下几个方面:

①人民调解员有获得经济补贴的权利。《人民调解委员会组织条例》第 14 条规定,对人民调解委员会委员,根据情况可以给予适当补贴。人民调解委员会的工作经费和调解委员的补贴经费,由村民委员会或者居民委员会解决。另外,《人民调解法》也明确规定人民调解员从事调解工作,应当给予适当的误工补贴。

②人民调解员有获得医疗、生活救助的权利。因从事调解工作致伤致残,生活发生困难的,当地人民政府应当提供必要的医疗、生活救助。[①] 这里所指的"因从事调解工作致伤致残",既包括人民调解员在开展调解工作过程中致伤致残,也包括人民调解员因前往调解现场的途中遭遇交通事故等意外致伤致残,以及调解结束后被不法分子打击报复致伤致残等其他情形。这种责任并非赔偿或补偿责任,而是一种补充性的最低救助责任,是在人民调解员无法通过其他合理渠道获得赔偿、救助时政府所应承担的责任。

③人民调解员的配偶、子女有依法享受抚恤和优待的权利。依据《人民调解法》的规定,在人民调解工作岗位上牺牲的人民调解员,其配偶、子女按照国家规定享受抚恤和优待。这里所指的"在人民调解员工作岗位上牺牲",既包括在开展人民调解工作中被不法分子故意或过失伤害致死的情形,

---

① 参见《人民调解法》第 16 条的规定。

也包括在人民调解工作岗位上意外牺牲的情形。对此应按照民政部门规定确定抚恤和优待的具体内容，如符合烈士标准的，应追授烈士称号，其配偶、子女享受烈属待遇；符合见义勇为情形的，应授予见义勇为先进荣誉称号，并给予相应的抚恤金等。

(3) 受培训权。《人民调解工作若干规定》第40条规定，各级司法行政机关应当采取多种形式，加强对人民调解员的培训，不断提高人民调解员队伍的素质。《人民调解法》第14条第2款规定县级人民政府司法行政部门应当定期对人民调解员进行业务培训。由于历史和现实的原因，一直以来人民调解员的准入门槛较低，总的来说人民调解员政治素质强而业务素质弱，其智能结构中涉及社会常识、道德习俗的强，涉及法律知识的弱，利用法律工具解决纠纷的能力弱，这不能不直接影响到纠纷解决的质量、人民群众的满意度和社会的和谐度；而人民调解所解决的民间纠纷却是如此的面广量大，人民调解在我国的纠纷解决机制中又是占据着如此重要的地位，这充分说明了人民调解员 ADR 培训的迫切性和必要性。① 对于人民调解员的培训，在业务培训上应以调解学基础理论、民间纠纷调解的技巧与调解文书的制作等实务为主要内容，在法律素养的培养方面应涉及《人民调解法》、《人民调解工作若干规定》、《最高人民法院关于审理涉及人民调解协议的民事案件的若干规定》等规范人民调解工作的常用法律与司法解释以及《民法通则》、《婚姻法》、《物权法》、《合同法》等基层常用法律及其司法解释。

人民调解员既享受法律与政策所赋予的权利，也应履行法律与政策所规定的义务。毋庸置疑，人民调解员应当依法及时调解民间纠纷，遵守人民调解工作的各项制度，这是完成人民调解基本职责的必然要求。

 相关法律、法规

1. 《中华人民共和国人民调解法》；
2. 最高人民法院《关于审理涉及人民调解协议的民事案件的若干规定》；
3. 《人民调解工作若干规定》。

 操作训练一　综合训练

训练目的

培养依法调解的意识，理解调解员明法用法的重要性；正确理解调解协议的法律效力。

---

① 王红梅：《ADR 法学教育综述》，载《福建论坛（社科教育版）》2008 年第 10 期。

民间纠纷调解

训练材料

某村青年夫妇华某、刘某感情不和,找到调解员,双方都提出了离婚。经调解员调解,未能促成双方和好,于是开出了一张"经双方协商,村委会调解,同意离婚"的调解意见书,并盖上了村委会的大印。一年后,女方刘某经人介绍,与邻村何某确立了恋爱关系,双方持村里的调解书到乡民政办,要求办理结婚证。乡民政助理员告诉刘某,村里的调解意见不是法律文书,不具有法律效力,她与华某仍是合法夫妇。如果再与何某建立夫妻关系,就犯了重婚罪。村调解员得知后,立即拉上村委会主任,找到乡民政助理员质问:"华某、刘某两人自愿离婚,村里又盖上了大红印,为啥不承认?"一番话说得乡民政助理员哭笑不得。①

训练要求

小组讨论,并回答:
1. 本案涉及哪些法律?为什么该村调解员与该民政助理员之间产生了分歧?
2. 你如何理解调解员依法调解的重要性以及调解协议的法律效力?
3. 你认为有什么途径可以提高调解员的法律素养?

操作训练二 分步训练

训练目的

培养依法调解的意识;初步能综合运用各种依据;能拟订与审查调解协议。

训练材料

某村的一户刘姓人家开了一个小店,卖些烟酒糖茶之类的生活必需品,主要是供给本村的农民,偶尔也能为路过的走亲访友的人提供方便。因为地处偏僻,"山高皇帝远",不易为工商及税务等政府部门的人察觉,因此也没办什么相关执照。也由于其为村民提供了方便,使他们免于到二十里之外的镇上去购买这些生活的必需品,所以虽然价格高了点,也是"周瑜打黄盖",一方愿买,一方原卖,彼此相安无事。这种局面于 2000 年的某一天被打破。住在邻村的刘某的表弟张某从外地回家路过刘某的小店时,拿了一张 100 元的人民币购买一包香烟。当时刘某因是其表弟购物,因此就没有仔细查看钱的真假,随手就放进了包里,张某则拿了香烟和找补的钱回家。半个月后,

---

① 参见谢秋明、邱长福:《农村民事调解的误区》,载《中国民政》2003 年第 3 期。本案发生于最高人民法院《关于审理涉及人民调解协议的民事案件的若干规定》施行之前,对人民调解协议的效力的认定适用《民事诉讼法》有关规定。

刘某突然拿了一张100元的人民币来找张某,说张某当初买香烟时付的100元钱是假币,要张某换一张给他。张某一口咬定自己当初给的钱是真的,于是相互之间发生了争执。这表兄弟俩谁也说服不了谁,于是决定找一个中间人来评理,主持公道。经过挑选,最后决定由双方都同意的人——刘某的大伯也就是张某的大舅来做这个中间人。这个中间人到来后做的第一件事就是分别给了刘某和张某一记耳光,说他们表兄弟之间竟然为这点小事而争执,真是让这个家族大失颜面。随后又让他们别再追究那张100元假币的具体来路,而是双方各承担一半,让张某拿出50元给刘某后平息这场纠纷。不料刘某和张某都对这个处理结果不服,于是纠纷继续进行。恰在这时,在省城上大学的张某的弟弟放假回家。其大舅因为处理这件事而把两个亲戚都给得罪了,遭遇了"猪八戒照镜子——里外不是人"的尴尬境地,来找这个读书人征询意见,很委屈地问他自己的处理方式对不对。张某的弟弟彻底地否定了其大舅的处理方式及其结果,坚决认为这100元假币即使是当初他哥哥给的那张,现在也跟其哥无丝毫纠葛,其中的损失应由其表哥自行承担。刘某不同意这种看法,于是提出让村民委员会的调解员来处理。张某认为调解员是刘某的小舅子,肯定会偏袒刘某,于是不同意。张某本想提议到乡法庭去解决,但是不知道这样做好不好,于是跟刘某商量。刘某认为张某这样做是在"出他的丑",是想把他"没办证的事捅到政府"去,因此也不愿意去。刘某的大伯,当初的中间人听到后,也反对张某的提议,认为"家丑不可外扬",上法庭是一件很丢面子的事。张某的弟弟则极力主张那100元假币与其哥无关,至于要不要到法院解决,那是该由刘某自己决定的事。纠纷发生之后,村民们的普遍反应也是不愿意纠纷双方把这件事拿到法庭去解决,他们担心刘某无证经营的事被政府知道了会关闭了刘某的小店,让他们失去了这份便宜。①

训练要求

阅读材料后作以下分步练习:

第一步:由教师指定组长,并由组长召集3—5名组员进行讨论,中间人为什么会失败?由各组代表发言交流。

第二步:由其中的一组采用法律宣讲法②作模拟调解,其他各组进行点评。

第三步:各组分别讨论如何正确理解人民调解的依法调解原则。结合本案,思考当制定法与乡土社会的传统行为准则、村规民约、社会舆论等产生冲突时,如何在法律的框架内解决纠纷?

---

① 参见http://www.lunwentianxia.com/product.free.9065429.1/,作者佚名,2010年9月9日访问。

② 参见本教材"学习单元七 调解的基本技巧"中的"学习情景二 调解方式技巧"。

学习单元三 人民调解（下）：人民调解的程序

【学习目的与要求】

知晓人民调解的一般程序，能够按照人民调解的一般流程进行操作，并适当运用每一个调解阶段的战略与技巧。

【学习重点与提示】

人民调解的程序操作；人民调解场景布置。

一、受理纠纷

步骤一：接待当事人或与当事人接触。

人民调解委员会受理纠纷，分为当事人向人民调解委员会申请调解和人民调解委员会主动调解两种。为坚持自愿调解的原则，当事人一方明确拒绝调解的，不得调解。

对于当事人一方以口头或书面的形式向人民调解委员会提出调解申请的，调解员应当热情接待，耐心倾听，了解该纠纷的基本情况。

调解处于初发阶段的纠纷和容易激化的突发性纠纷，调解委员会发现该纠纷后，毋庸当事人申请，就应主动及时地前往调解，及时迅速地将纠纷化解于萌芽状态。对于双方正针锋相对的情形，应采取适当的方法进行冷处理，使矛盾得到暂时的缓和，再了解纠纷情况。对于由于矛盾即将激化而欲采取违法行为尤其是暴力手段达到个人目的的当事人和群体性事件的当事人，应及时制止，必要时通知其他相关部门的同志到场，维持正常的社会秩序。

对于初次打电话咨询的当事人，调解员可在电话中简明扼要地接受其咨询，对于有必要进行调解，有可能通过调解的方式解决纠纷，且当事人愿意进行调解的，可建议其到所属辖区的人民调解委员会进行调解。

步骤二：了解纠纷基本情况，审查当事人的申请，决定是否受理纠纷。

对于当事人提出的要求调解的申请，调解员接待当事人的同时，应进行仔细审查。审查的内容主要包括是否有明确的被申请当事人，争议的事实，申请人要求调解的主张和支持其主张的证明材料,以及申请调解的纠纷必须属于人民调解委员会受理的范围,并应当由该人民调解组织受理。

(一) 审查当事人是否明确

纠纷当事人在向人民调解委员会提出申请时,应当说明个人情况以及与其发生纠纷的对方当事人,即被申请人的情况,包括姓名、性别、住址、工作单位等。如果被申请调解人是法人或其他社会组织,则应当说明其单位地址、法定代表人姓名等基本情况。

(二) 审查是否有具体的调解要求

申请调解的当事人要说明请求调解所要解决的问题和要达到的目的,如相邻关系纠纷的申请人要求被申请人将其堆放在自己所有或使用的土地上的物品搬走,要求被申请人允许和容忍自己装修时利用对方的部分土地或建筑物、对方物品,要求对方允许自己埋设管线时经过其房屋或土地,或要求被申请人补偿自己在对方利用己方土地而给自己带来的损失等。

(三) 审查是否有提出调解申请的事实依据

申请人应当提出申请调解所根据的事实,即纠纷的事实,包括纠纷发生时的事实情况及相应的证据,如能证明申请人的财产受到损害的照片,与纠纷无利害关系的其他邻居的证人证言等。

(四) 审查纠纷是否该由人民调解组织管辖

申请调解的纠纷必须属于《人民调解工作若干规定》第20条规定的人民调解委员会受理的范围,并应当由该人民调解组织受理。

步骤三:制止侵权行为或排除妨害,缓解疏导纠纷。

根据《人民调解工作若干规定》第24条第2款的规定,对于当事人申请人民调解组织调解,经过审查又不符合受理条件的纠纷,人民调解委员会应当告知当事人按照法律、法规规定提请有关机关处理或者向人民法院起诉;随时可能激化的民间纠纷,应当在采取必要的缓解疏导措施后,及时提交有关机关处理。另《人民调解法》第25条则规定,人民调解员在调解纠纷过程中,发现纠纷有可能激化的,应当采取有针对性的预防措施;对有可能引起治安案件、刑事案件的纠纷,应当及时向当地公安机关或者其他有关部门报告。为防止纠纷当事人的损失进一步扩大或矛盾激化,对存在侵权行为或严重潜在危险的行为应及时制止。至于纠纷发生后,一方当事人觉得吃了亏,采用报复手段,纠集亲朋好友剑拔弩张的行为则要即刻制止。因房屋拆迁、土地、山林、坟地的使用,劳资纠纷等大型复杂纠纷的一方或双方当事人人多势众,且可能牵涉各个政府部门,采取果断措施缓解疏导纠纷,预防好此类纠纷的激化,显得尤为重要。

步骤四：由当事人填写调解申请书。

对于有必要将调解申请形成文字记录的，应由申请人填写调解申请书，说明当事人（自然人姓名、性别、年龄、民族、职业、单位或住址，法人及社会组织的名称、地址、法定代表人姓名和职务），纠纷事实及申请事项，书面声明特申请某人民调解委员会予以调解，并由申请人签名，签署登记日期。

步骤五：进行纠纷调解介入登记。

对于人民调解委员会受理的纠纷，无论当事人是口头提出还是书面提出的，调解员都要进行登记。对于口头申请，调解人员应认真听取当事人对纠纷情况的陈述，并按陈述的内容进行纠纷登记。进行纠纷登记应遵循实事求是的原则，严肃认真地将当事人的原话原意记录在案，切不可加入调解人员的主观想象与分析判断。对于一些可以即时调解的简单的纠纷，也可调解后补办登记，但补办登记必须及时，以免由于时间过长调解员记忆模糊、导致登记不够准确的现象。

调解员填写纠纷调解介入登记书，主要包括以下内容：

(1) 当事人（自然人姓名、性别、年龄、民族、职业、单位或住址，法人及社会组织的名称、地址、法定代表人姓名和职务）；(2) 纠纷事实及介入理由；(3) 经某人民调解委员会研究决定介入调解；(4) 该调解委员会盖章；(5) 登记日期。

二、调解前的准备

对于是非明确，情节简单，事实清楚，法律关系一目了然的小纠纷，调解委员会可在受理之后即时进行调解；一般的纠纷均要在调解前作好准备工作。

步骤一：确定调解员。

1. 确定调解员

根据《人民调解法》第19条的规定，人民调解委员会根据调解纠纷的需要，可以指定一名或者数名人民调解员进行调解，也可以由当事人选择一名或者数名人民调解员进行调解。人民调解委员会受理纠纷后，应当根据《人民调解工作若干规定》第25条的规定，指定一名人民调解员为调解主持人，如果是比较重大复杂的纠纷，根据需要可以指定若干人民调解员参加调解，组成合议庭，指定首席调解员。

2. 审查是否存在调解员应当回避的情形，决定是否调换调解员

调解人员对与本人有特定关系的纠纷不应承担调解任务，以维护人民调

解的公正性。有下列情形之一的，调解人员应自动回避或者根据当事人的申请回避：(1) 调解人员是当事人的近亲属；(2) 调解人员与该纠纷的处理结果有利害关系；(3) 调解人员与当事人有其他关系，可能影响该纠纷的公正解决；(4) 有其他正当理由的。对于当事人提出回避请求的，人民调解委员会应另行指定调解人员调解，或由当事人提名、双方都同意的调解人员主持。

步骤二：调查研究。

1. 与双方当事人接触，了解与核实纠纷情况，明确纠纷性质，必要时进行现场走访与实地勘察

独任调解员或合议庭接到人民调解委员会指派后，应及时与被申请人接触，全面了解纠纷事实，不可偏听偏信。必要时再与申请人进行纠纷情况的核实，通过双方当事人的阐述互为补充，了解纠纷产生的前因后果、双方当事人的争执焦点，明确纠纷的性质、证据和证据的来源，并在与当事人接触的过程中掌握当事人的性格、气质特征，了解和引导当事人对纠纷的态度。

相邻关系纠纷、婚姻家庭纠纷等纠纷往往有"双向型纠纷"的特点，而侵权损害赔偿纠纷（尤其是双方互殴所引起的人身损害赔偿纠纷）中"混合过错"的特点比较普遍，上述纠纷一边倒的现象很少，往往被申请人也会像申请人那样提出维护自身利益的主张，调解员也应记录在案或做到心中有数。

在与被申请人接触的过程中，调解员应了解该被申请人是否愿意接受调解。若被申请人愿意接受调解，可直接进入下一环节。若被申请人不愿意接受调解，调解员要向其说明情况，包括纠纷申请人提出调解的要求，其权利主张及其合理性，法律与政策的相关规定，若被申请人不接受调解而通过其他途径解决纠纷可能遇到的后果，等等，引导被申请人接受人民调解。如果被申请人只是由于情感上的一时对立而拒绝选择调解，调解员可以通过"冷处理"或者适当地说服、劝解等方式缩短当事人之间人际关系的距离，在取得双方当事人的同意后，再主持调解。但当事人一方明确拒绝调解的，不得调解。[①]

大部分纠纷需要调解员通过现场走访与实地勘察来了解纠纷事实，获取第一手资料。以相邻关系纠纷为例，相邻损害防免关系纠纷因不动产相邻而产生，无论是申请人自诉楼上业主的水渗漏到自家的天花板造成损害的纠纷，还是楼上业主声称楼下不当安装防盗窗而引起的纠纷，或者是相邻一方由于另一方建筑施工而引起己方墙体开裂的纠纷，通常都属于"眼见为实"的情

---

① 参见《人民调解法》第17条。

形，调解员应根据调解纠纷的实际需要，亲自到相邻损害防免关系纠纷发生地，向纠纷当事人收集第一手材料，必要时向纠纷发生地附近的群众调查了解纠纷情况，弄清纠纷的事实真相。对不同身份的人提供的材料，都要仔细分析、查对和核实。调查过程中，调解人员应把调查的情况作出详细的笔录，必要时可由被调查人写出书面材料。相邻关系纠纷所涉及的不动产及其损害往往需要现场勘察，对调查情况和结果，应当制作笔录。

2. 了解相关法律、政策与行政机关的行政行为，分清是非

广大基层的人民调解员往往拥有丰富的社会经验，并在本辖区内有较高的威望。对那些有较高法律素质和政策水平的精英型调解员，完全可以在初步接触当事人的时候就对当事人的行为作出合法性评价，并对当事人进行法制宣传教育，说服其放弃不合法不合理的主张，缩短纠纷化解的进程。但目前拥有扎实的法律基础与较高政策水平的调解员毕竟还是少数，绝大部分调解员对于法律法规并不精通。所以在与双方当事人进行接触，了解核实纠纷情况的同时，调解员应通过各种渠道了解该纠纷所涉及的法律与政策，掌握调解该纠纷所采用的法律、政策、社会公德、当地的习惯与民间风俗等依据。对涉及行政机关审批而当事人又对此不予认可的纠纷，应向作出具体行政行为的行政机关或其他行政主体了解情况，明确该具体行政行为的合法性与合理性。必要的话与有关部门沟通，表达希望对方配合人民调解的愿望。当然，无论是人民调解委员会，还是人民法院，都不具有替代行政主管部门行使其具体行政职权并作出具体行政行为的权限，不能代行行政权。

只有了解了上述调解依据，调解员才有可能在接下来的调解过程中占据主动，在掌握原则的基础上分清纠纷当事人孰是孰非。而只有分清是非，才能对当事人的行为和主张作出正确的评价。对于双向型的加害行为所引起的纠纷，往往纠纷双方都有过错，互为侵权行为人，在实施调解之前必须将双方的过错或加害行为均调查清楚，做说服教育工作时才能更有把握，并为赔偿数额问题的解决奠定基础。

步骤三：拟订调解计划。

1. 分析材料

对于所占有的材料，调解委员会应运用各种分析方法，通过分析调查获得的有关纠纷的材料，理清头绪，判明是非，辨别真伪，为拟订具有针对性的调解计划奠定基础。

2. 拟订调解计划

针对纠纷与当事人的实际情况拟订调解计划，必要时将计划形成文字材料。在调解计划中提出对调解可能达成的协议的基本设想，如什么样的赔偿

额是双方当事人都可以接受的,应采取哪一种方式消除危险或排除妨碍,又不影响当事人的正常生活,等等。

根据分析材料的结果确定工作重点,如解决纠纷的关键人物,需要解决的关键问题,可以借助的第三方力量等。

确定其他调解参与人。根据《人民调解法》第20条的规定,人民调解员根据调解纠纷的需要,在征得当事人的同意后,可以邀请当事人的亲属、邻里、同事等参与调解,也可以邀请具有专门知识、特定经验的人员或者有关社会组织的人员参与调解。人民调解委员会支持当地公道正派、热心调解、群众认可的社会人士参与调解。

确定调解的方式、方法技巧。如婚姻家庭纠纷多采用法律宣教法、道德感召法、情感融合法等调解方法技巧,相邻关系纠纷多采用换位思考法、利弊分析法等调解方法技巧,合同纠纷多采用法律宣教法、利弊分析法等调解方法技巧。涉及当事人隐私的纠纷多采用不公开调解、背靠背调解等调解方式技巧;大型复杂纠纷可采用座谈会调解、联合调解等方式。

运用时间、地点等要素,确定在何时何处实施调解有利于矛盾冲突的化解。

步骤四:送达调解通知书。

通常在每一次面对面调解正式实施前,调解员将调解通知书送达纠纷当事人,告知其该案的调解时间、调解地点等,要求其准时到场,每一份调解通知书均应有存根留底,上有当事人的签名、调解员的签名,以及该人民调解委员会盖章等。

步骤五:调解现场的布置。

调解现场的布置直接关系到当事人与其他调解参与人在调解现场的心理活动,在一定程度上影响着调解工作的实效。适当的现场布置能拉近调解员与当事人,以及当事人彼此之间的心理距离,调适当事人与其他诉讼参与人的心理压力,营造良好的调解氛围;反之亦然。因此,调解现场的布置不可小视。

调解现场的布置主要通过选择与纠纷调解方案相适应的现场以及调解现场环境布置来实现的。调解的方式有面对面调解与背靠背调解、座谈会调解或联合调解等。调解组织应选择与上述调解方式相适应的现场,如选择圆桌式调解、会议式调解,还是庭式调解等。不同的调解现场的选择有不同的功能,且各有利弊。如近年来备受推崇的庭式调解是纠纷的双方当事人在调解员的主持下,仿照模拟法庭的程序与现场布置形式,就矛盾纠纷发生的原因后果及双方当事人的责任过错进行举证质证的调查后,对双方当事人的争议焦点进行调解处理。庭式调解具有程序规范、制度严格、依法调解、可信度高等特点，对于防止调解员徇私舞弊，及时化解矛盾纠纷，防止矛盾激化，减少党委政府的信访压力均起到重要作用。但庭式调解对调解员的法律素养和技能要求（如会操作电脑，能整理案卷归档等）高，资金投入较大。传统的会议式调解则既体现了双方当事人之间不同的利益诉求，调解员的中立的立场，也适当地拉近了对立的当事人之间的心理距离，适合于面对面的调解，等等。

除了调解工作室，一个相对封闭的，能在里面举行私人会议，隔音设备良好的小会议室与调解休息室也是十分必要的，适用于当事人休憩及背靠背的调解的间隙一方当事人私下探讨。值得注意的是，很多谈判的突破都是在当事人离开调解会议桌，经过一个富有"创意"的休憩之后达成的。①

目前全国各地的人民调解委员会纷纷建立以首席调解员或其他优秀调解员的名字命名的工作室，并逐渐重视调解室的环境布置。广大的人民调解组织与调解员创造性地发明了"T字型圆角调解桌"、"三角型圆角调解桌"等各种新型的调解桌，并恰当运用色彩、光线、装饰等各种元素营造适应调解工作需要的现场氛围。

调解现场的布置没有定规，基本原则是现场形式适应纠纷类型、当事人的特点，有利于调解方案的实施和调解协议的达成；工作人员应善于运用各种元素营造良好的调解工作现场环境。如有人认为使用暖色调的装饰或粉红色的桌布更有利于平和当事人的情绪，顺利化解矛盾与纠纷；绿色植物或盆栽、鲜花等装饰品赏心悦目，有利于纠纷当事人心平气和地达成协议。

三、实施调解

步骤一：履行告知义务。

1. 向当事人出示人民调解告知书

根据司法部75号令的规定，将人民调解工作需要当事人了解的有关内容告知纠纷当事人。需要告知的内容有：

（1）人民调解委员会的性质；

（2）调解的原则；

（3）人民调解协议的法律效力；

（4）当事人在调解中所享有的权利和应承担的义务。

---

① ［英］迈克尔·努尼：《法律调解之道》，杨利华、于丽英译，法律出版社2006年版，第74页。

调解中纠纷当事人享有的权利有：选择或者接受人民调解员；接受调解、拒绝调解或者要求终止调解；要求调解公开进行或者不公开进行；自主表达意愿、自愿达成调解协议。①

调解中纠纷当事人承担的义务有：如实陈述纠纷事实；遵守调解现场秩序，尊重人民调解员；尊重对方当事人行使权利。②

2. 问当事人是否清楚以上所告知的内容，对当事人不清楚的问题予以解答

出示人民调解告知书，并由当事人仔细阅读后，问当事人对以上所告知的内容是否清楚，对其不清楚的问题应予解答，对不具备阅读能力的当事人应予耐心讲解。当事人确定自己已清楚的，在人民调解告知书上写明。

3. 问当事人是否愿意接受调解

在正式开始调解之前，需要进一步确认当事人是否愿意接受本调解委员会的调解，并由当事人在人民调解告知书上写明。对当事人明确拒绝调解的，不得调解。

4. 当事人签字并写明日期

当事人确认无误后，应当在人民调解告知书上签名并写明日期。

在第一次面对面调解开始之时，调解员通常需要一个简短的开场陈述。调解员的开场陈述在整个调解中起着不容小视的作用，主要作用有：（1）为后续的调解创造一个平静却积极的氛围；（2）让当事人了解调解的主要特征；（3）尽可能取得当事人对调解员的信任；（4）让当事人对调解是如何进行的有大致了解；（5）确认参加人是有权决定调解结果的人。

通常调解员开场陈述的主要内容包括：（1）调解员的自我介绍；（2）本次调解会议的目的；（3）调解员公正公平主持的承诺；（4）人民调解委员会的性质、人民调解协议的效力、当事人权利义务等；（5）强调会议的发言礼节；（6）确定参加会议的代理人是否得到当事人的特别授权；（7）要求一方当事人作开场陈述，等等。调解员也可在刚与当事人作背靠背的接触，需要获得当事人关于同意调解的承诺时，便告知其人民调解委员会的性质、人民调解协议的效力、当事人权利义务等事项，而在第一次面对面调解的开场白中主要告知当事人调解的规则，如当事人应尊重调解员与对方当事人，不得在调解会议中随意打断调解员与对方当事人发言等。对于上述工作步骤与规则，调解员可根据纠纷发展的进度与纠纷解决的实际需要，灵活掌握。

---

① 参见《人民调解法》第23条。
② 同上书，第24条。

步骤二：听取双方当事人的陈述，进行说服教育，劝导工作。

根据《人民调解法》第 22 条的规定，人民调解员根据纠纷的不同情况，可以采取多种方式调解民间纠纷，充分听取当事人的陈述，讲解有关法律、法规和国家政策，耐心疏导，在当事人平等协商、互谅互让的基础上提出纠纷解决方案，帮助当事人自愿达成调解协议。

1. 引导当事人进一步讲清纠纷的事实真相，并在当事人陈述的过程中进一步查明事实，分清双方责任

如上文所述，在面对面调解开始阶段，调解员确认所有的准备工作都已完成，并确认所有的当事人已经到场，且没有多余的人，调解员应作出简短清晰的开场陈述，引导当事人自己作开场陈述，并做准确的笔记。调解员应给予当事人充分的时间以他们自己的方式来解释他们的利益和感受。① 在当事人陈述时调解员应积极地倾听，并要求对方当事人不要打断对方的发言。在战略上，调解员应与当事人之间建立信任关系，并令当事人对调解的正当性和结果树立信心；在当事人陈述期间开始仔细洞察纠纷的性质和诱因。在当事人陈述结束时，调解员应总结每个当事人的声明，为各个当事人的陈述做综述，重新说明和理清问题，并分清这些问题的轻重缓急。通过当事人的进一步陈述，可查明事实，分清双方责任，并确认争议问题。

2. 说服劝导当事人转变思想，互相谅解

这是正式开始实施调解的关键环节。调解员可在上阶段查明事实、分清责任、确认争点的基础上，列出一个包含双方谈判必须涉及的中心议题的大纲，引导当事人从一个适当的议题开始谈判，让当事人表露自己的感受，说出自己的需要，彼此交换信息。调解员应按照纠纷调解计划的设计实施调解，同时应根据矛盾发展变化的情况随机应变调整调解计划，采取灵活多样的方式方法对当事人进行法制宣传教育和伦理道德教育，开展耐心细致的说服疏导工作，晓之以理、动之以情，帮助其统一认识，消除敌意，努力寻找双方的共同点。

需要指出的是，对积怨甚深的当事人可采用背靠背的方法进行疏导，先将双方当事人分开做思想工作，分别倾听双方当事人陈述，让其说出产生怨恨的历史原因，摸清其真实意图。比如某单元楼上楼下的两家住户数年来摩擦不断，但两家在接受调解以后都不愿说出纠纷的起因，调解员数次开导，追根溯源，才发现是八年前楼下住户装修时安装的音箱噪音过大，引起楼上住户的不满，但双方没有正确对待各自的诉求，你来我往，越闹越僵。在了

---

① ［英］迈克尔·努尼：《法律调解之道》，杨利华、于丽英译，法律出版社 2006 年版，第 92 页。

解了纠纷产生的前因后果后，调解员再从"远亲不如近邻"的角度轮番作双方的思想工作，劝说双方尽弃前嫌，以和为贵，并将双方的共同利益作为切入点，劝说不考虑邻人利益的纠纷当事人将目光放得远一些。待时机成熟时实施面对面的调解。

在面对面调解的中间阶段，调解员应在战略上注意以下技巧：（1）鼓励当事人采用积极合作的态度有效解决问题；（2）将当事人争执的焦点从过去转移向未来，当事人容易因纠缠于过去的纠纷事实而陷入漫长的争论并延续过去的不满情绪，调解员应引导当事人将争执的焦点转移到更富有建设性的、能解决问题的调解方案上；（3）发现各方当事人利益关系的核心，寻找对双方互利的问题；（4）发现和了解各方当事人的承受极限。

3. 提出纠纷解决方案，或引导当事人提出纠纷解决方案

在谈判过程中双方当事人必定都希望探明对方的"底线"，调解员需要探明双方当事人的"底线"，并为此重新营造一个"底线"。调解员应尽可能占有、收集与调解相关的事实、数据、推论以及法律理由等信息，本着互利互助、公平合理的精神，综合考虑法律的规定、公序良俗、双方当事人各自的过错程度、经济状况、彼此的关系、经济纠纷的实际情况等因素，提出双方都能接受的调解意见。或者引导一方或双方当事人提出解决问题的方案，并引导双方向一个彼此均可接受的合意点靠拢，促成协议的达成。

这是一个技巧性很强的过程，调解员应注意掌握以下技巧：（1）对期望过高的当事人，调解人员应在查明事实分清责任的基础上冷静分析，击碎其幻想，告知其若不放弃非常之念谈判只能陷入僵局，劝说其放弃幻想直至以中止调解或终结调解相威慑；（2）不要轻易相信当事人所说的底线是其真正的承受极限，了解当事人的最终要求，对不松口的当事人可告知其谈判已陷入僵局，促使当事人让步；（3）妥善处理"离席威胁"，真诚地劝说当事人忍耐一二，或休庭将面对面调解改为背靠背的私下会议，上述方式都不合用时可视情况告诉作出离席表示的一方当事人将终止调解；等等。

4. 达成调解协议

在当事人逐渐向合意点靠拢并基本达成共识时，调解员应当趁热打铁，将双方召集在一起，主持调解协议的达成。在调解人员主持下，由当事人双方自行协商，达成解决纠纷的协议。对多次做思想工作仍不具备达成调解协议条件的，不应久拖不决，应及时终止调解。

5. 制作调解笔录

调解员通过制作调解笔录记载调解的过程。调解笔录包括首部、正文与尾部三部分。正文包括调解时间、调解地点、事由、参加人、当事人等内容，

正文主要记载调解员调解纠纷的过程,当事人对纠纷的态度等。尾部由当事人、调解员、参加人、记录人签名。

四、调解的结束与回访当事人

步骤一:决定结束调解,对达成调解协议的制作调解协议书;对达不成调解协议的,在民间纠纷受理调解登记表上说明情况。

根据《人民调解法》的规定,人民调解员调解纠纷,调解不成的,应当终止调解,并依据有关法律、法规的规定,告知当事人可以依法通过仲裁、行政、司法等途径维护自己的权利。这里所说的调解不成,主要有两种情形:一是纠纷不属于人民调解的范围;二是由于当事人拒绝调解、提前终止调解或者当事人未能就调解协议达成一致。

经人民调解委员会调解解决的纠纷,有民事权利义务内容的,或者当事人要求制作书面调解协议的,应当制作书面的调解协议。在首部写明编号、当事人情况;在正文写明纠纷简要情况,协议的内容,履行协议的方式、地点、期限,该协议一式几份,当事人、人民调解委员会各持一份;尾部由当事人签名或盖章,调解员签名,人民调解委员会盖章,最后写明日期。该调解协议书以人民调解委员会名义发给双方当事人各一份,再由人民调解委员会归档一份。对即时调解的简单纠纷,当事人达成口头协议即可,可不必达成调解协议书。

虽经多方工作,但达不成调解协议的,可在民间纠纷受理调解登记表上说明因何调解不成,并在调解终止时告知当事人可通过哪些途径维护自己的权利。

步骤二:回访纠纷当事人,督促纠纷当事人履行调解协议。

当事人应当自觉履行调解协议。调解人员有义务督促当事人履行协议。例如自我检讨、赔礼道歉、保证改过等内容的协议,可以在达成协议的现场,当即履行。对于需要一定时间才能完成的协议内容,如返还原物、恢复原状、赔偿损失、提供劳务等,能当日履行的尽量当日履行;如不能当日履行,当事人必须做出承诺,保证在一定期限内履行。人民调解委员会应当对调解协议的履行情况适时进行回访,并就履行情况做出记录。[①]

当事人不履行调解协议或者达成协议后又反悔的,人民调解委员会应当按下列情形分别处理:

---

① 参见《人民调解工作若干规定》第36条第2款。

(1) 当事人无正当理由不履行协议的，应当做好当事人的工作，督促其履行。

(2) 如当事人提出协议内容不当，或者人民调解委员会发现协议内容不当的，应当在征得双方当事人同意后，经再次调解变更原协议内容；或者撤销原协议，达成新的调解协议。

(3) 对经督促仍不履行人民调解协议的，应当告知当事人可以请求基层人民政府处理，也可以就调解协议的履行、变更、撤销向人民法院起诉。① 对当事人因对方不履行调解协议或者达成协议后又后悔，起诉到人民法院的民事案件，原承办该纠纷调解的人民调解委员会应当配合人民法院对该案件的审判工作。②

步骤三：对调解委员会处理的纠纷进行登记。

制作民间纠纷受理调解登记表，在首部写明纠纷类别和编号以及当事人的基本情况。在正文写明纠纷简要情况，调解协议达成的时间和协议的主要情况，协议履行情况，调解不成的亦在此说明。尾部由登记人签名，并写明登记日期。

五、人民调解协议的变更

根据《人民调解法》第33条和《人民调解工作若干规定》第37条的规定，调解协议的变更，一是调解人员在回访中发现原来的协议有错误或不当之处而提出变更，二是当事人认为原调解协议有不当之处而要求变更，三是人民法院依法确认调解协议无效的，当事人可以通过人民调解方式变更原协议或者达成新的协议，也可以向人民法院提起诉讼。

无论是哪种情况，都要尊重当事人的意愿，在取得双方当事人同意的基础上，进行重新调解。经重新调解，对调解协议进行修改或者撤销原调解协议、达成新的调解协议并进行登记。人民调解协议的变更，主要包括协议双方权利、义务的变更，即标的的种类、品种、规格、数量、质量等的变动，以及履行协议的时间、地点、方式或者其他权利、义务的变更。

 **相关法律、法规**

1.《中华人民共和国人民调解法》；

---

① 参见《人民调解工作若干规定》第37条。
② 同上书，第38条。

民间纠纷调解

2. 最高人民法院《关于审理涉及人民调解协议的民事案件的若干规定》；
3. 《人民调解工作若干规定》。

 操作训练一　综合练习

训练目的
能布置调解现场
训练材料
案例库中任何一原始案例
训练要求
根据教师提供的原始案例，布置一个调解现场。没有良好实训室条件的，可做文案设计式的训练。

 操作训练二　分步练习

训练目的
掌握面对面调解的一般流程以及每个阶段应当运用的战略或技巧；培养学生作为调解员应当具备的应变能力、表达能力等基本能力。
训练材料
案例库中任何一个面对面调解的原始案例。
训练要求
根据训练材料作以下分步练习：

第一步：将所有的学生分成三组，分别为申请人组、被申请人组和调解员组，并给出一定的准备时间。

第二步：分别抽取申请人组、被申请人组和调解员组的若干学生模拟调解。

第三步：采用录像回顾法，由表演的学生自己找出刚才调解中程序上的错误。或者由教师扮演调解员，让学生找出调解员有什么需要改进之处。

学习单元四 行政调解

【学习目的与要求】

了解我国行政调解制度在解决民事纠纷中的地位和作用，与其他纠纷解决机制之间的相互衔接关系；掌握行政调解的基本概念、特征与功能，熟悉行政调解的法律效力及运作程序。

【学习重点与提示】

行政调解的基本概念、性质、特征；行政调解的功能与法律效力；行政调解的基本原则与程序；行政调解与人民调解、法院调解的衔接。

一、行政调解概述

（一）行政调解的概念

仅从字面上理解，行政调解是指在国家行政机关的主持下，以当事人双方自愿为基础，以国家法律、法规为依据，通过对法律争议的双方当事人的说服与劝导，促使双方当事人互让互谅、平等协商、达成协议，以解决有关争议而达成和解协议的一种活动。这是广义的行政调解，以调解行为主体的行政性质为标志，只要是国家行政组织参与主持的解决纠纷的活动，均称之为行政调解。

本书所称的行政调解是狭义的行政调解，是指国家行政主体依照法律法规的规定，在其行使行政管理的职权范围内，对特定的民、商事纠纷、轻微刑事案件及少量行政纠纷案件，在分清是非查明事实的基础上，在纠纷当事人双方平等自愿的前提下，所进行的一种通过调解解决纠纷的行政活动。这里的行政调解从行为主体、职责范围和纠纷性质等几个方面进行了限制。

1. 行为主体的限制

行政调解的行为主体仅限于具备行政主体资格的国家行政机关和法律法规授权的组织。

国家行政机关又叫国家管理机关，又被称为政府。它是指统治者运用国家权力,通过强制和非强制手段对国家经济、政治、教育、科技、文化、卫生、国防等事务进行组织和管理的机关。国家行政机关是国家机构的重要组成部分,其体制、职权由宪法和法律规定。从纵向上讲,国家行政机关包括最高国家行政机关和地方国家行政机关,其中,最高国家行政机关即中央政府是国家行政机关的核心。我国的最高国家行政机关是国务院,地方国家行政机关分为省(自治区、直辖市)、州或县(市、区)和乡镇三级人民政府。从横向上讲,每一级行政机关又包括综合行政机关(人民政府)和职能性行政机关(即各职能部门)。从事行政调解的行政机关,一般为地方性的基层职能部门,如县(区)工商局调解消费者之间的消费纠纷、县(区)公安局调解公民之间的治安纠纷、基层司法所调解民事纠纷等等[1]。

法律、法规授权的组织是指因具体法律、法规授权而行使特定行政职能的非国家机关组织。在我国,由于行政活动的广泛性及复杂性,某项行政事务可能由非行政机关的社会组织管理的情形很多。常见的法律法规授权的组织有:行政机关内设机构、派出机构、特设机构、事业单位、垄断性的国企以及社会团体等。公安派出所对治安纠纷的调解,消费者协会对消费纠纷的调解,就是法律法规授权组织的行政调解。

主体的行政性是行政调解与人民调解最大的区别之一,行政调解的主体限于行政主体,是为了保障行政调解的严肃性和专业性,表明政府在和谐处理民间纠纷方面的努力。

2. 职责范围的限制

行政主体主持或参与行政调解,不能超越其本身具有的行政职责范围。这与行政主体的职能管辖[2]密切联系,不同行政机关在各自职权范围内对所管理的公共事务实施管辖,这是行政机关分工明确,各司其职、各负其责的表现。行政调解也是如此,不同管理领域的行政机关依据各自不同的职权对自己管理领域内的民间纠纷实施行政调解,如公安机关只能对治安领域或者交通管理领域的民事纠纷进行调解,工商部门只能对涉及商品质量、售后服务等消费领域的纠纷进行调解等等,各行政机关均不能越权去调解其他行政机关职能管辖领域的纠纷。

3. 纠纷范围的限制

本文所指适用行政调解的争议和纠纷范围仅包括民事纠纷、商事纠纷、

---

[1] 就性质而言,基层司法所对民间纠纷调解是一种行政调解,但实务中通常也纳入"人民调解"的范畴,司法所往往身兼"人民调解委员会"、"法律服务所"等数职,这种现象,值得探讨。

[2] 职能管辖属于行政处罚法上的概念,就是不同的行政机关依据各自不同的职权对实施行政处罚所作的分工,行政机关根据其管理职能确定对行政违法行为的管辖权。

学习单元四　行政调解

轻微刑事纠纷及少量行政纠纷①案件。

我国尚没有现行法律对行政调解进行专门的规定,有关行政调解的规定大多散见于《中华人民共和国民事诉讼法》、《中华人民共和国行政诉讼法》、《中华人民共和国行政复议法》等专门的程序法及其司法解释和《中华人民共和国婚姻法》、《中华人民共和国道路交通安全法》、《中华人民共和国治安管理处罚法》等法律及《中华人民共和国行政复议法实施条例》、《人民调解委员会组织条例》、《医疗事故处理条例》、《中华人民共和国道路交通安全法实施条例》等行政法规中。此外,《人民调解工作若干规定》、《交通事故处理程序规定》等规章中也有行政调解的相关具体规定。

(二) 行政调解的性质

行政调解作为行政机关对民间纠纷进行调解以解决争议的一种居间行为,其性质可以从两个方面去理解:

1. 行政管理的属性

行政调解是国家行政机关对经济活动和社会生活执行管理和监督的一种方式,是国家行政管理权的体现。从这个方面而言,行政调解具备行政行为的属性,即是由管理国家公共事务的国家行政机关出于维持正常的行政管理目的和维护正常的社会公共秩序的需要而实施的行为,具有国家意志性、合法性和行政管理性。

2. 居间和调解的属性

在行政调解中,虽然行政机关是出于行政管理的目的对当事人的纠纷进行调解和斡旋,但其地位仅限于居间人或者第三人,不能对双方当事人运用行政强制手段,只能在双方当事人自愿的基础上对纠纷进行调解,行政调解所达成的协议对当事人而言仅有民事上的约束力而不具有法律上的强制执行效力。从这方面而言,行政调解作为调解行为的一种,其行为主体的居间性质非常明显,它同人民调解一样,均属于非诉性质的调解。

总之,行政调解就是行政管理和居间调解两种属性有机结合的产物,它各取了两者的优势,形成了一种独特的纠纷解决方式。

(三) 行政调解的功能

行政调解的功能主要体现在和谐,具体表现在三个方面:

---

① 所谓行政纠纷,是指国家行政机关之间或国家行政机关同企事业单位、社会团体以及公民之间由于行政管理而引起的法律争议或法律纠纷。按照行政法的基本原则,行政纠纷和争议一般不适用行政调解,但2007年8月1日颁布实施的《中华人民共和国行政复议法实施条例》明确规定了以下两种情况可以适用行政调解:(1) 不服行政机关行使法律、法规规定的自由裁量权作出的具体行政行为申请行政复议的;(2) 当事人之间的行政赔偿或行政补偿纠纷。

民间纠纷调解

1. 行政调解以其快捷、低廉、尊重意思自治的方式解决当事人之间的冲突

（1）行政调解不需要繁琐的手续，即时性也很强，无论是达成协议还是达不成协议而转到诉讼程序，效率都非常高。

（2）行政调解作为政府服务职能的一种体现，当事人的总体花费与法院相对较高的诉讼费用、高昂的律师代理费相比要低廉得多，从成本与收益上考虑，当事人自然更愿意选择成本低廉的行政调解方式解决纠纷。

（3）行政调解尊重当事人的意思自治，以当事人参与为其必要条件，既有利于当事人了解法律，也有利于减少以后的执法成本。

同时，行政调解的内容、方式和调解结果，都要以合法为基础。因此，行政调解的过程，作为法律实施的过程，也是法律本身所蕴涵和追求的构建和谐的过程。

2. 行政调解有利于实现行政机关与相对人之间的和谐

（1）行政调解是在民主协商与当事人自愿的基础上产生的，它体现了民主管理与当事人自主行使处分权的自愿原则的有机结合，同时亦能发挥与命令式的行政行为相同的作用。

（2）通过做耐心、细致、全面、具体的调解工作，可以培养行政机关工作人员踏实认真尽职尽责的工作作风，树立行政机关良好的工作形象，发扬为人民群众服务的精神，并由此增强人民群众对行政机关的信任，提高行政机关的执法权威，进一步建立人民群众同政府密切融洽、协调、信赖的关系。

（3）行政调解将当事人自主意思表示建立在对行政机关正确执法而树立起的权威的服从与信任感的基础上，使当事人自愿听从行政机关正确有益的劝导说服，化解纠纷，解决矛盾。这样，它便不同于单纯按法律规定被动维持秩序的行政行为，因为它不仅在最低要求上完成了对纠纷的解决，又进一步使政府工作在更高层次上采用积极主动的方式，创立一种既为法律所允许，又为当事人和政府所共同认可和赞同的更合理、更完善的社会关系，促使行政机关在更加全面彻底的意义上履行自己的职责。

同时，行政调解的过程也是行政机关与相对人之间针对是否依法自愿和是否依法调解的相互监督过程。如前所述，法律本身也蕴涵和追求社会和谐，因此，行政相对人的监督也促使行政机关依法行政，实现法律的和谐价值和追求。

3. 行政调解制度的存在保证社会冲突解决机制体系的和谐

社会冲突的不同激烈程度决定了其解决机制必然分为层级不同的体系。依据我国《治安管理处罚法》第9条规定，公安机关行政调解的对象是"民

间纠纷引起的打架斗殴或者损毁他人财物等违反治安管理并且情节较轻的行为"。因此，将极其轻微的社会冲突纳入行政调解范围之内，而将激烈的社会冲突纳入行政拘留乃至刑事制裁范畴之列，在实现节省公安机关的行政执法资源目的的同时，既保障了社会冲突的解决，也实现了社会冲突解决机制内在的协调。

二、行政调解的特征与种类

（一）行政调解的特征

1. 行政调解的主体必须是具备专门行政管理职能的国家行政主体

这是行政调解最主要的特征之一，也是其与法院调解、人民调解的主要区别所在。

（1）行政调解的主体必须是行政主体。它既不能是人民法院也不是其他的群众自治性组织，而必须是依法享有行政职权的国家行政机关和部分经法律法规授权的组织。在我国目前的法律体系中，行政调解的主体主要为行政机关，而对于法律法规授权组织行使行政调解职权的规定较少，只是在《消费者权益保护法》和《治安管理处罚法》中有所规定。

（2）行政调解主体具备行政管理职权。行政调解是行政主体基于实现行政管理职能的目的而进行的行为，作为行政主体主持的一种解决争议、消除纷争的调解活动，行政调解是行政主体行使行政管理职权的一种方式，因此其前提是行政主体必须具备综合或者某一特定的行政管理职能。

（3）行政调解主体专业性特点显著。行政调解是行政主体在法律法规规定的前提下，对自己职权管理范围内的争议和纠纷进行调解的行为。负责行政调解的行政主体多为具体职能部门，专业性较强，行政调解的主持者不仅通晓本部门法律法规、熟悉本部门职能，而且对行政调解也具有丰富的实践经验，具有一整套较为科学的调解程序，能充分利用所掌握的专业知识和丰富的实践经验为该领域内发生纠纷的当事人提供更有效的调解。从这方面而言，行政调解与其他调解相比，更具有专业性的特点。

2. 行政主体处于居间位置，争议双方地位平等

（1）在行政调解中，行政主体的法律地位是第三者和中间人的地位。作为第三者和中间人对平等的民事主体之间的民事纠纷予以调停处理，行政主体作为居间者应不偏不倚，通过说服教育，对争议纠纷依法作出合情合理的公断。行政机关的这种居间调停性有别于一般的具体行政行为，使其具备了调解的一般特性。

(2) 争议双方地位平等。争议的双方当事人之间，法律地位是平等的，不存在命令与服从、主动与被动的单向隶属关系，争议的当事人都有自愿、真实地表达自己的理由和意见的权利，行政主体应当以平等态度对待双方当事人。

3. 行政调解的范围特定

行政调解的法律争议的范围特定，目前我国行政调解的范围包括民商事纠纷、少数行政纠纷及部分轻微刑事纠纷案件，争议指向有关民事权益方面的内容，一般与经济赔偿、补偿等关系较为密切。

(1) 民商事纠纷。最常见和最广泛的行政调解的范围，包括婚姻家庭纠纷、劳动纠纷、合同纠纷、债务纠纷、侵权纠纷、相邻权纠纷等等。

(2) 部分行政纠纷。主要体现在下列两种情况：其一是不服行政机关依行政法律、法规规定的自由裁量权作出的具体行政行为而申请行政复议的；其二是当事人之间的行政赔偿或行政补偿纠纷。①

(3) 轻微刑事纠纷案件。主要指违法性轻微、社会危害性不大的刑事纠纷案件及其民事赔偿部分，常见的有轻微的刑事自诉案件、治安纠纷案件、交通肇事案件等等。

4. 行政调解过程中，争议双方当事人意思完全自治

这主要表现在三个方面：

(1) 行政调解的启动以双方当事人意思一致为前提。是否进入行政调解程序，必须以争议双方当事人的一致同意为前提。是否申请调解是当事人的一项权利，行政主体可以告知这一权利，而没有强迫当事人进行调解的权利。同时，也只有争议当事人双方均自愿进行调解的情况下，行政调解程序才能得以正式启动，任何一方有不愿行政调解的，行政调解也不可能开始。

(2) 行政调解协议的达成由当事人完全自主决定。这里包括是否达成调解协议和达成什么样的协议，在这过程中，行政主体是以组织者和调解人的身份出现，它的行为只表现为一种外在力量的疏导教育、劝解协调，不能有任何的命令和强制。最终协议的形成应基于当事人不受威胁欺诈的真实自愿的意思表示，完全应该是争议双方之间合意的结果。

(3) 行政调解协议的执行无法律强制力。在一般情况下行政调解协议的实现，主要是靠双方当事人的信用承诺和社会舆论等道德力量来自觉履行。行政调解协议一般不具有法律上的强制执行力，调解协议的实施过程中，如一方当事人拒绝履行，行政机关无权强制执行。

---

① 参见 2007 年 8 月 1 日颁布实施的《中华人民共和国行政复议法实施条例》第 50 条。

5. 行政调解的救济方式具有特殊性

由于行政调解的启动、进行、协议的达成和履行都是在争议双方当事人自愿的基础上完成的,所以,任何一方当事人如对行政调解行为持有异议,都可在中途停止行政调解,如单方退出行政调解,或者拒绝在调解协议上签字,或者拒绝履行达成的调解协议等等。对于仍然存在的争议,任何一方当事人都可以通过仲裁或者提起诉讼的方式继续进行权利救济。

但由于行政调解机关只处于居间者和第三者的法律地位,行政调解不具备强制执行力,当事人对行政调解行为本身不满,却无法通过行政复议或者行政诉讼甚至行政赔偿的途径进行救济。如果行政主体及其工作人员在调解过程中采取了不适当甚至违法的手段,该行为在事实上就不属于调解行为,而是违背当事人意志的行政命令。对于这种具有强制性的行政行为不服的,当事人可以以调解事项为由向上一级行政机关申请复议或提起行政诉讼。因违法的行政调解给当事人造成损失的,可依法定程序要求行政主体进行赔偿。

(二) 行政调解的种类

依据不同的标准,行政调解有不同的分类。

按照处理的纠纷种类,可以将行政调解分为对民商事纠纷的调解、对行政纠纷的调解、对轻微刑事纠纷的调解。

根据调解的效力,可以将行政调解划分为正式调解和非正式调解。正式调解即具备强制执行力的行政调解,在我国目前仅限于对经济合同仲裁中的调解一种情形。非正式调解在我国普遍存在。

根据调解的行政机关的不同,可以分为综合性行政调解和职能性行政调解。

综合性行政调解一般指由基层人民政府所进行的行政调解,以地域为标准进行管辖,对管辖范围内所有的民间纠纷以自愿为原则进行调解,综合性行政调解主要由乡镇人民政府和街道办事处的司法调解员负责进行。我国法律规定,司法调解员是基层人民政府的组成人员,也是司法行政工作人员,除了指导人民调解委员会的工作和法制宣传外,在日常活动中还要调解大量的民商事纠纷及情节轻微、危害不大的刑事自诉案件。

职能性行政调解指的是各级人民政府的各个职能工作部门就自己本身的职责范围内的纠纷所进行的调解。我国常见的职能性行政调解有工商部门的行政调解、公安机关的行政调解和婚姻登记机关的行政调解。

1. 工商部门的行政调解

作为合同管理机关的工商管理部门,在法人之间、法人与个体工商户之间、公民和法人之间、公民与个体工商户之间的各种经济纠纷,包括合同纠纷和消费纠纷，都可以向工商行政管理机关申请行政调解，工商机关也可按照职权告知当事人有行政调解的权利。

2. 公安机关的行政调解

根据我国《治安处罚法》的规定，对于因民间纠纷引起的打架斗殴或者损毁他人财物等违反治安管理的行为，情节轻微的，公安机关可以调解处理。公安机关在处理交通事故时，应当在查明交通事故原因、认定交通事故责任、确定交通事故造成的损失情况后，组织当事人和有关人员对损害赔偿进行调解。这是法律法规授予公安机关调解的权利，有利于妥善解决纠纷，增进当事人之间的团结。

3. 婚姻登记机关的调解

我国《婚姻法》规定，男、女一方提出离婚，可由有关部门进行调解或直接向人民法院提出离婚诉讼。同时，该法规定，男、女双方自愿离婚的，应同时到婚姻登记机关申请。所以，婚姻登记机关也可以对婚姻双方当事人进行调解，这也有利于促进婚姻家庭的稳定与社会和谐。

三、行政调解的法律地位和法律效力

（一）行政调解在民间纠纷解决机制中的法律地位

从我国调解制度的体系来看，"大调解"框架下的行政调解、法院调解、人民调解都体现出了一定的社会主体对特定范围的法律纠纷进行的干预，都是运用了各自的职权对民间纠纷进行处理和化解的方式和手段。仔细比较一下，行政调解较之法院调解和人民调解，在处理纠纷、化解社会矛盾方面具有独特的功能，在我国民间纠纷解决机制中占据重要的法律地位。

1. 行政调解与人民调解、法院调解的衔接

在三大调解方式中，行政调解比法院调解灵活，比人民调解权威，是对人民调解和法院调解各自不足的补充，在实践中也是运用较多、成效明显的调解方式。一般而言，行政调解是民间调解、非官方调解、效力较低的调解（人民调解）向权威调解、官方调解、国家强制力保证的调解（法院调解）过渡的中间环节，同时也是三大调解中专业性和职能性最强、对纠纷涉及的专业知识和法律知识最为了解，对纠纷处理的程序最为熟悉的调解方式。

相较之司法调解，行政调解无需经过复杂的诉讼程序，也无需支付相关费用，能节省当事人的时间，并降低当事人处理纠纷所花费的诉讼成本。但不足之处是无国家强制力的保障，对争议双方当事人的约束力不够强硬。

而与人民调解相比，行政调解权威性更强。另外，在行政复议中开展行政

调解工作，可以发挥行政机关的监督作用。行政相对人与行政机关之间的纠纷由处于第三方的另一行政机关来进行调解，可以发挥行政机关之间的内部监督作用，使纠纷在得到迅速解决的同时发现和改进行政机关工作中的问题。不足之处在于行政主体在调处纠纷时独立性和公正性相对缺乏，容易受到干扰。

2. 三种调解方式的相同点

（1）这三种调解方式都是通过争议当事人之外的第三者作为主持进行调停说和，解决当事人之间争议或纠纷的一种活动。行政调解的主持人是行政机关和部分法律法规授权组织，法院调解的主持人是法院，人民调解的主持人主要是人民调解委员会。

（2）都是在自愿原则为首要前提下进行的。行政调解是在当事人自愿的原则下，行政主体依法对行政相对方之间以及行政主体和行政相对方之间发生争议后进行的有一定法律效力的调解。对于法院调解，我国《民事诉讼法》第 85 条规定："人民法院审理民事案件，根据当事人自愿的原则，在事实清楚的基础上分清是非，进行调解。"对于人民调解，《村民委员会组织法》第 14 条、《城市居民委员会组织法》第 13 条规定："村民委员会和居民委员会根据需要设立人民调解委员会。人民调解同样要遵循合法和自愿原则，不能依主观意志随意调解，或强制性达成协议。"《人民调解法》更是明文规定在当事人自愿平等的基础上进行调解，是人民调解委员会调解民间纠纷应当遵循的原则。①

（3）调解都是在"查清事实、分清责任"的基础上进行的，调解的内容不得违反国家有关政策和法律。不管是行政调解、法院调解还是人民调解，调解方在调解过程中都不能采取不适当的手段，违反国家有关规定。

3. 三种调解方式的不同点

行政调解与法院调解、人民调解的区别主要有：

（1）调解的主体不同。行政调解的主体是特定的国家行政机关和部分由法律法规授权的组织。法院调解的主体仅限于各级人民法院。人民调解的主体是人民调解组织。

（2）调解的性质不同。行政调解和人民调解都是属于诉讼外的调解，不具有司法性，而法院调解则属于诉讼中的调解，具有司法性。

（3）调解的范围不同。法院调解的范围是人民法院受理的全部民商事案件和部分刑事自诉案件，以及附带民事诉讼案件。行政调解的范围从现在的法律法规来看，大多局限于民事纠纷、轻微违法行为、权属争议及少数行政

---

① 参见《中华人民共和国人民调解法》第 3 条第一项。

争议及部分刑事自诉案件这几个方面，而且还不涵盖上述这几个方面的全部。而人民调解的范围最为广泛，只要是不违背法律强制性规定的的民事纠纷、违反社会公德所引起的纠纷和轻微的刑事纠纷都可以通过人民调解加以解决。

（4）调解的效力不同。法院调解协议一经送达签收即生效，就具有和判决一样的法律效力。当事人不得反悔也无权再向法院起诉，只是在确有违反自愿原则的情况下才可向法院申诉；而行政调解目前普遍认为虽具有一定的约束力，但不具有司法上的强制执行力，调解协议的实施过程中，当事人拒不履行，行政机关不得采取强制措施，须向法院诉讼后才能依法向法院申请强制执行。至于人民调解，主要依靠当事人自觉自愿来履行，并不直接具有法律上的强制性，一方反悔而不履行时，另一方有权向人民法院提起诉讼，依据司法程序保护自己的合法权益，同时《人民调解法》也允许当事人通过启动司法确认制度来赋予人民调解协议以强制执行力。

（二）行政调解的法律效力

行政调解的法律效力[①]主要通过行政调解是否合法、调解协议对当事人产生何种拘束的法律效力来得以体现，具体分析如下：

1. 行政调解的合法性效力

首先，行政调解的主体必须合法。行政机关的调解，一般是依据我国法律法规的规定进行的调解，如基层人民政府的行政调解，是根据调解条例及社会治安综合治理的有关规定进行的调解；公安机关的行政调解，是根据《治安管理处罚法》等规定进行调解；交警部门的行政调解，是根据《道路交通安全法》的规定进行调解；卫生行政主管部门的行政调解，是根据《医疗事故处理条例》的规定进行调解；婚姻登记机关的行政调解，是根据《婚姻法》的规定进行调解。据此，所有行政机关的调解，一般是在有法律法规明确规定下，行政机关在履行自身行政管理职责过程中进行的调解。

其次，行政调解的程序应当合法。进行行政调解，其调解程序法律有规定的要按法律规定，法律没有规定的情况下则一般需在双方或者多方当事人认可的规则下进行。

第三，行政调解的内容应当合法。行政调解的内容要符合法律规定，强制调解、压迫调解，均属于不合法的调解，这就要始终坚持自愿、合法原则。另外，行政调解达成的协议作为双方当事人意思一致的载体，也必须符合合法的要件：（1）行为人具有相应的民事行为能力；（2）意思表示真实；

---

① 法律效力本身是一个复杂的概念，包括生效要件、生效时间、效力内容、效力层次等等，鉴于行政调解的国家强制力的缺失，在本书中仅对行政调解行为是否合法及对相关当事人产生何种拘束的法律效力进行讨论。

(3) 不违反法律或者社会公共利益。

2. 行政调解对争议双方当事人的拘束力

行政调解对争议双方的拘束力，一般表现在当事人双方对调解协议的遵守和履行上。一般而言，基于对行政机关的信任或对行政主体权威性的认识，通过行政调解达成的协议绝大部分当事人都能自觉积极地履行，但也不可否认，仍存在着不少协议得不到履行的现象，这也主要是由行政主体在行政调解中缺少行政强制力而导致。

因此，从这个方面分析，即使行政调解本身合法，但其执行的法律效力大大低于法院调解的效力。当事人对由行政机关主持调解达成的协议，如果提不出欺诈、胁迫、乘人之危或重大误解、显失公平等违反法律法规的行为，就应当自觉履行。一方当事人不自觉履行的，另一方当事人可以就协议的履行、变更、撤销向人民法院起诉。

四、行政调解的基本原则

(一) 公平公正合理原则

公平公正是指负责行政调解的行政管理部门，必须坚持公正的立场，秉公处理纠纷，保持中立，既要兼顾各方当事人的合法权益，又要说服各方互谅互让，相互理解。对双方当事人不论单位大小，是本地还是外地，在调解地位上要一视同仁，不得偏袒某一方。

合理是指在调解过程中要从实际出发，实事求是地对待发生的纠纷，坚持调查研究，说服教育，以理服人。

(二) 自愿调解原则

自愿调解原则是指在行政调解的启动、进行，调解协议的达成、履行等整个过程中，行政机关均应尊重双方当事人的意愿，以双方当事人的自愿同意为前提展开行政调解。

任何一方当事人不同意开始行政调解的，行政调解程序不得启动，行政机关应指导、督促他们及时进行仲裁或诉讼等其他救济方式。调解过程要尊重当事人意愿，不得强迫当事人接受调解方式，任何一方当事人不愿再继续行政调解的，行政调解即告终止。对调解协议的内容应该由当事人自己进行协商，行政主体对此只有建议权，不得强迫当事人接受调解结果。调解协议的履行，也以当事人的自觉为原则，行政主体不得强迫当事人履行调解协议。

(三) 依法调解原则

依法调解原则是指负责行政调解的行政机关要充分运用有关法律、行政法规依法调解，既不能在执法过程中简单从事，无原则地调和，片面追求调解率，也不能对当事人施加行政压力，进行行政强制，更不允许为了达成调解的目的而对行政调解当事人采取违法的手段和方式进行调解，侵犯国家利益、集体利益和他人利益。另外调解成功后，应制作调解书，调解书的内容须符合法律和政策的规定。

（四）一般不主动受理原则

我国法律规定，当事人有选择解决争议方式的自由，如果当事人不申请由行政机关主持调解其受理权限范围内的纠纷，除我国法律有特别规定外，行政机关就不能主动要求对其争议进行调解，一般不主动受理原则就是要求行政机关在行政服务当中应当充分尊重当事人的权利。

（五）行政调解不具终局性原则

与法院调解不同，行政调解不具终局性，行政调解做出后，当事人如果都后悔的，通过合法程序可以向做出调解的行政机关的上级机关申请复议，对复议不满的还可以在规定的时间内向法院提起诉讼。总之，当事人可以选择任何方式对自己的合法权益进行保护。

五、行政调解的程序

行政调解的程序目前还缺乏法律的详细规定，但从行政机关的调解实践中看，有一些必要的、最基本的正当程序和步骤还是应当具备，一般而言行政调解包括调解申请受理、调查、协调、协议书制作等环节。

（一）申请和受理

1. 接待和初步审查

进入行政调解的案件主要有三种类型：当事人投诉（当面和电话投诉）、上级行政机关移办、同级其他职能部门转送。行政主体接受案件后，首先要进行审查，审查的内容包括是否属于行政调解的受理范围和是否属于本行政机关的地域和职能管辖范围。

2. 告知权利和当事人申请

虽然行政调解的启动以当事人的自愿为前提，但行政主体应当首先在初步审查后告知当事人有行政调解的权利。同时，当事人的申请是行政调解程序中不可缺少的重要环节，它体现了行政调解自愿的重要原则。当事人申请调解纠纷，可以书面申请，也可以口头申请。

3. 受理行政调解

一旦行政调解的受案范围、管辖范围、当事人自愿原则和申请方式等条件全部满足,则行政调解的受理环节完成。在这一环节中,上述任一条件不满足,行政主体则必须告知当事人行政调解程序无法启动,当事人只能选择其他途径进行救济。

(二) 协商调解与协议的达成

这一阶段是行政调解的核心环节,包括:

1. 告知当事人权利义务

在行政调解前,行政机关一般会以口头或者书面形式告知当事人行政调解的性质、原则和效力,以及当事人在调解活动中享有的权利和承担的义务。

纠纷当事人享有的权利:自主决定接受、不接受或者终止调解;要求有关调解人员回避;不受压制强迫,表达真实意愿,提出合理要求;自愿达成协议。

纠纷当事人承担的义务:如实陈述纠纷事实,不得提供虚假证明材料;遵守调解规则;不得加剧纠纷、激化矛盾;自觉履行调解协议。

2. 行政主体主持协商、说服教育

行政主体在这一环节主要起第三人和中间人的作用,没有命令和强制,只能是说服教育、化解矛盾,以求一致意见的达成。在协商过程中,行政主体是主持人和召集人,它可以召集双方当事人面对面协商,也可以在双方默许下背靠背与一方协商,在中间传递意见。

3. 在双方意思表示一致的情况下达成调解协议

经过协商,在双方意思表示一致的情况下获得和解的,应当在行政主体的主持下达成调解的书面协议,并由行政机关和双方当事人共同签字盖章。

(三) 督促履行协议与结案备案

1. 督促调解协议的履行

虽然行政机关对调解协议的履行没有强制执行力,但可以进行合理的监督和催促,当事人无正当理由不履行协议的,应当做好当事人的工作,督促其履行。对经督促仍不履行调解协议的,应当告知当事人可以提请仲裁或就调解协议的履行、变更、撤销向人民法院起诉。

2. 结案和备案

行政主体对调解协议的履行情况可以适时进行回访,并就履行情况作出记录,对已经履行完调解协议的案件,应当结案。对当事人不履行调解协议的,也应当记录在案备查。

相关法律、法规

1.《中华人民共和国民事诉讼法》第13条;

民间纠纷调解

2. 《中华人民共和国行政诉讼法》第50条;

3. 《中华人民共和国行政复议法》第8条;

4. 《中华人民共和国婚姻法》第32条;

5. 《中华人民共和国合同法》第128条;

6. 《中华人民共和国商标法》第53条;

7. 《中华人民共和国道路交通安全法》第74条;

8. 《中华人民共和国治安管理处罚法》第5条、第9条;

9. 《中华人民共和国劳动法》第77条、第79条、第80条;

10. 《中华人民共和国企业劳动争议处理条例》第6条、第4条、第11条;

11. 《中华人民共和国产品质量法》第47条;

12. 《中华人民共和国消费者权益保护法》第34条;

13. 《中华人民共和国行政复议法实施条例》第50条;

14. 《中华人民共和国道路交通安全法实施条例》第94条、第95条、第96条;

15. 《医疗事故处理条例》第46条、第48条;

16. 国家工商局令第79号《合同争议调解办法》第2条、第6条、第10条。

 操作训练一　综合练习

训练目的

通过训练,能区分行政调解与其他调解方式的不同,了解行政调解的效力和优势。

训练材料

2009年4月30日上午,某市上城区望江派出所接110报警,称市二中学发生学生打架事件,遂出警。经了解:2009年4月24日中午,蔡某某(受害人)正在班教室里学习,突然听到同班同学陈某(加害人)大声呼叫他出教室,蔡某某感到事情不好,不肯出教室,继续在教室里学习。陈某看到蔡某某同学不肯出教室后,就带着二中几个同学冲入教室,强行将正在学习的蔡某某同学拖到陈某的宿舍,并叫在宿舍里等候的几个同学对蔡某某同学拳打脚踢,将蔡某某同学打得头晕眼花,并伴有胸闷、恶心呕吐现象,去医院治疗花去医药费1 000多元。受害学生家长把情况向学校反映后,学校进行了调解,要求加害人家长赔偿受害人的医药费,加害人家长不同意赔偿后,受害学生家长拨打110报警。

上城区望江派出所接警后进行了调查,事情的起因非常简单:事发日4

月 24 日前的某一天中午，初一某班的蔡某某同学在教室与其他一个同学讲话，因讲话声音大了些，影响了陈某与同班的某一女同学聊天，陈某叫蔡某某讲话声不要这么大，蔡某某不听，继续与同学大声讲话，这就是陈某要纠集同校的其他四位学生殴打蔡某某的理由。

结合上述事实，经征求双方当事人同意后，望江派出所决定对此纠纷进行行政调解，由派出所民警张建民主持。

在调查中，民警了解到，加害人陈某的父母都是下岗工人，他的父母为了生计，到外地打工，缺少对陈某的监管。当派出所民警将陈某在校组织其他同学殴打蔡某某同学的违法行为告诉他时，陈某的父母讲小孩子打架是常有的事，不需要负什么责任。对此调解人员当场对陈某父母放任孩子的错误言论进行了批评和教育，并指出他们的未成年子女陈某的违法行为造成了同学蔡某某的人身伤害，作为监护人的父母负有民事责任。过后，陈某的家长认识到自己的责任，同意根据自己孩子的过错责任大小，赔偿医药费给蔡某某同学，并表示愿意积极配合，加强对自己孩子的法制教育。

2009 年 5 月 7 日上午，在望江派出所民警的主持下，受害人蔡某某的家长与加害人陈某的家长关于蔡某某同学人身损害赔偿达成了调解协议。根据过错赔偿责任原则要求，过错人陈某组织他人殴打蔡某某，应负主要责任，参与人何某某等同学是在陈某同学的组织下才参与殴打蔡某某同学的，应负次要责任。负有主要责任的陈某赔偿医药费 500 元给蔡某某同学，负有次要责任的何某某等同学各赔偿医药费 300 元给蔡某某同学。

协议签订后，鉴于打架双方均为未成年人，关于治安纠纷的行政处罚可以免除，但派出所民警从注重未成年人教育的原则出发，对加害人陈某、何某某等 5 位同学进行了有关《治安管理处罚法》和《民法通则》的法制教育，并责成家长加强对未成年子女的监管。

训练要求

以小组为单位，讨论后回答以下问题：

1. 本案中行政调解的主体是谁？与人民调解的区别有哪些？
2. 本案中对争议双方的行政调解与对打人行为的行政处罚之间有何关系？

重点提示：从行政调解与人民调解及诉讼调解之间的相同点和不同点进行分析判断；从行政调解的效力及行政调解的优势进行分析判断。

操作训练二　综合练习

训练目的

通过模拟训练，掌握行政调解的流程与主要技巧。

民间纠纷调解

训练材料①

2004年7月,三山村村民沈某某向村委会申请新建住房,经村委会研究决定,批准其在郑某房后的村民建设用地上建设新房,同时报请上级管理机关批准。2004年7月底,得到上级机关的批准后,沈某某就在批准的宅基地内备料,做建房的准备。但由于这块宅基地在郑某的房后,多年来一直闲置,后来郑某开荒,种上了树苗,沈某某建房要影响郑某的利益。因此,郑某就阻碍沈某某施工,造成停工3个月。在此期间,沈某某多次找到村调委会,村调委会多次调解无效,沈某某不能及时建房,受到严重损失。11月2日,沈某某组织工人施工又被郑某阻止,双方情绪非常激动,械斗一触即发。

镇司法所在得知情况后,立即赶到,及时控制了局势,避免了冲突的升级。在稳定双方情绪后,司法所工作人员就对此事展开调查,并承诺5日内会同有关部门到现场解决。当日,司法所工作人员与村镇办干部坐下来研究调解方法,查找相关法律资料,确定工作重点。

2004年11月7日,司法所会同村镇办一同来到三山村沈某某的施工现场,首先要求沈某某出示了建设新房所需的各种审批材料,经核实沈某某建房手续合法,后又按照审批文件对沈某某的施工现场进行了测量,规范了沈某某的施工范围。在完成调查工作后,司法所及村镇办工作人员就找到郑某。郑某态度蛮横,始终认为他家后是他的开荒地,并且经营多年,现在地里的树刚刚见到效益,不能动,谁要是敢动就和谁拼命。对于郑某的态度,司法所工作人员早有准备,不急不火,耐心细致地对他讲解法律政策:"我国《土地法》第11条规定,土地的所有权和使用权受法律保护,任何单位和个人不得侵犯,你在集体的土地上进行开荒种树,本身就是侵犯集体土地的使用权,但是集体认为土地闲置也是闲置,你种树,集体也没有阻拦,现在集体的这块土地另有他用,所以你就应无偿服从,任何形式的占地行为都是违法的。如果现在你不让出来,将来我们诉诸法律程序你也得让出来,而且到时候你的损失要比现在还大。再有,你已经非法占有集体土地好几年,如果集体向你收取使用费也是应该的,但是现在集体没有这样做,你也应该清楚。"经过司法所及村镇办人员的工作,郑某终于同意就沈某某建房一事与其进行协商,并最终达成双方都能接受的协议:沈某某建设新房及宅院面积南北长12.45米,东西长13.39米,南院墙距前院郑某后山墙1.5米,沈某某建房东侧开荒地内种植的栗树、玉米等农作物归沈某某所有,郑某房后沈某某建房施工范围内的柿子树、香椿树、花椒树等树木经郑某申请林业部门批准,自行砍

---

① 案例选自吴玉华主编:《人民调解案例》,中国检察出版社2006年版,第76—79页。

伐处理，给沈某某让出建房用地。至此，一场随时有可能激化转为刑事案件的宅基地纠纷得到了圆满解决。

训练要求

分组完成以下工作项目：

1. 按照行政调解的相关流程列出思路要点，拟订调解方案。
2. 回答在类似的可能导致刑事案件的宅基地纠纷调解中，调解人员该如何运用调解技巧①解决危机？

重点提示：调解方案的形式、调解技巧等

 操作训练三　分步练习

训练目的

通过分步训练，掌握行政调解的一般流程以及每个阶段可以运用的技巧与方法；培养学生作为行政调解员应当具备的应变能力、表达能力等基本能力。

训练材料

2009年9月23日，在温州务工的江先生和妻子到瓯海经济开发区一家旅馆住宿，期间，多次有人误闯入房间，江先生起床检查后发现门锁已损坏，导致自己和妻子的身体曝光，隐私权受到侵害。因此要求旅馆经营者赔礼道歉并赔偿6 000元的精神损失费，旅馆经营者愿退还住宿费，但以江先生夫妻未受到真正人身伤害为由，拒绝赔付其他费用。

瓯海区工商局梧田工商所、梧田消费者权益保护协会分会接到投诉后赶到现场，经实地检查，执法人员认为江先生夫妻因旅馆房门损坏致他人得以进入房间并使其裸露的身体曝光，其隐私权已受到一定侵害，根据《中华人民共和国消费者权益保护法》第18条规定，"经营者应当保证其提供的商品或者服务符合保障人身、财产安全的要求"，以及《浙江省实施〈中华人民共和国消费者权益保护法〉办法》第53条规定，"经营者提供商品或者服务给消费者造成精神损害的，应当停止侵害、恢复名誉、消除影响、赔礼道歉，并给予精神损害赔偿"。

经征得双方同意，执法人员决定进行行政调解。

训练要求

根据训练材料作以下分步练习：

第一步：将所有的学生分成三组，分别为申请人组，被申请人组和调解

---

① 参见"学习单元七　调解的基本技巧"。

员组,并给出一定的准备时间。

第二步:分别抽取申请人组、被申请人组和调解员组的若干学生模拟调解。

第三步:采用自我纠错法,由表演的学生自身找出刚才调解中程序上的错误。或者由教师扮演调解员,让学生找出调解员的处理有什么需要改进之处。

重点提示:根据行政调解的各个流程进行准备;调解员应重点关注民法和《消费者权益保护法》中关于人格权的有关规定。

思考题

易转化或趋向转化为刑事案件的民间纠纷调解中,行政调解人员如何处理调解效果与保障调解人员自身安全①方面的矛盾?

---

① 参见"学习单元六 调解员的职场安全"。

学习单元五　诉讼调解

【学习目的与要求】
　　了解诉讼调解的特征及其与和解、诉讼外调解的区别；掌握诉讼调解的基本程序以及调解协议的法律效力。
【学习重点与提示】
　　诉讼调解的特征；诉讼调解的基本原则；诉讼调解的启动；民事调解协议的法律效力。

一、诉讼调解的特征

　　诉讼调解，即法院调解，是指在法院审判人员的主持下，双方当事人就发生争议的民事权利义务关系自愿进行协商，达成协议，解决纠纷所进行的诉讼活动。关于诉讼调解的性质，我国民事诉讼法学界尚存在不同的认识。从诉讼调解的可能性来看，民事纠纷的当事人对自己的实体权利享有处分权，而诉讼调解的结果实质上也就是双方当事人放弃某些实体权利的要求。[1] 从诉讼调解的必要性来看，诉讼调解能够迅速、彻底地解决当事人之间的民事纠纷。[2]诉讼调解与和解、诉讼外调解相比较，通常认为，具有以下主要特征：

　　（一）主持调解的主体特征
　　诉讼调解，是双方当事人在人民法院审判人员主持下进行的，依据的是其审判职权，所进行的活动属于审判活动，具有审判上的意义和司法的性质，其与双方当事人自行协商解决纠纷的和解有明显区别；诉讼外调解的主持人则是人民调解委员会的委员、行政机关的官员、仲裁机构的仲裁员，其所进行的活动不具有审判性，不具有司法的性质。

---

[1]　江伟主编：《民事诉讼法学原理》，中国人民大学出版社1999年版，第528页。
[2]　常怡主编：《民事诉讼法学》，中国政法大学出版社1996年版，第201页。

(二) 调解所处的阶段特征

诉讼调解发生于当事人提出诉讼后,人民法院在审理前(即审前调解)或审理过程中(即审中调解),在双方当事人自愿的基础上,依据法定程序进行的调解,当事人的活动具有诉讼上的意义;诉讼外调解发生在诉讼之外,当事人的行为无诉讼上的意义。

(三) 调解具有的效力特征

诉讼调解是人民法院审理案件的一种方式,又是一种结案方式,当事人通过法院调解所达成的调解协议具有与生效判决同等的法律效力,具有给付内容的调解书具有执行力;诉讼外调解,除仲裁机构制作的调解书,以及经法院司法确认赋予其强制执行力的人民调解协议书以外,其他由任何社会组织主持下达成调解协议而形成的调解书以及当事人和解达成的协议书,均无拘束力,只有一定的见证力,当事人反悔的,可以就该争议问题向人民法院起诉。

二、诉讼调解的基本原则

(一) 当事人自愿原则

现行《民事诉讼法》着重强调了法院调解应当尊重当事人的自愿,此原则包含以下两层含义:

(1) 程序上的自愿。即调解程序的开始,除法律有规定外,必须建立在双方当事人自愿的基础上。

(2) 实体上的自愿。即经过审判组织的调解,双方当事人能否达成调解协议,完全基于双方当事人的自愿。在调解过程中,人民法院不能通过强迫当事人或向当事人施加压力的方式,促使双方当事人达成调解协议。

(二) 合法原则

《民事诉讼法》第 88 条规定:"调解达成协议,必须双方自愿,不得强迫。调解协议的内容不得违反法律规定。"通常的观点认为,合法原则应包括两个方面的含义:

(1) 法院调解的程序必须合法。法院调解的组织、步骤、方法等必须符合民事诉讼法的有关规定,程序上的合法是实体上合法的保障。如果法院调解违反法定程序,当事人有权申请再审。

(2) 调解协议的内容不得违反实体法的规定。法院调解必须以法律为准绳,不得违反法律的规定。民法、经济法、婚姻法等实体法律规范,既是正确判决民事案件的依据,也是正确调解民事案件的依据。

(三) 案件事实清楚、责任明确的原则①

《民事诉讼法》第 85 条规定："人民法院审理民事案件，根据当事人自愿的原则，在事实清楚的基础上，分清是非，进行调解。"可见，案件事实清楚、是非责任明确是进行法院调解的基础。

这一原则要求，不能为了提高民事案件的结案率，而在案件事实不清、是非责任不明确的情况下，采取"威压式"调解、"和稀泥式"调解或"无原则式"调解。否则，调解不仅违背了调解自愿的原则和损害了当事人的合法权益，而且会极大地损害司法的严肃性和公正性，并会造成不良的社会影响。

三、诉讼调解的程序和效力

(一) 调解的程序

1. 调解的开始

诉讼调解程序的开始，通常分为依当事人申请开始的调解和审判组织依职权主动开始的调解两种。

依当事人申请开始的调解，是指经一方或双方当事人的申请，在人民法院审判组织主持下开始的调解。该调解程序的启动，必须征求双方当事人的意见，只有在双方当事人自愿的情况下才能进行。

法院审判组织依职权主动开始的调解，是指人民法院审判组织在查明案件事实、分清双方当事人责任的前提下主动进行的调解。依照《最高人民法院关于人民法院民事调解工作若干问题的规定》，下列情况法院依职权应当进行调解：(1) 婚姻纠纷案件；(2) 收养纠纷案件；(3) 抚养、扶养、赡养、继承纠纷案件；(4) 相邻关系案件；(5) 适用简易程序审理的案件。

值得注意的是，下列案件人民法院不得进行调解：(1) 合同代位权诉讼；(2) 股东代表诉讼；(3) 民事行为无效确认诉讼；(4) 涉及国家利益、社会公共利益的案件；(5) 适用特别程序、督促程序、公示催告程序、破产还债程序的案件；(6) 身份关系确认诉讼；(7) 其他依性质不能进行调解的案件。

2. 调解的进行

调解开始后，法院合议庭成员或者独任审判员，首先应就已经查明的案

---

① 有观点提出应当取消此项原则，见邱星美：《法院调解应遵循原则之思考》，载张卫平等主编《司法改革论评》，第 5 辑，厦门大学出版社 2007 年版，第 12 页。

件事实向双方当事人作出说明,对当事人提出的法律问题作出明确答复。然后,听取双方当事人各自的陈述意见。审判人员不能强迫当事人接受法院的调解方案。

3. 调解结束

调解的结果只能有两种:一种是调解不成,另一种是调解成立。对于调解不成的案件,应当及时判决。而不能久调不决,拖延诉讼,使当事人的法律关系长期处于不稳定的状态。

对于调解成立并达成调解协议的案件,人民法院应当及时地对调解协议的内容进行审查,并根据情况决定是否制作调解协议书。

(二) 调解协议的形式及法律效力

民事案件诉讼双方当事人在人民法院审判组织的主持下达成调解协议,经审判组织审查合法后,调解程序即告结束。按照民事诉讼法的有关规定,调解协议的形式有两种。

(1) 需要制作调解书的调解协议。除依照法律规定可以不制作调解书的情况外,一般都应当制作调解书,并送达双方当事人,依此作为解决纠纷的根据。

调解书经双方当事人签收后,调解协议生效。但对于无独立请求权第三人参加诉讼的案件,调解时又需要由无独立请求权第三人承担义务的,经无独立请求权第三人签收后,调解协议生效。

(2) 不需要制作调解书的调解协议。一般情况下,双方当事人达成调解协议后,人民法院应当制作调解书,但有些案件无需制作调解书。根据《民事诉讼法》第90条的规定,人民法院可以不制作调解书的案件有:调解和好的离婚案件;调解维持收养关系的案件;能够即时履行的案件;其他不需要制作调解书的案件。

对于不制作调解书的案件,双方当事人、承担义务的无独立请求权第三人、审判人员、书记员在调解笔录上签名或盖章后,调解协议生效。

生效的调解协议与生效的判决具有同等的法律效力。

 相关法律、法规

1.《中华人民共和国民事诉讼法》第9条、第85条至第91条;

2.《最高人民法院关于适用〈中华人民共和国民事诉讼法〉若干问题的意见》第91条至第97条;

3.《最高人民法院关于人民法院民事调解工作若干问题的规定》。

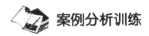 案例分析训练

【范例1】①

郑某，男，32岁，某高等学校教师
蒋某，女，30岁，某高等学校教师

双方当事人于1996年研究生毕业留校任教后结婚，婚后于1998年生育一女郑某某。1999年，郑某出国进修，1年后回国，夫妻之间在家庭观念和待人接物的方式上发生分歧，经常因为家务分担和个人交往的问题发生争吵，最后发展到相互动手，毁坏家具的程度。后来，郑某经常住在办公室，吃在教工食堂，有时两个星期也不回家，双方感情迅速恶化。2002年8月，郑某与蒋某协商离婚问题，蒋某认为，第一，夫妻关系恶化的原因在于郑某缺乏家庭责任感，与女性交往不检点，他应该承认错误，痛改前非；第二，作为大学教师，应当为人师表，离婚有损自己在学生中的形象，因此表示坚决反对。郑某则认为蒋某企图限制自己的自由，把自己圈禁在小家庭的牢笼之中，各自的生活理念不同，离婚是唯一出路。双方僵持不下，郑某向法院提起离婚诉讼，并提出双方共有财产价值5万元，按照每人一半分割；小孩由蒋某抚养，自己每月支付抚育费200元。

人民法院受理后依法进行了调解。经过调解，郑某坚持离婚的态度不变，蒋某认识到恢复和好已不可能，勉强维持造成双方精神痛苦，影响教学工作，遂表示同意解除婚姻关系；并同意小孩归自己抚养和共同财产均等分割的方案，但是认为每月200元的抚育费过少，要求郑某每月支付600元。在法院主持下，双方同意郑某每月支付抚养费500元。人民法院按照双方协议的内容制作了调解书，但在送达前郑某反悔，认为自己将来还要成家，协议负担的子女抚养费过高，只同意每月最多支付300元。

最后受理法院作出判决，认为郑某和蒋某夫妻感情确已破裂，判决双方离婚，共有财产均等分割，郑某某由蒋某抚养，郑某每月支付抚养费400元。并告知双方，如果以后情况发生变化，不妨碍子女向任何一方提出变更抚养费的请求。

【分析问题】 通过本案例，分析离婚案件法院是否必须进行调解？达成协议后一方是否可以反悔？

【范例2】②

王某与张某一家是世交，一直在生意上合作经营。2003年4月，张某因

---

① 案例来源：http://www.taoylaw.com/ns_detail.asp?id=500117&nowmenuid=500085&previd=500087。

② 案例来源：http://www.nen.com.cn/77994956827918336/20070112/2125571.shtml。

民间纠纷调解

病去世后,王某要求张某的妻子和两个儿子分配与张家合伙经营期间的利润35万元。张家以账目不清为由,一直没有给付。为此,两家闹上了公堂。一审法院经两次审理,判决张家母子三人给付王某35万元利润款。三被告不服提出上诉。

上诉法院审理此案时,法官了解到该案合伙期间的账目在原告起诉前曾被张家借走48本,后一直未归还。此次审理中,三被告仅提供了25本账目且账目混乱、残缺不全,原告要求分得的35万元利润无法与原始账目核对;而合伙人张某已去世,三被告对合伙经营期间的具体状况又不清楚,致使纠纷持续近4年之久。

法官主持调解时,双方就给付款的金额差距很大。在此情况下,法官与当事人分别沟通,而后又请来了双方都信任的张家的一个长辈亲属,做双方的工作。至此,双方的差距还有3万元左右。多次调解,让法官看到了希望。12月中旬,法官主持第5次调解。法官特意引导双方去回忆当初合伙时互信互助的情景,让他们去回忆张某病重期间,原告背着老人出席张家儿子的婚礼的场景。特别提到张某病重期间,为不使张某了解自己身患绝症的情况,在多人提醒原告应与张某本人把账算清的情况下,原告没有听从劝说,不忍心与张某清算合伙期间的账目,才导致出现这场拖了近4年的官司。经过温情的引导劝说,张家触动很大,双方终于达成了张家给王家17万元合伙期间利润款的调解协议。张家儿子最后表示,王家孩子在国外留学,以后他会照顾原告老两口的生活。一起长达4年的积案,在法官的调解下,19天内结案。

【分析问题】通过本案例,分析诉讼调解在处理民间纠纷中的积极意义。

【范例3】①

大章、小章系兄弟关系。2001年初,小章因购房向大章借款人民币100万元,后归还18万。去年年初,小章向大章出具一张尚欠本金和利息共计97万的借条,后小章未按期归还。大章遂将小章告上了法庭,经过法院调解,双方达成小章归还大章97万元并承担诉讼费用的调解书。事后,小章之妻以原审遗漏共同诉讼人为由申请再审,并依法进入再审。后该市法院作出再审判决:撤销原审所达成归还97万元借款的调解书,驳回原审大章的诉讼请求。

法院审理后认为:从现有小章之妻提供的一系列证据、法院调取的证据以及听证和庭审记录来看,原审中大章、小章双方共同均隐瞒了事实真相,

---

① 案例来源:http://www.sinolaw.net.cn/shequ/yuanchuang/200681091040.htm。

作了不实陈述,双方当事人的行为,使本案失去了诉讼通常应有的对抗特点,他们打算把所主张的借款在法律上得到确认,从而达到损害第三人合法权益的目的。根据我国《民法通则》的规定,原审中大章、小章的行为,使原审调解协议缺乏事实依据,且损害了第三人的利益,故依法作出上述判决。

【分析问题】通过本案例,分析诉讼调解的原则及其在司法实践中的运用。

学习单元六 调解员的职场安全

【学习目的与要求】
培养职场安全意识,学会自觉维护调解员的职场安全。
【学习重点与提示】
如何维护调解员的职场安全。

一、调解员的职场安全概述

(一)调解员的职场安全概述

调解员的职场安全,是指调解员及其近亲属在职业场所及其他场所人身与财产利益依法不受侵犯的权利。

这里所说的调解员的职场安全,主要是指人民调解员的职场安全。在我国,由于传统、文化与体制等因素,法官与行政机关工作人员的办公场所安全防范严密,办公经费相对充裕,且法官与行政机关工作人员的社会地位较高,对其权利法律有十分明确的规定,法官更是有法警维护其职场安全,其人身与财产安全比较有保障。而人民调解员直接处理民间纠纷,最直接地与广大基层群众打交道,在遇到纠纷当事人的任何一方的调解要求没有得到满足的情况下,不可避免地会承担一定的风险。且人民调解委员会系基层群众自治组织,办公经费紧张,长期疏于职业场所的管理,职业场所的安全防范措施很不到位;人民调解员的职业权威主要来自于该调解员的德行与人格,而不是如法官或行政机关工作人员那般来自于国家强制力,因此,实践中人民调解员因调解纠纷而受到辱骂、挨打、报复、甚至家庭财产被损坏、家人受到牵连的情况时有发生。在制止民间纠纷激化的过程中,不断有人民调解员与司法所工作人员为保护人民群众的人身、财产安全而负伤,甚至以身殉职。[①]

调解工作风险性的存在一定程度上制约了调解工作的深入展开。一些调

[①] 据不完全统计,全国每年有3至5名调解员在调解工作中牺牲,在调解中受伤的则数以千计。

解员为了防范风险，防止自己的人身和财产利益遭受无端侵害，对调解工作采取一种敷衍的态度，缺乏持之以恒的精神，尽量回避矛盾焦点，不去触及问题的实质，浅尝辄止，不为也不敢为。尤其是在遇到一方或双方当事人为无赖恶人时，不但不敢深入调解，甚至会作无原则的调解，以牺牲弱者的利益为代价。①无论是从维护调解员自身的安全与利益出发，还是从提高调解工作的实效出发，广大的人民调解员及其近亲属的人身与财产安全理应得到尊重与保障。

当然，这并不是说从事调解工作的法官与行政机关工作人员就没有职业安全方面的风险，上述工作人员同样面对着一定的职业安全风险问题，法院与行政机关同样应当提高警惕，做好安全防范。本单元所述关于如何维护调解员职场安全的措施，对人民调解员以外的上述调解工作人员同样适用。

（二）调解员职业安全保障的法律依据

1. 人民调解员

为了保护人民调解员的人身、财产权益免受非法侵害，扫除人民调解工作的障碍，《人民调解工作若干规定》第18条第一款规定，人民调解员依法履行职务，受到非法干涉、打击报复的，可以请求司法行政机关和有关部门依法予以保护。相对于《人民调解委员会组织条例》对该项规定的空白，这无疑是重大进步，但这对于真正实现调解员职业安全上的保护仍是远远不够的。2010年8月28日通过的《中华人民共和国人民调解法》第16条规定仅仅从物质补偿的角度对人民调解员及其配偶、子女的相关权利予以保障。②该法第25条规定，人民调解员在调解纠纷过程中，发现纠纷有可能激化的，应当采取有针对性的防护措施；对有可能引起治安案件、刑事案件的纠纷，应当及时向当地公安机关或者其他有关部门报告。上述立法的出发点，显然是防止矛盾激化和"民转刑"，维护社会稳定，而非出于人文关怀的本意而保护人民调解员的职场安全。

如果没有配套的保护机制，必然会给调解工作带来障碍。只有解决了调解人员的后顾之忧，才能充分调动其工作的积极性。因此，不但要完善对调解员的奖励和惩罚措施，还要从立法上明确职务保护机制。③建立保障调解员

---

① 于慎鸿：《人民调解的困境与发展途径探析》，载《商丘师范学院学报》2005年第6期。

② 该条规定，人民调解员从事调解工作，应当给予适当的误工补贴；因从事调解工作致伤致残、生活发生困难的，当地人民政府应当提供必要的医疗、生活救助；在人民调解工作岗位上牺牲的人民调解员，其配偶、子女按照国家规定享受抚恤和优待。

③ 顾敏、邓红蕾：《乡土社会中的特殊法律人——浅议我国乡土社会中的人民调解员》，载《行政与法》2005年第6期。

职场安全的机制，这是我们这个调解大国的新课题。

2. 法官

由于目前我国尚未明文区分审判法官与调解法官，维护法官审判工作与调解工作的职业安全均适用《中华人民共和国法官法》的规定。根据《中华人民共和国法官法》第4条的规定，法官依法履行职责，受法律保护。同时第8条规定了法官享有的各种权利，如获得劳动报酬，享受保险、福利待遇；人身、财产和住所安全受法律保护等等。

3. 行政机关工作人员

目前我国关于行政调解制度的法律规定并不完整，关于行政调解职场安全的的规定则几乎没有。《国家公务员法》第13条第8款，在涉及关于公务员享有的权利时用"法律规定的其他权利"作了一个原则性规定。行政调解人员拥有行政机关公务员和普通公民两种身份，在行政调解职场安全制度尚未完善以前，不妨理解为由宪法规定的保护公民人身、财产、住所等基本权利。

二、调解员的职场安全隐患

概括而言，人民调解员的职场安全隐患主要来自于以下因素：

（1）人民调解委员会是依法设立的调解民间纠纷的群众性组织，办公经费紧张，长期疏于职业场所的管理，职业场所的安全防范措施很不到位。目前人民调解制度的不足已集中体现在经费的保障问题上，人民调解员的职场安全问题也不例外。这一问题不解决，人民调解员的职场安全问题也很难得到根本性的改善。

（2）归根结底人民调解是一种民间调解，人民调解员没有明显的身份标志，却常常要深入现场调处纠纷，要冒很大的风险。调解员在夜晚调解纠纷时有被误伤的可能。

（3）广大农村与城乡结合部等基层的纠纷当事人受教育程度较低，法律意识淡薄，自我控制能力差，情绪不稳定，甚至诉诸武力来解决矛盾纠纷；部分纠纷当事人心胸狭窄，性格急躁，更容易产生一些伤害自己或他人的过激行为。民间纠纷激化的可能性大，工作在基层一线纠纷现场的人民调解员不可避免地面临着职业安全风险问题。如果防范措施不到位，在调解现场容易产生调解员受到伤害的意外事故。

（4）新时期的矛盾纠纷呈现错综复杂的新局面、新态势，使民间纠纷的发生面大量广，民间纠纷的激化可能性增加。目前基层的民间纠纷存在着纠纷主体与利益诉求多元化、纠纷类型多样化与不可预见性、纠纷发生的偶然性、解决历史积案的艰巨性等新的特点。往往一起纠纷的发生，从起因到过程，到产生的后果，情况错综复杂，很难查清客观事实，往往只能就事论事，很难达到双方当事人都满意的结果。矛盾纠纷的偶然性大为增加，在开放的环境中，城乡广大群众的生活空间和社会活动空间很大，与他人的利益发生碰撞的情况随时都有可能发生，许多矛盾纠纷的发生具有偶然性、突发性。由于乡镇企业改制、国家集体建设工程征地等方面的问题，因时间跨度大、政策变化大、群众期望值高等因素的影响，长期积淀下来的矛盾纠纷调解难度非常大。① 以不动产为标的或与不动产相关的矛盾纠纷总量增加，包括土地承包纠纷、征地拆迁补偿纠纷、相邻关系纠纷、不动产继承纠纷、建房时所产生的人身损害赔偿纠纷等，这些纠纷所争执的不动产标的数额大，对纠纷当事人而言标的又十分重要，是其安身立命之所，或者人身损害赔偿的数额巨大，纠纷当事人往往互不相让，乃至丧失理智，时有自残或伤人等过激行为发生。随着民间纠纷及其激化的新特点、新趋势的出现，调解工作人员所面临的职场安全隐患无疑比以往更为严峻。

(5) 调解员队伍良莠不齐，总体业务水平跟不上新时期民间纠纷调处与预防的要求，在调解工作中，调解员查明事实、判断是非曲直的工作不到位，对调解工作敷衍塞责，或运用法律法规不准确，或者把握政策不准确，制作调解协议不规范等，都会影响调解组织与调解员的公平公正的形象，为调解员的职场安全问题埋下隐患。如运用法律或政策依据不准确，不仅给矛盾纠纷调解结果的合法性带来诉讼风险，也容易引起新的矛盾，导致民间纠纷的激化。制作调解协议时，协议主体不合法、内容不合法，矛盾纠纷当事人没有签名，或者调解组织未加盖公章，当事人任何一方不履行协议时，在提起诉讼过程中就会直接影响协议书的法律效力。

(6) 调解员自身防范职场安全风险的意识不足，对防范职场安全风险问题勇气有余，重视不足，思想意识上掉以轻心。调解员身负调处民间纠纷，预防民间纠纷激化的重任，然而手无寸铁，也未受过自卫防击方面的专业训练，在手持凶器丧失理性的歹徒面前与普通人民群众一样处于弱势，而保障自身的人身安全是一切工作的前提。一些调解员被杀或被伤的恶性事件与调解员没有准确估计当时的形势并采取正确措施，没有及时与负有特定职责的相关职能部门同时采取行动有关。

---

① 陈维坤：《浅析农村人民调解工作中的风险与对策》，[2010-9-24]. http://sfj.yichang.gov.cn/art/2009/10/27/art-14143-206447.html.

此外，立法上的相关保障机制缺位，也是造成调解员存在职场安全风险的重要原因。

三、调解员的职场安全维护

（一）调解员应提高安全防范意识，自觉维护职场安全

人的生命是最宝贵的。人民调解员应从思想上重视自身的职场安全问题，提高自我保护意识。对于即将激化的民间纠纷，调解员应作出准确的风险评估，不可贸然将自身的安危置之度外，作出无谓的牺牲。在接待当事人或实施调解的同时，调解员应注意当事人的情绪变化，当发觉双方情绪十分激动，有可能导致矛盾激化时，应当及时结束面对面的调解，将双方分开，避免当事人之间的肢体接触与冲突。这样既能避免当事人互殴，也能避免调解员被当事人误伤的情形出现。

调解员勿将剪刀、水果刀等锐器或沉重的铁器等钝器置于办公桌上、墙上等触手可及的地方，以防意外发生。

（二）调解员应注意调解工作的方式方法，努力提高自身的业务水平

民间纠纷的当事人任何一方请求调解组织受理调解的纠纷，调解组织必须依法受理并根据纠纷的情况及时作出安排，不能置之不理或敷衍当事人。调解员受理纠纷后应认真负责处理纠纷，表现出对当事人应有的尊重与关怀，防止工作不及时让矛盾纠纷继续激化。同时在调解矛盾纠纷的工作中，调解人员立场要公正，方法要得当，讲话用语要有分寸，防止与当事人双方发生矛盾。准确把握不同时空条件下民间纠纷发生与发展的规律，在调解的不同阶段适当运用不同的方式方法技巧，以预防民间纠纷的激化。尤其值得一提的是，人民调解员应当具备一定的法律素养，严格履行依法调解的原则，并准确把握政策的精神与内涵，对历史遗留问题不仅应了解当下的政策，还应了解过去的相关政策，并做好政策衔接工作，避免因运用政策不当而诱发新的矛盾。全面履行《人民调解法》所规定的各项告知义务，对当事人的法定权利应当告知、解释，而不是打压、隐瞒。制作调解文书时不能图简单省事，而需规范具体，等等。

（三）调解员应加强与公安派出所或其他政府职能部门的联系，并善用联合调解等方式实施大型复杂纠纷的调解

对于可能产生肢体冲突的案件应有两个以上的男性调解员参与调解，必要时可邀请同一辖区的公安干警协同参加。当事人对于不行使国家机关职权的人民调解员往往缺乏敬畏，但公安干警的陪同可对当事人产生一种潜在的威慑力，在一定程度上可预防意外事件的发生。一旦当事人有过激行为发生时，公安干警也可凭借自己特殊的职业技能制服当事人，保护调解员的人身安全。对于发现矛盾即将激化，由山林、坟地、房屋拆迁等原因而发生的大型纠纷或一触即发的群众性械斗，可请示上级领导，要求紧急支援，维护纠纷发生地现场秩序，防止刑事案件发生。切勿单枪匹马，孤身涉险。

（四）调解组织对女性调解员应加强特殊保护

基层调解工作情况复杂，当事人鱼龙混杂，调解工作人员与其他工作人员素质参差不齐，而调解工作却要求调解员不辞辛苦，穿街走巷，有时晚间也要开展调解工作，女性调解员力单体弱，其职业安全应当受到特殊的保护。维护女性调解员的职业安全，应当注意以下几点：

（1）不要单独调解有暴力倾向或有暴力犯罪、性犯罪等前科的当事人的案件；

（2）勿在人员构成复杂的室外场所、僻静的街道或人烟稀少的田间地头等存在安全隐患的场所过多停留；

（3）在从事调解工作时应做到衣着得体，装扮适度，举止端庄，洁身自好，切忌衣着暴露，浓妆艳抹，勿与男性当事人或其他异性过分亲昵。对于男性当事人或其他异性轻浮出格的言行应及时制止，以保护自身免受性侵犯。

相关法律、法规

1. 《中华人民共和国人民调解法》；
2. 《人民调解工作若干规定》第18条；
3. 《中华人民共和国法官法》第4条；
4. 《中华人民共和国国家公务员法》第13条。

操作训练一　综合练习

训练目的

通过训练培养调解员的职业安全意识，能判断从维护自身的职场安全出发，是否应当采用联合调解的形式。

训练材料

某职业学校高一二班女生周某长期与其养母李某不和，某日被赶出家门，无处安身，衣食无着。班主任张老师无奈将孩子带到社区办公室，请求调解，此收养纠纷已由该社区的人民调解员受理。但李某平素性格偏执嚣张，将养女驱逐出去以后曾两次扬言不得让周某进门，如果周某回来，她立刻从八楼跳下去，并在电话里对调解员说："上门调解可以，你别带周某来，我们家什么都有，菜刀也有，水果刀也有。"

训练要求

请你回答：你认为本案是否应当采用联合调解的形式？实施调解时调解员应如何维护职场安全？

 操作训练二　分步练习

训练目的

通过分步练习掌握维护调解员职场安全的要点。

训练材料

见影像案例库录像六。①

训练要求

教师播放录像六，并适时停顿，要求学生回答此时调解员应当采取什么措施维护职场安全。

---

① 可点击网站 http://k2.wjxit.com，见学习资料栏目。

第二部分

调解实务

学习单元七　调解的基本技巧

【学习目的与要求】

能运用具体的倾听技巧来达成倾听的两个目标；能分辨积极身体语言和消极身体语言；了解概括性的语言技巧；能运用具体的询问技巧、总结技巧和语言重组技巧；理解具体调解方式和调解方法的含义；能根据纠纷的具体情况选择合适的调解方式和调解方法。

【学习重点与提示】

倾听技巧，身体语言，询问技巧，总结技巧，语言重组技巧，调解方式，调解方法。

调解能否成功，调解的技巧是决定因素之一。好的调解技巧能让调解员获得当事人的充分信任，并有效地把握调解的进程，最终让当事人成功达成调解协议。

调解的基本技巧主要有调解中的交流技巧、调解方式技巧和调解方法技巧。

学习情景一　调解中的交流技巧

交流技巧是调解中最根本的技巧，它运用于整个调解过程中，调解员希望通过这些技巧的综合运用达到调整当事人情绪、获取更多信息和推进调解的目标，因此其对最终达成协议起着至关重要的作用。交流技巧主要包括倾听的技巧、发出和理解身体语言的技巧和语言技巧等等。

一、倾听的技巧

有效交流是调解获得成功的前提，而认真聆听对方的谈话是进行有效交流的前提，因此倾听是调解的必要技能。

调解员正确的倾听目标是鼓励并且帮助当事人以自己的方式自由地充分表达他们的想法和意见，同时调解员也能够真正地听到、理解以及记住他们陈述的内容。由此可见，正确的倾听要达到两个目的：首先要鼓励当事人充分表达，其次要确保调解员真正理解了当事人的意思和需要并且铭记于心。

如何通过倾听技巧的运用达到鼓励当事人充分表达的目的，这不仅需要调解员在当事人陈述和讨论时到场，而且需要调解员向他们表明自己正在留意、关注并且已经理解。为达这一目的，具体可运用的技巧为：①

● 全身心投入去听。朝向说话的人。精神集中同时也保持放松。要保持坐姿（站姿）直立，不要陷入座椅，要看起来很热心很感兴趣。

● 保持适当的眼神交流。

● 在听到一个观点的时候做非表态的点头。

● 做适当的非表态口头认可："继续……嗯……我知道了。"（或其他认可）

● 如果当事人表达上出现暂时困难或者不能清楚地阐述他的立场，调解员不轻易地替他发言，而是尽量地鼓励他继续。

真正理解当事人的意思和需要并且记住是倾听的最终目标，要达成这一目标显然更不容易，有研究显示，在会谈中当对方说话时，许多聆听者都没能积极地参与到谈话中来，因此丧失了收集有关对方重要信息的机会。培养这方面的技巧需要有意识的训练，在训练过程中我们可以试着提出以下问题：

● 我是否认真聆听对方所使用语言的实际用意？

倾听者希望对方所说的和对方实际所说的经常不一致，你要做的是去除你自己的主观意愿，仔细听对方说的内容，包括听取他的"话内之音"和隐藏在背后的"话外之音"。

● 当聆听别人谈话时，我是否关注自己将要说什么，以致不能集中精力地听他实际上说了什么？②

如果是，这将会使你看起来漫不经心，使当事人觉得你对他不够重视而降低对你的信任度，更糟糕的是你很可能丧失了收集发言者重要信息的机会。

● 对方长篇大论时，我是否会感到厌烦或不能集中精力？

尽量避免这样，有些关乎调解成败的重要信息可能就隐藏在"长篇大论"中，比如纠纷背后的隐情等，你要保持警觉性以"抓捕"这些信息，实在必要的时候你也可以用"你刚才的意思是否是……"这样的提问来打断对方的发言，以帮助对方更有条理更简短地进行诉说。

● 我是否凭直觉试图修正对方所说的内容，为了使它同他之前采取的立

---

① ［英］迈克尔·努尼：《法律调解之道》，杨利华、于丽英译，法律出版社2006年版，第38页。

② ［英］戴安娜·特赖布：《法律谈判之道》，高如华译，法律出版社2006年版，第87页。

场保持一致？①

如果你发现自己是这样的，小心，因为对方可能就是矛盾的。

● 我是否在对方表达不清楚的时候，或者在对方口头语言与身体语言互相矛盾时不知所措？

如果是，你需要加强分辨和确认所收到信息的训练。确认所收到的信息就是对方发出信息的一个有效办法就是：在当事人结束一段陈述而你心里存有疑惑时（你的疑惑可能来自对方互相矛盾的口头语言和身体语言，也可能由于对方表达不清等原因），重申或解释你认为对方所说的内容。你可以说："好，我想确认一下我是否理解了你的想法，你的意思是……对吗？"

● 我是否在听取对方谈话时注意了记录？

当听取对方谈话时，记录下来谈话的内容会非常有用。但一定要注意：切记不要沉浸于记录之中而不能成功地保持正确的倾听状态，你所要做的是记录重点以便事后能回忆补充出谈话全貌，而不是一字不落地记下对方的每一句话。有时，有一位助理专门记录将会有所帮助，但事后要及时确认记录的内容是否与你听到的和理解的内容一致。

 操作训练一　诉说——倾听练习

训练目的

通过训练，使得学生了解倾听的两个目标，以及亲身体会如何才能达成这两个目标。

训练要求

步骤一：让学生二人一组自行组合，每个小组都准备一个三分钟的诉说，诉说内容可以是对某件事的看法，也可以是刚度过的假期情况等等。在发言前记下诉说要点。

步骤二：通过抽签将两个小组构成一个倾听诉说大组，一个小组（A小组）的代表用三分钟的时间向另一组（B小组）的成员讲述他们准备好的诉说内容，B成员只需认真听不需发表看法。然后让B小组的成员尽可能准确地复述刚才听到的信息。

步骤三：由A小组的成员对B小组的倾听练习进行点评，点评内容有二：1. 对照着发言前记下的诉说要点对B小组的复述内容进行点评，以帮助B小组检查其在倾听过程中理解和记下了多少诉说组的意思；2. 点评B小组倾听时的表现（包括身体语言、言语等等方面）是让自己有诉说的欲望还是让自

---

① ［英］戴安娜·特赖布：《法律谈判之道》，高如华译，法律出版社2006年版，第87页。

己觉得对方不耐烦了?

步骤四:将A、B小组的角色互换,重复进行步骤二和步骤三。

步骤五:将全班同学集中在一起,讨论:

1. 倾听者的哪些表现会让对方觉得你对他很关注并且鼓励他把重点都说出来?

2. 倾听者的哪些表现会让对方觉得你已经不想听了?

3. 阻碍真正理解诉说方的意思和需要的因素有哪些?在倾听的过程中应如何克服?

步骤六:在分组训练过程中,教师巡回观察各组的训练情况,在学生结束讨论以后由教师进行总体点评和总结。

二、理解和发出身体语言的技巧

语言权威阿伯克龙比(Abercrombie,1968)说过:"我们用语言器官说话,但是我们用我们的整个身体交谈。"① 因此身体语言在交流中发挥着至关重要的作用。由于人们说的往往和他们想的或者感受的不一样,而一个人试图有意制造虚假的身体语言比他通过语言来撒谎要困难得多,因此姿态、手势、眼神以及面部表情等身体语言可能会给有经验的调解员提供有关当事人的真实态度、想法和情感的重要信息。同时,调解员在与当事人沟通交流过程中也应当留意自己身体发出的信息,应学会运用正确的身体语言来建立与当事人之间的信任关系以推动调解的达成。

我们通常将表示合作或者对你所言表示认同的身体语言称为"积极的身体语言",又将表示不赞同、抗拒、否定、防御等等的身体语言称为"消极的身体语言"。那么常见的积极身体语言和消极身体语言有哪些呢?我们先来做以下的操作训练。

 操作训练二 模拟表演消极和积极的身体语言

训练目的

通过训练,使学生直观感知常见的积极身体语言和消极身体语言。

训练要求

步骤一:把学生分为四人一队,每队再分为A、B两组,每组两人。

步骤二:先让A组的同学思考什么样的动作、姿态或表情表示认同,然后让他们表演出该身体语言,如果B组同学认为该动作或表情属于积极身体

---

① [英]戴安娜·特赖布:《法律谈判之道》,高如华译,法律出版社2006年版,第18页。

语言，就记录下来通过该动作可以接收到的信息。

步骤三：让B组的同学思考什么样的动作、姿态或表情表示不赞同、抗拒、否定、防御等等，然后让他们表演出该身体语言，如果A组同学认为该动作或表情属于消极身体语言，就记录下来通过该动作可以接收到的信息。

步骤四：让所有的A组依抽签的顺序派代表上台用模拟身体语言的方式汇报自己这队总结出来的两个消极身体语言，然后全班同学一起讨论看到该消极语言时内心的感受和该动作可以传达的信息，总结出典型的消极身体语言。后登台的A组不能重复前面已经表演过的动作。（如果有条件，在汇报过程中录像，以便对有争议的身体语言进行事后讨论）

步骤五：让所有的B组依抽签的顺序派代表上台用模拟身体语言的方式汇报自己这队总结出来的一个积极身体语言，然后全班同学一起讨论看到该积极语言时内心的感受和该动作可以传达的信息，总结出典型的积极身体语言。

 操作训练三　辨别消极的身体语言

训练目的

通过训练，使学生能判别常见的积极身体语言和消极身体语言。

训练要求

请学生在以下表情或动作中找出表示"NO"的消极身体语言：

1. 双手置于膝上，两肘支起，两手的大拇指对在一起
2. 紧握拳头
3. 点头、微笑
4. 低头
5. 用社交目光与调解员经常注视
6. 皱眉头、嘴角向下
7. 交叉双臂、跷起二郎腿
8. 东张西望
9. 手放松，没有用力握着
10. 两手抱在脑后
11. 在你说话时，他在玩圆珠笔
12. 身体前倾，双手张开放在桌子上
13. 摸着下巴
14. 手指按在额头正中
15. 双手撑着下巴
16. 手指轻轻敲着桌子

正确地解读身体语言应遵循三大规则:①

1. 连贯地理解

我们在学习身体语言之初,往往会将一连串的动作分解成孤立的姿势、表情或动作,然后对这些单个身体语言元素进行分析,总结出哪些元素属于消极身体语言,哪些元素属于积极身体语言。这些单个的表情或动作就好比一个单词,从学习单词开始学习一门外语也不失为一种好方法,但若以为掌握单词就可以学好外语就大错特错了。因为每一个单词的含义都不是唯一的,只有当你把一个单词放到句子中,配合其他词语一起理解时,你才能彻底弄清楚这个单词的具体含义。同样道理,如果你想真正地正确解读身体语言,就应该连贯地来观察他人的肢体语言,而不能将每个表情或动作分离开来,在忽视其他相联系的表情或动作以及大环境的情况下,孤立、片面地解读他人的肢体语言。

2. 寻找一致性

如果调解员在沟通交流的过程中发现,当事人通过身体语言所传递的信息与他的话语表意相吻合,那么调解员基本可以确定得到了真实的信息。但是,如果当事人口头上表示赞同你的话,而他通过身体语言所传递的信息却并非如此,那么,当事人很可能在撒谎。比如,当当事人一边承诺他一定会虚心接受你的建议,一边却又将自己的双臂环抱于胸前(以示防御),并且下巴微沉(批判、充满敌意的象征),那么他的说辞是否出于他的内心就非常值得怀疑。

注意身体语言与有声语言的一致性能够帮助我们正确解读无声语言背后的真正含义。

3. 结合语境来理解

对所有动作和表情的理解都应该在其发生的大环境下来完成。例如,如果在一个寒冷的冬天,你和当事人坐在没有暖气的调解室里,当事人听你说话时,双臂紧紧环抱于胸前,双腿也紧紧地夹在一起,这个时候,你就应该知道,他之所以摆出这种姿势,很有可能是因为他很冷,而并不是因为他对你的话持否定态度。

 操作训练四　观察身体语言

训练目的

通过训练,使学生能识别常见的积极身体语言组和消极身体语言组。学

---

① [英]亚伦·皮斯、芭芭拉·皮斯:《身体语言密码》,中国城市出版社2007年版,第12-15页。

会寻找身体语言与有声语言的一致性。

训练要求

步骤一：播放一段调解录像视频，要求该视频中当事人身体语言较丰富。

步骤二：让学生回忆在该段视频中当事人有哪些消极身体语言，有哪些积极身体语言。

步骤三：让学生回忆在该段视频中当事人是否存在身体语言与有声语言不一致的地方。

步骤四：再播放一遍，在出现消极身体语言或积极身体语言处暂停，并要求学生结合当事人当时的有声语言对该身体语言进行解读。

步骤五：再播放一遍，在这次观看中要求学生认真观察调解员的身体语言，在结束观看后，要求学生对调解员的身体语言进行点评，点评内容包括：在整个调解过程中哪些身体语言是恰当的，调解员希望通过这些恰当的身体语言向当事人传递什么信息？哪些身体语言是不恰当的，为何不恰当？

讨论与思考

(1) 如何用身体语言表示你确实在听？

(2) 如何用身体语言鼓励说话者以同一模式继续？

(3) 如何用身体语言让说话者感到尴尬和不自在？让说话者知道你已经不想听？

三、语言技巧

同样的意思不同的人去说，或者同一个人用不同的词语、顺序表达出来，效果会有很大差别。要达成好的沟通效果，就要讲究语言的技巧。调解员在与当事人交流沟通过程中若能注意到下面的五点会收到较好的沟通效果：[1]

第一，要学会复述，就是重复对方刚说过的话里重要的文字。例如："你是说……"，"你刚才说……"，"看看我是否听得清楚，你说……"。复述表面看来很简单，很平凡，而事实上是很有效果的技巧，它可以使对方觉得你在乎他说的话，你想很准确地明白他的意思，同时使对方自己听清楚自己所说的话以避免错误，或者加强对方说话的肯定性，待后重提时对方容易记起。同时，复述也可以给调解员一点时间去做出更好的构思或者

---

[1] 李中莹：《重塑心灵》(修订版)，世界图书出版公司2006年版，第198-200页。

回答。

第二，要学会感性回应，就是把对方的话加上自己的感受再说出，例如，对方说："吃早餐对身体很重要。"你回应说："我要吃饱了肚子才开工，身体暖暖的，做事才起劲嘛！"感性回应是把自己的感受提出来与对方分享，如对方接受，他也会与你分享他的感受。感受分享是一个人接受另一个人的表示。

第三，学会假借，就是把想对他说的话化为另一个人的故事，可以用"有个朋友……"、"听说有一个人……"、"去年我在北京遇到……"等等，假借另一个人的故事把内心的话说出来，会使对方完全感受不到有威胁性或压力，对方因此更容易接受。

第四，要学会先跟后带，就是先附和对方的观点，然后才带领他去你想去的方向。例如：

丈夫抱怨："我在家里一点儿都不快乐。老婆整天唠叨我，我快要精神崩溃了。"

调解员运用先跟后带的技巧回应："嗯。整天唠叨是让人不愉快，我能理解你的心情。你老婆都唠叨些什么？"

第五，要学会隐喻，就是借用完全不同的背景和角色去含蓄地暗示一些你想表达的意思。例如：有人说："我太软弱了，所以觉得事事不如意。"你可以回答："你令我想到流水。流水很软弱，什么东西都能阻断流水，但流水总能无孔不入，最终到达它应到的地方。"

除了掌握以上概括的语言技巧，我们也可以通过训练询问技巧、总结技巧和重组技巧等具体的语言技巧来提升我们的沟通交流能力。

（一）询问的技巧

询问的目的首先是为了了解更多信息、确认相关信息，但如果把这作为询问的唯一目的，调解员就丧失了一个可以促成调解成功的重要工具。

通过询问技巧的运用，调解员不仅要从当事人口中获得更多更真实的信息，而且应引导当事人把导致困惑或矛盾的深层原因呈现出来，同时也帮助当事人看到当前矛盾的未来意义或背后的深层意义，使其看的范围更大、更宽、更高，从而化解诸如"我是绝不可能原谅对方"、"我是绝不可能和对方合作"之类的片面认识，帮助当事人调整思考方向，探讨其他的积极可行的解决方案。

在开始询问之初，调解员就必须了解调解员不是侦查人员，因此询问关注的焦点不是已发生纠纷的事实细节，而是何种解决方案可以为双方当事人接受。调解员对于过去事实的调查只是为了未来的纠纷解决，对未来纠纷的解决没有帮助的"过去"是没有意义的。

一般而言,措辞良好、计划周密的相关问题将有助于积极地推动调解的进程。在学习询问技巧之前我们先要了解询问的模式。传统上,询问模式可被分为"开放型询问"和"封闭型询问"两个主要类型。[①] 封闭型问题要求简短的回答,通常是"是"或"不是",比如,"这事是你干的吗?"一个有技巧的询问者便会利用对方对封闭型问题的回答来操控对方以获得自己想要的答案。开放型问题的回答则不太容易预测,并且回答的范围不受限制。询问者可能只是试图建立和谐氛围、寻获信息或引导当事人进行有效思考。比如"你为什么要这么做?"、"你想要什么样的解决方案?"等等。

我们可以看到,将赤裸裸地问"是你干的吗?"变成"你为什么要这么做?"就会鼓励当事人变得友善合作;将"你不同意这个解决方案?"变成"你想要什么样的解决方案?"就有可能带来新的信息和可行的替代方案,也可能会进一步提高发掘新话题的机会。因此在调解中开放型问题的使用更广泛一些,当然调解员最终设计什么类型的问题还是应取决于调解员询问的目的。

 操作训练五　设问——回答练习

训练目的

通过训练,使学生理解开放型问题和封闭型问题的区别和作用。

训练要求

步骤一:将学生分组,每组三人。一人为提问者,一人为回答者,一人为观察者。

步骤二:假设回答者在一起公路车祸中受伤,回答者和观察者共同设计事故和受伤的具体情节。

步骤三:提问者在三分钟内通过向回答者提出一系列的封闭型和开放型问题以获得相关的事故事实。观察者在整个过程中认真倾听,不能发言,可以记录。

步骤四:观察者核对并总结哪些事实情节提问者没有询问出来。

步骤五:三人一起讨论如何设问可以获得全部事故信息。

为了帮助当事人化解局限性认识、找出矛盾症结和获取解决方案,调解员可以尝试使用引导当事人开阔思路的询问技巧;调细焦点、找出症结的询

[①] [英]戴安娜·特赖布:《法律谈判之道》,高如华译,法律出版社 2006 年版,第 20 页。

问技巧以及探讨其他选择方案的询问技巧。

引导当事人开阔思路的询问技巧往往用来改变当事人的思考方向，与当事人建立一致的气氛，使得当事人能心平气和地接受调解员的劝说。当事人第一次来到调解员面前时，他所想到的所看到的大多是对方当事人的"错误"行为，往往觉得自己是正确的而对方是不可理喻的。这时若直接告知他对方当事人是应该被理解的，反而容易引起逆反心理，丧失当事人对调解员的基本信任。因此，调解员此时的适当做法是通过询问来引导当事人自觉改变自己的思考方向，找出对方"负面行为"中的深层意义，而该深层意义往往是当事人本人可以认同和接受的。

范例一

一位丈夫在单位工作压力很大，回家希望能全身心地放松，对于做家务不积极，也很少主动与妻子沟通，妻子用不断抱怨的方式向丈夫表达需要更多的关注，而丈夫面对妻子的抱怨觉得很心烦，就经常不回家和朋友一起在外喝酒。妻子就变本加厉地抱怨，丈夫无法忍受妻子的抱怨提出离婚，妻子申请社区调委会进行调解。以下是调解员与丈夫的第一次沟通：

丈夫李某某（以下简称李）：（愁苦的样子）我在家里一点儿都不快乐。老婆整天唠叨我，我快要精神崩溃了，我想还是离婚算了。

调解员（以下简称调）：嗯。整天唠叨是让人不愉快，我能理解你的心情。你老婆都唠叨些什么？

李：回家的时间、吃饭的多少、洗衣服的方式、看电视的姿势、不关注她的表情……没有她不唠叨的事，如果我反驳她几句，她就更没完没了。

调：嗯，举个例子。

李：上周末上午，她外出买菜，我在家时接到领导电话，让我临时赶去加班，我匆匆忙忙赶去忘了带手机。我忙到晚上七点才回家，我一进家门，老婆就开始唠叨。我说了句："我累死了，你别再烦人！"结果她唠叨了足足三小时，这日子我真不想过下去了。

调：唠叨什么？

李：她说我出门也不告诉她我去哪里，不回家吃饭也不知道打个电话。简直就是限制我的自由！

调：你老婆为什么总唠叨你？

（注意：此处便是运用了引导当事人开阔思路的询问技巧，使谈话内容的焦点放宽、放大，引导当事人自觉改变自己的思考方向，找出对方"负面行

学习单元七 调解的基本技巧

为"中的深层意图。）

李：可能想让我和她多说话吧。

调：你很少与她主动说话吗？

李：（不好意思地笑了）应该是的，工作太累，回家懒得说。

调：你告诉你老婆你是去加班了，她还继续唠叨吗？

李：当然，说了足足三小时，否则我也不会忍无可忍的。

调：据我所知，你老婆挺支持你工作的，为啥她知道你是去加班了，还一直唠叨你？

（注意：此处也是运用了引导当事人开阔思路的询问技巧。）

李：我出门那么久也没打电话，她担心我的安全。

调：你老婆对别人唠叨这些吗？

李：不唠叨。

调：说明什么？

（注意：此处再次运用了引导当事人开阔思路的询问技巧，使谈话内容的焦点放宽、放大，引导当事人找出妻子唠叨这一"负面行为"中的正面意义，使当事人自觉改变自己的思考方向，化解其对妻子的片面认识。）

李：她在乎我。唉，其实说起来我也能理解她。不过，真的不喜欢她唠叨太多。

调：有什么办法能减少她的唠叨？

李：如果我主动和她多说说话，多关注关注她，估计她的唠叨就会少些。

调：瞧！你这不自己想出解决办法来了吗？结婚也快两年了，我听着你们双方说话觉得你们也挺有感情基础的，哪能说离就离啊？当你理解了你妻子，其实原先觉得受不了的东西就会变得不再那么沉重。对于妻子的言语举动，我们要想一想有没有可能赋予一种新的诠释，可能是无心之过，也可能是出于善意但方法用错。总之，尽量用积极的方式解释它。

李：经您这样开导，我也觉得我过去只要求她理解我，很少想到要去多理解她。我老婆也不容易，我以后也多为她想想，尽量多和她沟通。您也帮我劝劝她，让她也改改，她这样一直唠叨是个男人都会受不了。

调细焦点、找出症结的询问技巧往往主要用来实现以下三个目的：（1）弄清楚当事人内心的意思，澄清当事人言语的意义；（2）帮助当事人理解自己的真实意思，打破一些当事人自设的局限性思想，增强其清晰思考的能力；（3）掌握导致冲突的症结所在。有困扰的当事人，说话中总有很多模

民间纠纷调解

糊概括的词语，如果我们不把他的需要弄清楚一点，往往无法着手把事情解决。因此，调解员需要在当事人说过的内容里面调细焦点，把其中的某些部分放大，使之清晰，就像用一把小镊子把内容不清晰的资料检出鉴定，继而引导当事人看到自己的概括化词语或感受背后的具体内容，从而进行客观判断，得出正确结论。

范例二

  调解员在调解夫妻纠纷过程中，与妻子的一段对话。在以下对话中调解员就是运用了调细焦点、找出症结的询问技巧。

  调解员："是什么促使你想到了分手？"
  妻子："他不好。"
  调解员："他怎么不好？"
  妻子："他对我不好。"
  调解员："他对你怎样不好？"
  妻子："在家里对我不好。"
  调解员："在家里对你怎样不好？"
  妻子："他从不温柔地跟我说话。"①
  调解员："从不？即便在刚结婚的时候？"
  妻子："他换了工作以后就不和我好好说话了。"
  调解员："你们结婚几年了？他啥时候换的工作？"
  妻子："结婚5年了，去年7月份换的工作。"
  调解员："现在是2月份，依照你的说法，在5年的婚姻生活中他有半年不对你温柔说话？5年和半年相比，不能称为'从不'吧？"
  妻子："嗯，他以前对我还不错的。"
  调解员："他换了工作之后，即便你生病了，他也不和你好好说话？"
  （注意：此范例中的以上设问运用的是调细焦点、找出症结的询问技巧，引导当事人看到自己的概括化词语或感受背后的具体内容，从而进行客观判断，得出正确结论。也帮助调解员和当事人共同发现导致冲突的症结所在。）
  妻子：（表情尴尬）"那倒不会。可我大多数时间都不生病的啊！"
  调解员："他不和你好好说话有没有可能是因为新工作压力大？"

---

  ① 以上对话改编自李中莹：《NLP简快心理疗法》，世界图书出版公司北京公司2003年版，第99页。

学习单元七　调解的基本技巧

（注意：此设问运用的是引导当事人开阔思路的询问技巧，引导当事人找出丈夫不好好说话这一"负面行为"中的深层原因，使当事人自觉改变自己的思考方向，化解其对丈夫的片面认识。）

妻子："有可能。但即便是这样，他也不能把工作压力转嫁到我身上啊？"

调解员："把工作压力带回家确实不应该。不过，能同床共枕 5 年也是得千百年才能修来的缘分。除了和他离婚之外，还有没有什么办法能解决这个困扰你的问题？"

（注意：此设问运用的是下面将要讲到的"探讨其他选择方案的询问技巧"。）

探讨其他选择方案的询问技巧往往用于引发当事人思考，能够达到同样意义和目的的更多可能性，引导当事人找出其他更有效、更能为对方当事人接受的行为方法，从而达成在调解员的引导下当事人自己想出一些更有效的纠纷解决方法的目的。该询问技巧通常可用"除了……还有……"或"如果……那么……"句型。它是谈话过程中沟通受困时有力的解决方案。

范例三

张海是某外贸公司的总经理，李健是某出口代理公司的负责人。2010 年的某一天李健驾车实线变道与张海驾驶的刚买来 5 天的宝马车发生碰撞，导致张海的宝马车后部严重损伤。两人对事故的发生情况及事故的责任认定均无异议，但两人就赔偿的数额意见分歧较大，主要分歧在于张海要求李健赔偿因新车大修以后产生的车辆折旧费 5 万元。李健申请调解。

调解员在调解过程中了解到张海的外贸公司（下简称为张海公司）近期出口业务办理不畅，导致了上百万的经济损失，张海作为公司的总经理目前在工作上最大的困难是苦于找不到合适的出口代理商。而李健任负责人的出口代理公司（下简称为李健公司）在出口运作方面有着很丰富的经验，而且其公司在国内国际上都具有一定的知名度。在了解了这些情况以后，调解员先和李健进行了私下沟通，大概介绍了一下张海公司的情况，然后从李健公司的长远利益和李健个人利益等方面着手试探李健对于与张海公司合作的可能性。李健很爽快地表了态："我在商言商，如果和他公司合作能带来利益，我当然愿意和他合作，但这不表示我愿意赔他 5 万元车辆折旧费。"于是调解员与张海进行了私下沟通：

调解员："张总，我听你的司机说你平时为人慷慨，在钱上从不与人计较，现在为了5万元的赔偿已经耗费了你大量的时间和精力，你在意这5万元到底出于什么考虑？"

（注意：这样的设问可以帮助调解员找出当事人做某一件事背后的动机，而凭着不断地找出动机背后的动机，我们就可以找出当事人之所以坚持某些行为的深层需要。）

张："我一辆新车才买了5天就被他撞了，多么晦气的事！从被他撞了车子以后就没有顺心的事，公司里好几笔生意都没谈成，我一定要他赔偿5万元除除我染上的晦气。"

调解员："才开了几天的新车被别人撞伤心里肯定不舒服，但对方赔了你5万元以后你的晦气就一定能除去了？"

张："不知道，但可以试试。"

调解员："除了让李健赔偿5万元的车辆折旧费，还有什么事可以使你觉得你身上没有晦气了？"

（注意：此处运用探讨其他选择方案的询问技巧，引导当事人思考能够达到同样意义和目的的更多可能性。）

张："公司业务迅速好转。和你说这个没啥意义，你还是帮我尽快想办法要到5万元的车辆折旧赔偿才是正事。"

调解员："我们正在讨论的话题可能比5万元赔偿更有意义。我了解到李健公司在出口运作方面有着很丰富的经验，如果李健的出口代理公司愿意和你的外贸公司进行长期合作，并给予你们公司更多的合作优惠条件，你觉得是否可以放弃5万元的索赔要求？"

（注意：此处运用探讨其他选择方案的询问技巧，引导当事人找出其他更有效、更能为对方当事人接受的纠纷解决方法。假设问题可以用来改变当事人已阐述的立场，探讨并检验有关调解新方案的可行性。）

张：（明显眼睛一亮）"哦？！真的有这种可能？那倒确实很值得考虑！"

调解员："我已经和李健初步沟通过，他认为你们两个公司合作的可能性还是很大的。你看，塞翁失马焉知非福？他撞你车不是给你带来晦气，而是要给你带来转机啊。哈哈……你看我安排一次你们面对面的沟通怎么样？"

张："好。"

张海和李健通过面对面沟通达成了业务上的合作协议，同时就交通事故的赔偿问题，张海主动放弃5万元的车辆折旧赔偿费，还主动降低了其他合理部分的赔偿要求，李健则爽快地同意了张海的要求。

(二)总结的技巧

所谓"总结技巧"是指,调解员用自己的话对当事人的陈述或调解建议以准确的口头纲要形式进行重述。①

一般来说,调解员使用总结是为了达到以下目的:

(1) 向当事人证明自己确实听见并理解了他们所说的,使得当事人觉得自己被关注和重视;

(2) 确保当事人已经理解对方当事人阐述的内容以促进当事人之间的交流;

(3) 当当事人的表述模糊不清或互相矛盾时,帮助当事人理清思路,进而确认调解员是否正确地理解了当事人的真实意思;

(4) 提醒当事人已经取得的调解进展从而鼓励当事人继续推进调解协议的达成;

(5) 标志着一个阶段程序的终结。

总结技巧主要使用的情形包括但不限于以下三种:

(1) 双方当事人做完开场陈述后。在该情形下使用总结既标志着一个阶段程序的终结,又可以帮助双方当事人互相理解对方的所需所求。

(2) 调解的每一阶段终结时,调解员一般会总结至今已取得的进展以鼓励当事人继续良好协商。为了同样的目的,在有些前期调解顺利,后期陷入僵局的情形下,调解员有必要总结和确认已经达成的共识,为打破僵局做铺垫。经常使用的句型是:"双方经过良好协商和慎重考虑,到现在为止,在……这几点上双方的意见是一致的,是这样的吧?"

(3) 当调解员觉得需要确认所收到的信息就是当事人发出的信息时,一般先总结后澄清,经常使用的句型是:"我想确认一下我是否理解了您所说的。您的意思是否是……是这样的吧?"如果当事人对调解员的总结并不完全认同,那么调解员需要继续认真倾听当事人的更正,然后再总结。

 操作训练六 倾听——总结练习

训练目的

通过训练,使学生体会认真倾听与正确总结之间的联系,并进一步提高倾听能力和总结能力。

---

① [英]迈克尔·努尼:《法律调解之道》,杨利华、于丽英译,法律出版社2006年版,第43页。

民间纠纷调解

训练要求

步骤一：将学生分为五人一组，自选主题辩论。本辩论的目的是为了互相找到共识，而非击败对方。五人中二人（甲和乙）是辩手，其余三人是观察员。

步骤二：每组的甲说话时，乙倾听；甲发表自己观点后由乙进行总结，只有当乙的总结得到甲的认可时，乙才可发表自己观点。

步骤三：乙发表自己观点后由甲进行总结，只有当甲的总结得到乙的认可时，甲才可再发表自己观点。如此类推，甲乙各发表五次观点。

步骤四：请观察的三名同学对以下问题进行回答：

1. 总结和一字一句地重复对方的讲话有何区别？
2. 为了达到最好的总结效果，总结时语速应该加快还是稍慢？
3. 总结对方的观点是更易使得双方找到共识还是相反？

步骤五：请甲乙双方讨论以下问题：

1. 在训练过程中，你体会到的倾听与总结之间的关系是什么？
2. 当你听到对方完全正确地总结出你的观点时，你内心的感受是什么？

（三）重组语言的技巧

重组是将当事人陈述的语言或内容稍加修改从而正面加以表述的技术。这是一种调解员用来逐渐向正确方向推动当事人前进的技术，即从冲突转向和解。① 许多时候重组技巧要通过运用调细焦点、找出症结的询问技巧来实现。

在调解过程中运用重组技巧可以达成多种不同的目的，我们通过案例来举例说明重组技巧在交流中可以起到的作用。

范例一

案情简介：X和Y是合伙人，合伙协议约定，Y主要负责出资，X主要负责经营。现在Y认为X工作不积极导致生意日益减少。

当事人Y："如果X不停止磨洋工，做到尽职尽责工作，我们将失去更多客户。"

调解员："你关心的是X必须履行他作为合伙人的职责以避免将来的商业

---

① ［英］迈克尔·努尼：《法律调解之道》，杨利华、于丽英译，法律出版社2006年版，第43页。

损失?"

重组的目的：澄清Y所真正关心的问题，并且去除"磨洋工"等轻蔑用语。①

范例二

案情简介：X和Y是夫妻，男方X已经两次因为赌博借高利贷。在男方第三次被放高利贷的债主逼要赌债时，Y提出离婚，X向Y道歉，表示以后绝不再赌博了，但Y仍坚持离婚。X申请调解。

当事人Y："我根本不可能再相信X会信守他的承诺。"

调解员："你是在说你想得到一些确保X将会信守他承诺的保证吗？"

重组的目的：将一个纯粹负面的主张转变为一个更加正面、前瞻性的讨论点。

范例三

案情简介：Y是汽车出售方，在购车合同中有如此担保条款：若在三个月内汽车非因人为因素出现质量问题，给予退车。X是购买方，买了新车立即用于远途出差，在出差过程中，新车出现问题，X在没有告知Y的情况下即在外地修理，X拿着外地的修理记录要求退车。

当事人Y："除非X当时将车开过来让我修理，我将不会遵守担保条款。"

调解员："你的意思是，作为出售者，你希望首先有机会检查并且确定车辆的问题所在吗？"②

重组的目的：软化一方当事人的立场阐述从而使得对方当事人较容易接受。

操作训练七　重组语言练习

训练目的

通过训练，使学生能够掌握重组语言的技巧，同时了解重组在调解中的作用。

训练素材

范例一

父亲在年轻时有外遇并且经常赌博，对妻女缺少照顾，并时常打骂。女儿工作后将母亲接回自己家，一年也不回去看望父亲一次。现55岁的父亲过

---

①②　[英]迈克尔·努尼：《法律调解之道》，杨利华、于丽英译，法律出版社2006年版，第44页。

民间纠纷调解

着单身生活，88岁的爷爷瘫痪在床无人照顾，父亲找到调解委员会，申请调解，希望妻子能回家，希望女儿能常回家看望并照顾自己和爷爷。

调解员先主持了女儿和父亲的调解。

调解员问女儿："你毕竟是女儿，一年也不回家看望一次父亲是否说不过去？"

女儿答："他做的事哪一点像长辈？他不像长辈我为啥要回家看他？！"

讨论问题：如何重组女儿的话？如此重组能达到什么样的目的？

范例二①

男——她总在我工作的时候给我打电话，影响我的工作。我们吵翻了，她非常生气，但我不会因为她影响我的工作。上周因为她我不得不提前下班，单位因此扣了我半天的工资。她应当从我的生活中消失并且赔偿我的损失。

女——谁都不理他的时候他利用我。我给了他住处，鼓励他参加职务培训，现在我发现他变了，忘恩负义！我把他撵出去，他应该得到教训，他不能那样对待人。

讨论问题：如何重组男女双方的话？如此重组能达到什么样的目的？

范例三②

工人——你是一个不守信用的老板，你雇我铲雪说每次给我50块，而你只给了我25块。雪下面的冰我当然没办法。你欠我25块。

老板——你才不守信用。你这也算干完了？你没有看到两侧的冰。我真该庆幸我的顾客没有摔倒。你还当众跟我争吵，还从没有人这样跟我吵过，特别是在顾客面前。

讨论问题：如何重组工人和老板双方的话？如此重组能达到什么样的目的？

训练要求

步骤一：把全班同学分为三个大组，每个大组再分为两个小组。

步骤二：每个大组讨论一个案例题，每个大组讨论的具体案例题由抽签决定。

步骤三：同一大组中的两个小组分别独立完成同一道案例题的讨论，然后派代表上台汇报讨论结果。由其他两个大组在两个小组中选出优胜组，并请大组组长说明理由。

---

① 李傲主编：《法律诊所实训教程》，武汉大学出版社2010年版，第199页。
② 同上书，第200页。

学习情景二 调解方式技巧

调解方式是指调解人员在调解纠纷的过程中所采用的具体方式。目前常用的调解方式有：面对面调解和背靠背调解；直接调解和间接调解；公开调解和不公开调解；单独调解、共同调解和联合调解。

调解员面对何种类型的纠纷在什么情况下应该选择哪一种具体的调解方式？显然，这一问题的答案不是唯一的也不是固定不变的，其答案只能是"具体情况具体分析"，面对具体的调解案例对这一问题做出正确的解答便是调解方式技巧的具体运用过程。

一、面对面调解和背靠背调解

面对面调解是指调解人员在调解民间纠纷时，将双方当事人召集在一起进行调解，调解的过程中双方当事人和调解员同时到场的调解方式。面对面调解有利于凸显调解人员的中立地位，保障程序公正。在纠纷双方当事人情绪平稳冷静，有可能进行理智协商的情形下，宜采用面对面调解的方式。在面对面调解过程中，为了防止场面失控局面的出现，调解员必须有能力主导话题、安抚情绪。一旦出现场面失控的苗头，调解员要注意把握时机、灵活应变，及时地将面对面调解转为背靠背调解或者中止调解。

背靠背调解是指调解人员在调解民间纠纷时，分别对当事人进行个别谈话沟通，调解的过程中只有一方当事人和调解员到场的调解方式。背靠背调解一般适用于调解员需要私下了解当事人的情况，比如想了解当事人的谈判底线时；或者当事人情绪较激动，双方存在明显的对抗情绪；或者当事人固执己见，使调解陷入僵局的情形下。在背靠背调解时调解员特别需要注意，由于当事人互相之间的沟通有赖于调解员的传递，所以调解员一定要谨慎掌握分寸，在传递信息的过程中，既要去除会引起对方当事人不满的用词又要保持表达意见者的原意，不能为了追求调解成功运用欺瞒等手段。否则就有违调解自愿原则，也会使当事人彻底丧失对调解员的信任。

操作训练一 背靠背和面对面调解方式的适用

训练目的

通过训练，让学生自己甄别两种调解方式的优劣，并分析两种方式的不

民间纠纷调解

同适用场合,思考如何让两种方式有机结合使用。

训练素材

2009年1月7日,80岁的方老伯正在街上小花坛观看邻居下棋。突然,一块巴掌大的混凝土块从天而降,正中方老伯的后脑,医疗人员赶到现场时,方老伯已经身亡。经警方调查,该混凝土块是与方伯同住一幢楼的9岁少年陆某所投。陆某的父母均为下岗职工,平时靠陆父打零工为生。现在所住房子是原单位的福利分房。

方老伯三年前丧偶,无收入,生前与大女儿一家同住,由大女儿赡养。方老伯育有两女,大女儿是高校教师,小女儿在北京工作,是外企的高级管理人员。其二女儿为了奔丧乘飞机赶到杭州,来回机票需要2000元,小女儿在杭州住在姐姐家。

现陆某父母就损害赔偿问题向街道人民调解委员会申请调解。

训练要求

步骤一:将学生分为两个大组,每个大组再分为三个小组。三个小组承担的模拟角色分别是方老伯女儿、陆某父母和调解员。

步骤二:要求第一个大组全程使用面对面调解方式进行本纠纷调解的模拟演练,直至调解成功或者调解组认为无法继续进行调解时为止。

步骤三:要求第二个大组全程使用背靠背调解方式进行本纠纷调解的模拟演练,直至调解成功或者调解组认为无法继续进行调解时为止。

步骤四:第一大组和第二大组的同学分别进行十分钟的分组讨论。

第一大组同学讨论的问题是:

1. 面对面调解的优势和劣势是什么?
2. 面对面调解对调解员的最大挑战是什么?
3. 本次调解成功或失败的主要原因何在?
4. 如果本次调解中允许你们使用背靠背的调解方式你们是否会选择使用?在何时你们会使用?为什么?

第二大组同学讨论的问题是:

1. 背靠背调解的优势和劣势是什么?
2. 背靠背调解对调解员的最大挑战是什么?
3. 本次调解成功或失败的主要原因何在?
4. 如果本次调解中允许你们使用面对面的调解方式你们是否会选择使用?在何时你们会使用?为什么?

步骤五:分别请两个大组中调解员扮演小组的同学们上台发表讨论结果,由台下同学和老师就讨论结果进行进一步的讨论和点评。

二、直接调解和间接调解

直接调解，是指调解人员直接针对纠纷当事人进行劝说说服的调解方式。大多数的纠纷调解是采用该方式。

间接调解，是指调解人员借助纠纷当事人以外的第三者的力量进行调解的方式。调解员在使用该调解方式时首先对当事人的"外围阵地"进行"侦察"，了解和摸清在他们的周围人中哪些人能对他们产生较大的影响，然后把这些人请来，通过先说服这些人再由这些能对当事人产生较大影响的第三者去说服当事人的方法，多渠道多方面地对双方当事人施加影响，形成强大的外部压力，促使矛盾得到解决。① 比如有些婚姻纠纷，表面看是夫妻之间闹矛盾，其实夫妻之间的矛盾是由婆媳、姑嫂等矛盾转化而来的，因此应先从做婆婆或者小姑的工作入手，解决好他们的思想认识问题，然后再通过他们做夫妻双方的工作。

三、公开调解和不公开调解

不公开调解，是指调解过程中只有当事人和调解员三方参与的调解方式。我们认为，绝大多数纠纷调解都应采取不公开调解的方式。

公开调解，是指调解员在调解纠纷时，向当地群众公布调解时间、地点，允许群众旁听的调解方式。② 这种调解形式主要适用于那些涉及广，影响大，当事人一方或双方有严重过错，并对群众有教育示范作用的纠纷。但是，对于涉及当事人隐私、商业秘密的纠纷则不宜公开进行。

座谈会调解也是公开调解方式中的一种特殊形式，是指调解员根据调解纠纷的需要组织当事人的家人、朋友或者当事人所在社区或所在单位的基层组织、邻居和同事等一起参加调解，以座谈会的形式共同劝导说服当事人以促成纠纷解决的方式。座谈会调解主要适用于当事人有明显过错，而又拒不承认的纠纷的调解；或者适用于纠纷所涉及的利益人群众多，需要广泛听取各方意见的纠纷调解。座谈会调解与一般公开调解的区别在于：一般公开调解仍以调解员说服为主，而座谈会调解是调解员引导广大与会者发言，对当事人进行说服。在整个座谈会过程中，调解员要及时观察当事人的举止，分析其心理活动，对与会者的发言要及时引导，不能把座谈会调解搞成"斗争会"、"批判会"，否则会使当事人产生逆反心理，采取破罐子破摔的心态，反

---

① 张晓秦、刘玉民：《调解要点与技巧》，中国民主法制出版社 2009 年版，第 177 页。
② 王红梅编：《新编人民调解工作技巧》，中国政法大学出版社 2006 年版，第 67 页。

民间纠纷调解

而不利于纠纷的最终解决。

讨论与思考

为何绝大多数纠纷调解应以不公开调解为宜？

四、单独调解、共同调解和联合调解

单独调解是指纠纷当事人所在地或纠纷发生地的调解组织单独进行的调解，这是人民调解委员会最常用的调解方式之一。

共同调解是指由两个或两个以上的调解组织对于跨地区、跨单位的民间纠纷，协调配合，一起进行调解的方式。[①] 共同调解与单独调解相比，只是调解组织的数量不同，二者在调解方法、步骤上基本一样。为了达成最佳的调解效果，主持共同调解的多个调解组织应该在调解工作开始之前合理分工、分清主次，对于调解方案和实施计划应事先讨论、及时沟通。

联合调解是指人民调解委员会会同其他地区或部门的调解组织、群众团体、政府有关部门以及司法机关，相互配合，协同作战，共同综合处理民间纠纷的一种方式。与共同调解相比，联合调解规模更大，必要时可在当地党委、政府的统一领导下，发动政府职能部门及司法机关共同对民间纠纷进行疏导调解。[②]

联合调解主要适用于调解跨地区、跨单位、跨行业的纠纷，久调不决或者有可能激化的纠纷，调解组织无力解决当事人合理的具体要求的纠纷，以及某个调解组织无力单独解决的纠纷。该调解方式更适用于由土地、山林、坟地、宗教信仰等引起的大型纠纷和群众性械斗，适宜于专项治理多发性、易激化纠纷以及其他涉及面广、危害性大、后果严重的民间纠纷。

讨论与思考

(1) 与一般的人民调解相比，联合调解在解决民间纠纷方面是否更有成效？

(2) 与一般的人民调解相比，联合调解的优势在哪些方面？

(3) 联合调解作为人民调解的一种方式，在学术界也受到较大的质疑，为什么？请结合行政法的相关知识进行分析。

学习情景三　调解方法技巧

在调解过程中需要运用何种调解方法只能根据具体纠纷的性质、难易程

[①] 王红梅编：《新编人民调解工作技巧》，中国政法大学出版社2006年版，第72页。
[②] 同上书，第73页。

度、纠纷所处的发展阶段、当事人的性格特点、当事人所处的境地等等因素来决定,在同一纠纷的调解过程中也会需要用到多种调解方法,因此调解方法的运用一定是灵活多样的。正是因为纠纷的多样性导致了用来解决纠纷的调解方法也必须具有多样性,从理论上讲调解方法是不能被概括完全的,因此我们在这里介绍的只能是较常用的调解方法。

一、换位思考的调解方法

换位思考的调解方法是指,调解员要引导双方设想一下,如果处在对方那种立场、角度、心情时,会怎么想、怎么做。将心比心,让他设身处地去理解、体谅对方,从而缩短与对方心理上的距离。通过换位思考,双方会逐渐体会到对方的难处,慢慢转变敌对的想法和态度,并对调解方案作出调整和让步。[①] 引导当事人相互之间进行换位思考的前提是调解员本人在调解过程中能站在各方当事人的立场和角度来看待问题,从而真正理解他们的感受及想法。几乎在每一个纠纷调解过程中都会用到换位思考的调解方法,其重要性就不言而喻了。

范例一

居民张某,下岗后为了生计,在楼下开了露天台球室,夜间人来人往,喧闹嘈杂,影响了楼上王某正准备参加高考的孩子的学习。双方矛盾不断激化,2004年4月的一天,双方大打出手。张某持啤酒瓶将王某的头部打破。次日,王某的弟弟带着凶器要对张某实施报复。人民调解员调查清楚事实之后,进行了劝导。他先拉住王某弟弟,劝说道:"人家下岗了,没有工作,生活挺困难,开个台球室,还不是为了糊口吗?如果你没有了工作,家里人每天都指望着你开小店的钱来买米下锅,而有人却不让你的小店营业,你会怎么想,怎么做?"

回过头,调解员又引导张某为王某着想:"小张,你每天这么辛苦还不是为了让你的小孩过上好日子吗?如果你家的孩子成绩还行,几天后就要高考了,而你的邻居却制造噪音,你孩子向你抱怨他根本没法复习了,你去和邻居交涉,他却毫不理睬你,你会怎么想,怎么做?"

一席话,疏导说理,化解了一场冲突。双方当事人终于冷静地坐下来,协商解决问题。张某表示愿意承担王某的医药费,并答应在高考复习期间停止晚上营业。王某也表示只要高考期间不营业,医药费也不要张某赔了,充

---

① 张晓秦、刘玉民主编:《调解要点与技巧》,中国民主法制出版社2009年版,第214页。

当对张某停止营业的补偿。

调解员在采用引导、启发当事人互相之间进行换位思考的调解方法时，要给当事人描述对方的处境，讲述当事人所不了解的对方苦衷，并通过类似"如果你是对方，会怎么样"的假设性问题引导当事人思考对方的立场、感受和想法。值得注意的是，调解员引导、启发当事人互相之间进行换位思考，并不是直接告诉当事人对方的想法及感受，而应当是通过告知对方的处境等背景资料和不断提出适当问题的方式进行引导，使他自己体会对方的感受，得出正确的结论。这种主动的思考可以减少由于当事人对调解员的抗拒或不信任可能对调解造成的消极影响。[①]

二、褒扬激励的调解方法

褒扬激励的调解方法，主要是运用激励的语言唤起当事人自尊心、荣誉感，令其主动做出让步以了结纠纷的一种方法。调解人员要善于发现当事人的优点和长处，并及时用热情洋溢的话语加以赞赏、表扬，巧妙地唤起当事人的自尊心、荣誉感，不失时机地鼓励当事人以高姿态、高风格来对待纠纷。

标签技巧法也是褒扬激励法中较常用的一种调解方法，即公开给他人贴个"标签"，表明他具有的个性、态度、信仰或其他特点，然后再提出符合该标签特点的要求。为了不担虚名，他人就会同意你的要求。[②] 例如说："大家都知道你是一个通情达理的人，所以，在这件事情上你一定会理解对方的难处，做出适当的让步。"

范例二

陈某是一个大学教授，2008年1月家中雇请了一位50岁的王阿姨照顾自己卧床不起的73岁的老父亲。在雇请王阿姨时，陈教授特别强调了照顾老人是很辛苦的活，询问王阿姨身体是否健康，是否有体力干这份工作。王阿姨向陈教授担保自己身体绝对健康，没有任何疾病。在照顾陈教授父亲的过程中，王阿姨尽心尽力，不怕吃苦，活再苦再累也不推诿，陈教授一家对王阿姨都非常满意。2009年盛夏的一天，王阿姨忽然中风，陈教授将其急送医院并垫付了1万元的医疗费，此时陈教授才从王阿姨的女儿处得知王阿姨一直

[①] 刘树桥、马辉主编：《人民调解实务》，暨南大学出版社2008年版，第72页。
[②] [美]罗伯特·西奥迪尼、诺亚·戈登斯坦、斯蒂芬·马丁：《说服力》，天津教育出版社2009年版，第40页。

患有高血压。经医院全力抢救，王阿姨的命是保住了但还是变成了半身不遂。王阿姨的女儿以母亲是在陈教授家工作累病的为由，向陈教授索赔20万元。陈教授觉得王阿姨家人颠倒黑白、恩将仇报，非常生气，不但对王阿姨女儿的请求不予理睬，还提出要王阿姨家人返还1万元的医药费。王阿姨女儿申请调解。

调解员将调解重点放在王阿姨女儿的身上，向其耐心宣讲法律规定，经过长时间多次的思想工作，王阿姨女儿也认识到自己的索赔要求是于法无据的，但因为家中生活条件确实困难，母亲又是在陈教授家得病的，所以希望调解员能说服陈教授多少赔偿一点，至少陈教授垫付的1万元医药费不要再返还了。

调解员到陈教授的单位对陈教授的经济情况和平时为人进行了调查，了解到陈教授本人收入属于中上水平，其妻子是某保险公司杭州分公司的总经理，家庭年收入在50万以上，陈教授平时为人和善，乐于助人，在汶川大地震捐款中他一次性捐助了5 000元。了解到这些情况以后，调解员选择背靠背的调解方式与陈教授进行了沟通。开始陈教授对王阿姨家人的行为很生气，表示绝对不肯妥协。调解员介绍了王阿姨家的经济情况，特别是对王阿姨瘫痪以后的家庭困难情况进行了绘声绘色的描述，陈教授的气愤情绪明显缓解，调解员趁热打铁道："根据我们了解，您是一个非常善良的人，王阿姨一发病您第一时间把她送到医院，还垫付了医药费，在她女儿没有赶到杭州的这几天您还为她请了护工，这些都充分说明了您的善良本性。虽然从法律上说您确实不用赔偿王阿姨钱，但您对未见过面的汶川灾民都那么富有同情心，对于尽心照顾您父亲1年多的王阿姨肯定更愿意提供帮助。我猜想您气愤的是王阿姨家人的不近情理，害怕她们得寸进尺，是吧？"

一席话以后，陈教授就没再反驳了，而是询问调解员如何处理为妥。调解员提出希望陈教授放弃对1万元医疗费的返还要求，如果可能，希望陈教授根据自己的经济情况再捐助一点。陈教授当场同意了放弃1万元医疗费的要求，但对其他捐助没有表态。调解员也没有紧逼，而是说："听说现在王阿姨一个人在她家租住的房子里，离我们这里也不远，那我们一起去告诉王阿姨这个好消息，免得她一直为1万元医疗费担心。"陈教授和调解员一起走进王阿姨租住的农民房，房内杂物堆满一地，几乎没处落脚，王阿姨靠在破旧的被褥上，口水不停地流在自己的衣服前襟上。见陈教授进屋，她想起身却终究重重地落在床上，想对陈教授说话却吐不清一个字。陈教授见此情景眼眶就发红了，扶着王阿姨坐好，大声说："你安心养病，

1万元医疗费不用你家还了,我再捐助你2万元让你回老家养病,但钱必须是你保管着,不能交给你女儿。你也劝劝你女儿,让她不要再提无理要求了。"

一场可能对簿公堂的纠纷就此圆满解决了。

使用褒扬激励法需要注意以下几点:(1)调解员不能进行无中生有的奉承或进行虚伪的称赞。对当事人的赞扬应该是针对当事人实实在在、真真切切的优点或长处,是当事人自己认可的闪光点。否则,可能会被当事人误解,以为是讽刺,最终不信任调解员,导致事情复杂化。要做到切实地赞扬当事人,需要对当事人有一定的了解,因此,调解之前要尽量熟悉当事人,调查当事人的情况,分析当事人的性格。(2)调解员对当事人的赞扬要恰如其分,不能过分夸大。否则,当事人会怀疑调解员的真诚,影响调解效果。(3)调解员可以选择多种赞扬方法,可以直接肯定当事人的优点,也可以间接赞扬,比如可以引用当事人尊重信任的其他人对他的评价,也可以引用大家对他的一致看法,甚至引用对方当事人对他的客观积极的评价。①

三、利弊分析法

利弊分析法是指调解员从各方面为当事人分析接受调解或接受某一调解方案的利和弊,从而引导当事人作出最理性最有益的选择。弗洛伊德说过,一个人做一件事,不是为了得到一些乐趣(利),便是为了避开一些痛苦(弊)。所以,利弊是做与不做任何事情的理由。问题是几乎任何一个选择都是利弊共存的,既然我们没法找到只有利没有弊的选择,我们就要学会权衡。当事人在面对纠纷时,其思想往往具有局限性和片面性,容易固执地盯着事情利的一面或者弊的一面,从而坚持自己的观点不肯妥协。作为调解员,就要启发、引导当事人从事情的多方面对利弊进行综合分析和思考,在客观权衡之下做出最有益的选择。

可以引导当事人进行利弊分析的方面主要包括:解决纠纷所需的经济成本、时间、精力等其他成本,纠纷的持续或解决对工作、生活等的影响,对未来需维系的人际关系、情感关系的影响,对个人声誉的影响,若调解不成涉诉的成本和支出,败诉的风险,胜诉以后执行不能的风险,案件的社会影响,等等。

---

① 刘树桥、马辉主编:《人民调解实务》,暨南大学出版社2008年版,第71页。

利弊分析法是在调解中最常用的调解方法，同时它又是一个综合性的调解方法，利弊分析法的运用过程中往往需要同时运用到法律宣教法、情感融合法等其他调解方法。

范例三①

1999年，当时已婚的，在河南办家具厂的东阳市某镇的张某与未婚的胡女士发生了婚外情关系，并于次年农历9月诞下一女。2003年由于办厂出现亏损，无力经营，张某把厂转让后自行一人回到东阳，其女儿一直由胡女士抚养。胡女士没有稳定的工作，女儿也到了上学的年龄，抚养女儿存在着相当大的困难，在十分无奈的情况下，带着女儿从河南千里迢迢来东阳找到张某，要求支付抚养女儿至成年所需的一半费用。可是，胡女士受到了张某家人的谩骂，甚至要打她。胡女士伤心欲绝，人生地不熟的她不知该如何是好，后经有同情心的群众指点，胡女士来到东阳某镇妇联求助，妇联了解情况后，当即告知其可以向镇调委会提出调解申请，于是胡女士听取了妇联的建议申请调解。

镇调委会首先给予胡女士母女俩在吃住等生活上提供必要的帮助。按照胡女士提供的情况，调委会迅速找到了张某了解情况。可是，胡女士领着调解员来到张家，张某的家人坚决阻止胡女士和张某见面，也反对调解人员主持调解解决孩子的抚养问题。

调解人员意识到，调解的关键是必须先做好张某妻子的工作，否则只能通过诉讼途径解决，但打官司对胡女士母女俩来讲又谈何容易啊。因此，调解员决心做通张某妻子的工作。调解员从四个方面进行了劝说：一是摆事实，女孩出生已成事实，回避不了。二是讲法律，"父母对子女有抚养教育的义务，父母不履行抚养义务时，未成年的或不能独立生活的子女，有要求父母付给抚养费的权利。""非婚生子女享有与婚生子女同等的权利，任何人不得加以危害或歧视。""非婚生子女的生父应负担子女必要的生活费和教育费的一部或全部，直至子女能独立生活为止。"三是讲道德，抚养未成年的子女是中华民族的传统美德，尽管张某和胡女士的婚外情是不道德行为，但孩子是无辜的，应当得到与婚生子女同等的待遇。四是讲社会影响，双方在不能自行协商解决的情况下，调解解决纠纷是非常好的选择，双方可以互谅互让、平等协商达成调解协议；如果放任不管，只会把事情闹大，对自己、对正在读大学的儿子、对整个家庭都会产生不良的社会

---

① 浙江省司法厅编：《优秀调解案例选编》，第127-131页。

民间纠纷调解

影响。

通过思想工作，使张某妻子认识到：虽然自己也是受害者，在精神上承受巨大的痛苦，但是考虑到自己的儿子正在上大学，目前家庭也算和睦，丈夫平时也不是拈花惹草之人，还算本分，可能是当时一时的糊涂所至。这样，张某妻子有了同意调解的意思表示。

范例点评： 调解员为做通张某妻子的工作，采用了利弊分析的调解方法，从法、德、情以及社会影响四个方面着手分析，非常透彻、非常到位，促使当事人权衡利弊，最终选择了用调解的方式解决这起纠纷。

在运用利弊分析法时要注意因人而异。每个当事人所在意的方面是很不相同的，对一个年收入2万的职工来说损失10万元是个很大的弊端，而对于年收入100万的企业主来说10万元的损失可能并不算什么，但声誉的损失是不能接受的弊端。所以调解员在运用此法时要做好前期的调查摸底工作，了解当事人最在意最不愿损失的是什么，然后有针对性地展开利弊分析。

四、法律宣教法

法律宣教法是指调解员在调解过程中向当事人讲解法律规定，纠正他们的某些错误观点，让他们意识到自己的有些行为和主张是于法不合的，若他们一意孤行可能要承担不利的法律后果，从而引导当事人按照法律规定的思路寻找纠纷的解决办法。

案例引导法也是法律宣教法中较常用的一种调解方法。案例引导法是指运用调解成功的相似案例或者法院的相似判例，以案说法进行剖析，让双方当事人结合案例，对纠纷重新思考，最终达成调解协议。从心理学角度讲，每个人都有对比心理和衡平心理。对有些案件的当事人，仅凭口头讲解法律规定来进行说服教育，效果并不明显。调解员可以在调解过程中，寻找对比的参照物——判例给当事人看，使当事人了解这类案件的处理原则及处理结果，让当事人自己找到心理平衡点。

范例四[①]

2005年8月31日，溪头村两个分别为九岁、六岁的小男孩在衢江边玩耍时不慎在上溪头与童家地段的衢江河道疏浚工程范围内溺水身亡。事故发生

[①] 浙江省司法厅编：《优秀调解案例选编》，第24—27页。

后，遇难者家属认为河道疏浚部门管理不善，负有不可推卸的责任，聚众砸了河道疏浚工程承包人的家，并提出要承包人、发包人赔偿每个孩子20万元的要求。湖镇镇人民调解委员会主动介入纠纷，并经过说服、引导，双方同意由调委会处理。

调查表明，两个小男孩系表兄弟，8月31日中饭后，两个小孩离家到约一公里以外的衢江边上溪头村与童家村交界地段玩耍，该地段系龙游县河道疏浚工程范围，该范围以西向东约200米长河道经疏浚后水深约2.5米，疏浚工程尚未完工，河道疏浚范围没有护栏，也未设任何警告性标志。事故发生的当天，遇难者亲属情绪失控，损毁承包人价值5000余元的个人财产。同时，在调查过程中，调解员意外地了解到，两个遇难的小孩当中，其中有一个小孩的姐姐在12岁时为积极抢救落水同学不幸身亡，被省政法委授予"见义勇为积极分子"，一个家庭仅有的两个小孩相继意外身亡，这个残酷的事实给这个家庭的精神打击是常人无法想象的。

9月4日，调解委员会第一次召集遇难者两家亲属、工程承包单位负责人以及县水利局黄沙办（系发包方）进行调解。两家亲属以工程施工后，水深达到2米，但承包方未设置必要的护栏，也没有设立必要的警告性标志为由，要求工程承包方承担主要责任，各赔偿20万元。工程承包方则认为，工程现场未设置标志是事实，但两个不满10岁的孩子跑到离家一公里远的工程现场，脱离了家长的监控范围，说明监护人没尽到监护责任，理应由监护人承担主要责任。发包方认为，该工程通过合法程序承包给有资质的施工单位，在这次事故中没有过错责任。

在各方陈述后，调解员对这起导致两个孩子溺水身亡的事件进行了全面分析：发包方从发包程序到确定施工单位都符合有关规定，在这起事件中没有过错，不应承担责任。作为未成年孩子的父母，是孩子的法定监护人，对于孩子离开家里的任何活动理应随时了解、掌控，但在这起事件中，家长并没有尽到监护责任，因此，监护人应承担主要责任。工程承包方在河道疏浚中，对水深已达到2米的危险河段应设置必要的护栏和警告性标志，或对进出现场的人员加强管理，但承包方由于疏于管理没有采取必要的防护性措施，因此在这起事件中应承担次要责任。听了调解员入情入理的分析，各方当事人均表示信服和接受。

后在调解员的一再努力之下，终于以双方当事人都认可的责任分担为依据，确定了双方都能接受的赔偿数额。

范例点评： 在本起纠纷调处过程中，调解员对责任的认定把握得非常好，分析很透彻，使当事人心服口服，为下一步调解和责任的分担创造了条件。

而调解员责任认定的过程就是法律宣教调解方法的运用过程,对法律规定的讲解并不意味着宣读法条,而是要结合案件的具体情况来分析法律的具体适用。

法律宣教法的适用对象大多是法律意识淡薄,法律知识欠缺的当事人,他们往往按照自己固有的思维和意识分析、处理问题,只顾及一已之私利。这就要求调解员有足够的耐心,特别是在某些涉及农村的案件中,当事人的文化水平低,有的甚至是文盲,在讲述有些法律问题时往往需要反复地进行表述和解释,而当事人多是听不进去,"认死理"。这就要求调解员用通俗易懂的语言,有时甚至要用一些土语方言来解释某些问题。[①] 调解员的耐心不仅可以让当事人对调解有新的认识,同时拉近调解员与当事人之间的距离。在使用法律宣教法时,根据纠纷情况的不同,调解员需要耐心再耐心地向当事人释明法律,调解员也需要运用严厉的语气、简短明了的语言、严肃的语态对当事人进行法律震慑。

五、道德感召法

道德感召法是指调解员在调解过程中运用传统美德的要求启发感召当事人,提高其思想认识,端正其道德观念,最终促使当事人做出符合道德要求的行为。在调解过程中,道德感召法时常会与法律宣教法结合运用,两者相结合可以大大提高对当事人的说服力。

范例五

余莉与金海都是江西某村人,经媒人介绍相识,2009年2月登记结婚,结婚前金海家按照该村的风俗拿出3万元彩礼钱。婚后半年余莉出外打工,在此期间与另一工友相识并产生了感情。2010年2月,余莉提出离婚,金海在劝说无效的情况下同意离婚。在双方协议离婚后,金海母亲请求余莉家返还彩礼,余莉不予以理睬。金海妈妈向村调解委员会申请调解。

在调解员与余莉沟通过程中,余莉表示自己已经咨询过律师,律师说只有双方未办理结婚登记手续的;或者双方办理结婚登记手续但确未共同生活的;或者婚前给付并导致给付人生活困难的才需要返还彩礼,自己这种情况

[①] 北京市朝阳区人民法院民一庭编:《诉讼调解实例与研究》,中国法制出版社2007年版,第63页。

依据法律规定不需要返还彩礼，而且3万元钱也已经用完了。

调解员就对余莉劝说道："从法律规定来说或许律师说的对，但人不只是生活在法律条文中的。你和金海结婚以后又爱上了其他人，你的行为从道德上是说不过去的，我想你在内心也是感觉对金海有所亏欠的，只是不愿意表露罢了。再说，你和金海是同村人，如果你先有外遇又一分彩礼也不肯归还，我想你可以猜想到村里的人会如何说你，如何说你爸妈，即便你今后嫁给工友去了外地，也不可能一辈子不回家，何况你爸妈还要在村里生活下去。钱去了还可以赚来，但面子丢了可能一辈子都不能仰起头来做人，我希望你再仔细想想。"

听了调解员的话，余莉回家考虑了一天，最终同意还给金海家2万元的彩礼钱。

在运用道德感召法时要巧妙地运用社会舆论对当事人的影响力，因为大多数纠纷当事人都会很在意周围人对他们的道德评价，如果当事人的行为明显违背道德的要求，肯定会受到舆论的谴责，舆论的压力会促使当事人选择更符合社会道德观念的行为。

六、情感融合法

情感融合法是指调解员对有经济合作、亲情关系的当事人晓之以情来开展调解工作的方法。调解员应当在了解双方的合作关系或情感关系的基础上，让当事人冷静下来，理性思考一下继续合作、保持亲情的重要性，从而化解矛盾，握手言和，达成调解协议。① 情感并非只能是任性和不公正的，事实上它可以作为法律价值的来源，儒家"中和"的思想在我国古代大行其道便是明证。受传统思想的影响，当事人在法律的框架下，乐于进行情理方面的思考，这也可以说是我国的国情。有时法律看上去"冷冰冰"的，结合这些情感因素可能收到意想不到的效果。②

范例六

李琳和姚凯是大学同学，两人均来自农村，家境贫寒，在大学期间两人不顾家庭的反对确定了恋爱关系，相恋5年以后登记结婚。婚后，两人租住

---

① 张晓秦、刘玉民：《调解要点与技巧》，中国民主法制出版社2009年版，第341页。
② 北京市朝阳区人民法院民一庭编：《诉讼调解实例与研究》，中国法制出版社2007年版，第82页。

民间纠纷调解

在农居点，白天在事业单位上班，晚上和节假日在市场里摆摊赚钱补贴家用，虽然生活拮据但感情深厚。婚后两年，姚凯的单位进行体制改革，姚凯辞职开办了公司，再两年后该公司盈利状况越来越好，李琳也辞职到公司管理财务。在同一公司上班以后，两人开始出现不同意见，李琳因弟弟车祸残疾父亲病重，经常拿出公司的钱来接济弟弟和父母，姚凯对此表示了不满，李琳就瞒着姚凯拿钱给自己家人，在一次数额较大的支出暴露以后，姚凯当着其他下属的面对李琳大发雷霆，同时宣布解聘李琳的公司财务之职。李琳一气之下离开了公司，并且在外面另租了房子与姚凯分居。脾气同样倔强的两人分居了两年半之后，姚凯向法院起诉离婚，李琳同意离婚但要求得到公司的一半股权，而姚凯只愿意支付现金不愿意给李琳股权，两人争执不下，法官主持了调解。

法官从调解之初就启发双方当事人回忆在结婚之初两人同甘共苦的情景，当回忆到两人外出采购摆摊所用的商品遇到大雨天，为了保护商品，两人都把雨衣盖在物品上而自己却站在大雨下相拥着淋雨时，两人的眼圈都红了。法官见双方不再剑拔弩张，就及时发问："像你们这样有感情基础的夫妻并不多，你们是否愿意给对方也给自己一个机会，重新和好？"没想到，两人同时摇头了，李琳轻声说："回不去了。"法官见此情景只好开始讨论家庭共同财产的分割问题，这次李琳没有再强烈坚持只要股权不要现金的要求，而姚凯也表示可以出较高的价格来购买本应属于李琳的公司股权部分。在调解法官的努力下，两人终于和平分手了。

一般来说，调解员应该更关注"未来"而不是"过去"，但在运用情感融合法时往往需要用到回忆过去法。如果双方当事人过去曾有过良好的关系，可以通过询问过去的情况唤起当事人的回忆。共同回忆过去的做法让当事人暂且搁置眼前的冲突，由主观上的抵触情绪转向寻找引起矛盾的客观因素。回忆过去的方式实际上利用了原有的关系资源，特别有助于特定关系仍将存续的当事人之间矛盾的解决，回忆能唤起他们对原有良好关系的渴望，有助于抑制冲突情绪。回忆过去还有一个好处就是当事人可以设身处地地思考自己的执着是否有意义，或许有其他更美好的东西值得自己去争取，在这样的情况下，当事人会作出一定的让步。对自己利益的让步是调解达成的基本前提。①

在运用情感融合法时还需要注意利用可利用的感情因素，不要只盯着纠

---

① 李傲主编：《法律诊所实训教程》，武汉大学出版社2010年版，第173页。

纷当事人间的感情因素。

范例七

　　一对夫妻因感情不和而离婚，孩子归女方抚养，女方要求男方一次性付清孩子12年的抚养费。男方虽然完全有能力支付，但由于夫妻感情已经破裂，如同"仇敌"，感情上存在障碍，心理上认为这钱是给孩子他妈的，不愿支付。调解员的一席话说服了他。

　　调解员是这样说的："这笔钱虽说是交到了孩子妈妈手里，可最终都还是花在你女儿身上。你不是孩子的爸爸吗？你不是放心不下女儿吗？你女儿长大了就会知道，爸爸是爱他的，爸爸没有丢下她不管。你这钱花得多值得，花在了大处。要看得远些，多给几元钱，对你来说不算什么，可事情却办得漂亮啊！多有男子汉风度啊！"

　　范例点评：这段话把男方对女方的逆反心理转移到了父女情义和做父亲的责任感上，从情感上打动了男方，消融了他的心理障碍。所以情感融合法不仅要考虑到当事人之间的感情，还要考虑到当事人与其他相关人物的感情因素，比如父子（女）感情。

七、冷处理法

　　冷处理法是指，当解决矛盾的时间还不成熟时，或者当双方都处于情绪冲动，认知狭窄的不理智状态时，可以先设法使各方冲动的情绪得到冷却，恢复理智，维护现状，然后再择机进行调解，或者通过时间的积累，由矛盾本身逐渐地加以调整的解决方法。① 对于调解时机不成熟的案例，调解员不要硬调，也不能急于求成，否则只会适得其反。遇到这种情形，调解员可以暂停调解，让双方当事人稍事休息，留给他们一段冷静考虑利害得失的时间，然后再恢复调解。冷处理法是解决冲突的一种过程艺术。

范例八

　　2007年6月3日（周日）中午12时30分左右，某市某中学高一学生陈某从宿舍六楼坠落，当场死亡。该市公安局迅速赶往事发现场作了勘察，排除了他杀的可能。死者家属闻讯后悲痛欲绝，情绪非常激动，难以控制，与校方发生激烈争执。校方认为陈某属于自杀行为，校方不承担赔偿责任。死

---

① 张晓秦、刘玉民：《调解要点与技巧》，中国民主法制出版社2009年版，第176页。

民间纠纷调解

者家属认为陈某生前是一位活泼开朗的少女，早上活生生地送来读书，中午却无故死在校内，校方有不可推卸的责任，应承担主要过错。并扬言不给个合理的说法，就将陈某的尸体运回校内，为死者搭棚祭奠亡灵。为防止事态扩大和矛盾进一步恶化，省公安厅领导做了专题批示，该市教育局、公安局组建联合工作小组，考虑到6月7日至9日近千名学生将在该校参加高考，如果此案处理不当，极易引发群体性事件，这不仅将影响到学生参加高考，而且由此产生的负面影响无法估量。为此工作组要求当地街道人民调解委员会尽快介入，进行调解。

6月6日，调委会召集双方当事人进行第一次调解，调解中双方对陈某之死的责任认定进行了激烈的争论。死者家属提出共计700多万元的补偿要求，而校方则认为陈某属自杀行为，学校没有责任，最多从人道角度补偿10多万元表示安抚。由于双方在责任认定和补偿额上相距甚远，致使调解工作陷入僵局。调解员根据本案的具体情况，及时指出双方在责任认定上的错误认识，认为校方对学生陈某之死应承担一定的责任。理由有三点：一是6月3日是周日，校方未经教育行政主管部门特许的情况下进行教学活动；二是陈某在校内意外死亡，说明校方在学生安全防范措施上有不足之处；三是案发前班主任老师就陈某与同学打架等事找其谈话，处理过于简单，没有很好地化解矛盾。同时，调解员认为死者家属提出的补偿要求过高，缺乏法律依据，不能得到支持。当死者家属听到校方承担一定赔偿责任的分析后，情绪逐渐稳定下来。通过调解员耐心的说服工作，死者家属同意以调解方式来解决与校方之间的赔偿纠纷，并答应在调解期间不采取任何过激行为。由于双方在赔偿数额上相差巨大，调解员在征求多方意见后，决定在6月9日再次召开调解会议，并建议双方当事人在8至9日两天时间里向相关的法律机构进行咨询，各自拿出一个既合法又合情的赔偿方案，作为下一次调解协商的基础。

在6月9日的调解会上，死者家属提出了70多万元的补偿方案，认为陈某应参照交通意外死亡事故赔偿标准。校方指责家属不切实际漫天要价，死者家属指责校方无解决问题的诚意。调解工作再度陷入僵局。调解员根据实际情况决定采用背靠背方式分头做工作，一边平息家属激动情绪，讲清法律关系，阐明陈某不应参照交通死亡事故赔偿的道理，对一些不切实际的要求应该放弃。一边明确告知校方，如果调解不成，必定走司法途径，由此引发的社会负面影响是政府和校方所不愿看到的，这更不符合省重点中学的利益。通过多方分析和耐心工作，校方同意在赔偿的基础上，考虑到家属是晚年丧女，从人道角度再作些补偿。通过多轮协商和背靠背分头工作，最终使双方达成调解协议：1. 校方一次性支付死亡赔偿金 182 650 元；2. 丧葬费 13 783.5 元；3. 精神抚慰金 50 000 元；4. 对死者家属的道义补助 133 566.5 元。

范例点评：在 6 月 6 日的调解会议中调委会依据调查的事实，明确了双方的过错责任，使对立双方有了协商的基础，但面对赔偿金额的巨大差距，调解员没有选择强行调解，而是给双方一定的考虑、咨询时间。这便是运用了冷处理法这一调解方法。

需要注意的是，调解员之所以选择冷处理是因为双方当事人当时都处于不理智状态，情绪冲动，认知狭隘，在这种情况下，正在气头上的当事人会什么话都听不进去，所以调解员即使进行劝说也会是无效的。但冷处理不等于不处理，调解人员要临阵不乱，冷静思考，首先采取有效的办法和策略防止事态扩大或蔓延，更要杜绝纠纷的激化；其次要想办法创造适宜调解的时机，比如让当事人自己去咨询律师促使其放弃不切实际的期望值；再次，要时刻了解纠纷当事人思想和行动的变化，关注纠纷的发展进程，一旦出现适宜的调解时机，就要抓住机会及时调解。

八、宣泄引导法

宣泄引导法是指调解员在进行民事调解时，使当事人的消极情绪得到宣泄和释放，然后再进行心理疏导和调解的方法。其具体方法为，调解人员耐心地倾听当事人倾诉自己所受到的委屈，以及内心的痛苦和不满，然后给予同情和安慰。在当事人的消极情绪得到宣泄的基础上，再进一步做心理疏导工作。[①] 宣泄引导法对委屈很深，怨气很大以及长期受压抑的当事人使用效果尤为明显。调解中，可以由双方当事人面对面地进行宣泄，也可以单独面对调解员进行宣泄。面对面宣泄对缓解当事人的情绪，效果要好于后者，但容易引起对方当事人情绪的不良反应，甚至发生争吵。调解员具有较好的场面控制能力和话题引导能力才能选择面对面宣泄的方法。

范例九[②]

已婚的张某在河南办厂期间与未婚的胡女士发生了婚外情关系，并生下

[①] 张晓秦、刘玉民：《调解要点与技巧》，中国民主法制出版社 2009 年版，第 124 页。
[②] 浙江省司法厅编：《优秀调解案例选编》，第 127-131 页。根据教学需要对案例进行了改编。本案例与利弊分析法的范例是同一个，利弊分析法范例摘录了此纠纷调解过程的前半部分，此处摘录的是纠纷调解过程的后半部分。

民间纠纷调解

一女。后张某因生意亏损离开河南回到老家浙江东阳，并不再与胡女士和自己的女儿联系。胡女士为了讨要女儿的抚养费千里迢迢来到东阳，被张某家人拒之门外，无奈的胡女士只好向镇调委会申请调解。经过调解员的大量工作张某的妻子终于同意调解。

通过对张某夫妇的分别接触，调解员觉得调解的可能性是存在的，但解决抚养问题必须要有实质性的费用支持。调解人员和张某及妻子商讨如何筹措抚养费问题。不料此时张妻一边嚎啕大哭，一边诉说自己的委屈，想想张某在河南办厂，自己在家抚育儿子，含辛茹苦伺候长年瘫痪在床的公公到身故，自己这么多年还没有享过福，现在稍有积蓄，还不够支付私生女的抚养费，越说越气，当着调解员的面对张某提出离婚。这下张某慌了手脚，忙向妻子赔不是，又央求调解员救救他和这个家。调解员面对此情景并没有马上制止张妻的哭诉，而是暗示张某为妻子递纸巾，同时坐到她身边去轻拍她肩膀来安慰她（调解员是女性），并对张某当时的荒唐行为进行了批评。待张妻的情绪稍稍稳定以后，调解员才开始做张妻的思想工作，鼓励夫妻俩面对现实，共度难关。在抚养费用筹措上，调解员出点子想办法，找到了张某的妻弟做思想工作，希望他能顾全大局，帮助姐姐、姐夫度过经济上、感情上的危机，张某妻弟表示会尽力。经过几天的思想工作，面对面调解已具备了条件。

2007年7月的一天，镇人民调解委员会召集张某和胡女士两人进行调解。在调解过程中，胡女士提出让张某支付抚养孩子到成年所需生活费、教育费、医疗费等一半费用，共计65 250元。面对这笔费用，张某着实眉头紧皱，一方面表示这样的要求不算高，同时也向胡女士讲述目前全家只有自己一人做木匠的收入，老婆没工作，儿子要读大学，表示经济实在困难承受不了，要求胡女士给予考虑。胡女士一听以后情绪有点失控，流泪抱怨，为了抚养孩子，已经倾注了自己的全部精力，经济上困难，婚姻上因非婚生女拖累至今尚未成家；指责张某对女儿不闻不问，毫无关爱之意。在胡女士开始抱怨之初张某面带愧疚，调解员见此情形没有立即打断胡女士的宣泄。5分钟以后张某对胡女士的抱怨开始反驳，说当初曾劝说胡女士去堕胎但胡女士一意孤行才有今天的纠纷，胡女士听到张某此言，情绪更加激动。看着双方不但无法协商一致，而且纠纷还有激化的趋势，调解员决定将双方暂时分开，分别进行谈话。

调解员首先和胡女士进行了沟通，胡女士刚面对调解员时还在情绪激动地诉说着张某的不是，调解员耐心地听着胡女士的话，期间多次点头表示认同，10分钟之后，调解员站起来为胡女士添了一点水，开口说道："你的意思我完全明白，我也是女人，知道你很不容易！如果你说完了听我说几句，你也分析一下我说的有没有道理，在我说的时候不要打断我，行吗？"见胡女士点头，调解员分析道："张某对女儿不闻不问固然有错，但你在当时也有做错的地方，真闹起来对你女儿是最不利的。我也去调查过了，张家目前的经济条件确实很差，当前他们只有外出借钱才能支付你女儿的抚养费，如果你提的要求超出他们的实际承受力太多，他们干脆破罐破摔，不再去借钱支付抚养费，你又能咋办呢？即便你去告张某，我们且不说打官司要花多少时间和精力，对你一个外地女子有多难，只说你告赢了，但他家确实没钱，法院也执行不了啊！你的委屈我都能理解，可现在不是意气用事的时候，我们尽量争取拿到最多的钱，不能达到你要求的部分我建议还是等到以后张家条件好了，你还可以让你女儿来向她爸爸要的。"胡女士情绪平复下来，对调解员的分析表示认同。

调解员又私下做张某的思想工作，促使张某在胡女士和孩子面前求情："虽然作为一次性的给予，现在提的抚养费要求并不高，但目前确实无力承受，以后一定会在女儿的成长过程中，凭着良心道德给女儿多方面的支持，不会不管的。女儿是自己的亲骨肉，自己有错，女儿无辜，近几年的不管不问是自己做错了，以后不会再这样的。"

这样，张某和胡女士含泪签字，调解协议达成。张某在妻子的同意和妻弟的帮助下，一次性给予女儿抚养费4万元，另外给胡女士和女儿的返程路费1000元。调解结束后，胡女士带着女儿对调解员连声道谢，感谢为其解决了抚养女儿费用的大难题。张某也长长地舒了口气，这么多年来压在心里的心事总算有了个结，感谢调解员成功调解，使自己的家庭能够得以稳定。

范例点评：调解员对张妻和胡女士都运用了宣泄引导法，并且根据具体情况适时选用了当事人面对面宣泄和面对调解员宣泄两种不同的宣泄引导法。

九、多方协助法

多方协助法是指调解员在调解过程中根据需要邀请当事人的亲属、朋友，有一定专门知识的专业人士以及当事人所在社区的基层组织、家庭长辈等人员参与调解，请这些案外人运用感情、权威、声望等对当事人施加影响，改变其态度，促使当事人达成调解的方法。

范例十[①]

原告李某某（女）与被告董某某（男）于1993年经人介绍结婚，于1995年生了一女，感情较好。2002年时，原告经与被告协商，原告到城里打工，后回家次数减少，被告怀疑原告有第三者，不让原告在城里打工，让原告辞去工作。2004年原告未经被告同意，又私自到城里打工，且几乎不回家，也不告诉丈夫打工地点，干何职业。2005年原告起诉要求与被告离婚。

通过审理，法官意识到，双方婚后感情一直很融洽，只是近年原告外出打工，思想产生了变化，双方开始出现矛盾。双方和好的希望还是有的。审理中，法院了解到，被告与原告的母亲关系很好，原告不在家时，被告经常去原告父母家看望原告的母亲，孩子也特别希望母亲经常回家。第一次调解时，原告态度非常明确，坚决要求离婚。法官让被告回去后将孩子及原告的母亲叫来，听听他们的意见（目的是为了调解）。原告不屑一顾地说："来了也没用，他对我母亲好，当然替他说话。"第二次调解时，原告还是坚持离婚，法官让原告母亲进入法庭，当原告见到母亲时，没有了强硬的态度，原告母亲对她说："你在外做的事情我全知道，没干什么好事，你也不小了，该好好过日子了，这个家的人有谁对不起你？孩子一直都想你，你还给我瞎折腾什么？法官，都是我教女无方，我女婿没有错误，这婚不能离。"之后，法官又让孩子进屋，小孩进屋后跑到原告跟前大哭，这时，原告已经感到家庭的温暖，感到了家庭才是她真正的归宿。之后法官又抓住这个时机做原告工作。被告当即表示，原告过去即使做过对不起自己的事也不在意，只要今后好好过日子就行了。最后本案以原告撤诉结案。

范例点评：法官在调解本案过程中让原告的母亲到场参加，利用母亲在女儿心目中的权威性，让母亲来说服自己的女儿，其效果非常明显，法官运用的就是多方协助法。当然法官是在查明被告与原告母亲关系很好的情况下才使用此调解方法的。

调解员在运用多方协助法时需要注意，在确定协助自己调解的第三方时要先期进行调查摸底，调查的重点应着眼于谁对当事人有影响力，谁对促成调解有帮助，因为使多方协助法发挥功效的关键点是寻找到既对当事人有影响力又对促成调解有帮助的案外第三人。

[①] 张晓秦、刘玉民：《调解要点与技巧》，中国民主法制出版社2009年版，第33页。

十、解决主要矛盾法

解决主要矛盾法是指在调解过程中要抓住主要矛盾进行调解，就是要依照每一个纠纷的具体情况，分析在这个纠纷发展过程中起决定作用的矛盾，正确地决定调解工作重心和解决问题顺序的调解方法。① 这就要求调解人员要善于调查研究和理性分析，找出纠纷的原因、争议的焦点和纠纷中的关键人物。

范例十一

郭兰两年前与吴某结婚。婚后生活美满，谁知祸从天降，其夫有一天突遇车祸死亡。而此时，郭某已身怀六甲。狠心公婆将肇事单位赔偿的十万元全部拿走，致使郭兰不得已拿出两年的积蓄来支付丈夫的丧葬费。不久，遗腹子降生了。郭兰一个以洗衣为生的弱女子，该如何生活下去，又如何将儿子带大呢？在万般无奈之下，她托自己的一位朋友寻找收养人。但领养人不愿与送养人见面，也不愿将自己的住所告知对方，只是给了郭兰5000元。郭兰了解到对方的条件比自己好，有利于孩子的成长，就将亲生的婴儿交由朋友送对方领养。

想不到，这事传到她公婆耳里，并以为郭兰将孩子重金卖掉。公婆气急败坏赶到郭兰家要孙子，得不到孙子又得不到钱后，公婆又召集人赶到郭兰哥哥家，抱走郭兰哥哥的孩子作人质，并扬言要郭兰限期交出孩子，如到期不交，将卖掉郭兰哥哥的孩子。郭兰见殃及哥嫂全家，只得连夜跑到朋友家，但朋友却告之，领养人已经辞职，不知去向了。郭兰在走投无路的情况下，来到司法所。经当地公安干警的协助，几经周折，终于找到了领养人。并且了解到领养人自收养以来一直善待宠爱郭兰的儿子，和孩子之间建立了深厚的感情，不愿交还孩子。

司法所的调解员意识到该纠纷很容易激化，于是主动介入调解。负责此案的调解员在了解信息后，决定先用背靠背调解的方式，他计划找郭兰、郭兰的哥哥、郭兰的公婆、领养人进行调解。在沟通顺序的安排上，调解员先找了郭兰的哥哥，因为调解员认为面对一个随时可能激化的纠纷，最容易让纠纷升级的那个当事人就是当下的主要矛盾。面对自己孩子随时可能被卖掉的威胁，郭兰哥哥情绪失控，到处纠集人准备去郭兰婆婆家闹事，所以调解员首先找到他，劝说他要相信政府相信公安，不要做不理智的行为以免事后

---

① 王红梅编：《新编人民调解工作技巧》，中国政法大学出版社2006年版，第84页。

在郭兰哥哥的情绪得到初步稳定以后,调解员判断此时的主要矛盾已经转化到郭兰婆婆身上,只有其交回郭兰哥哥的孩子才能真正防止纠纷的激化,于是调解员和当地公安一起马不停蹄地找到郭兰婆婆,向其严肃地告知了行为的错误程度和法律后果,敦促其尽早交回郭兰哥哥的孩子。郭兰婆婆迫于公安等多方面的压力交回了孩子。

纠纷激化的导火线虽然被掐灭了,但纠纷并没有解决,此时的主要矛盾又变成了郭兰的孩子是否能领回的问题,调解员找到了领养人,运用了换位思考、利弊分析、法律宣教、道德感召等多种调解方法,并寻求领养人所在社区和所在单位的多方协助,终于说服其交回了孩子,从而解决了本纠纷中最根本和最主要的矛盾。

从表面来看,纠纷似乎已经解决,但如果郭兰的收入情况仍然处于朝不保夕的状况,其公婆的思想疙瘩不解开,纠纷就有可能再次发生。所以调解员再次找到郭兰公婆,运用换位思考、道德感召和情感融合等调解方法对其进行了耐心细致的思想工作,希望其以后能够对孙子多关心多爱护而不是采用极端的手段。最后调解员找到郭兰,先批评了其送养孩子的行为,然后了解其具体的生活困难,找到了郭兰所在的社区帮助郭兰寻求工作机会,尽量帮助郭兰解决实际问题。

范例点评:调解员在本纠纷调解过程中就是抓住了纠纷每个发展阶段的主要矛盾来进行调解的。

调解员抓住主要矛盾进行调解是建立在对纠纷的全面深刻的认识和准确把握之上的。主要矛盾是会随着纠纷的发展进程而转化的,解决主要矛盾法并不等于只解决主要矛盾,而是不仅要善于抓住中心,抓住关键,而且要时刻注意矛盾的转化,要统筹兼顾,适当安排,在主要矛盾得到缓解的情况下也要注意处理好其他次要矛盾。

十一、模糊处理法

模糊处理法是指调解员在对纠纷进行调解时,对一些非关键又无法调查清楚的事实不进行深入调查,对当事人之间的一些非原则问题不进行细致的分析和探究,而是粗线条地作出处理的调解方法。

调解人员运用模糊处理法并不是无原则的调和、各打五十大板,而是建立在以法律和政策为依据,分清是非责任,保护受侵害一方当事人的合法权益,让有过错方承担相应义务的基础上的。模糊调查法、模糊调解法和模糊

批评法都属于模糊处理法,调解员可根据具体面对的情形来选择适用:①

(1) 模糊调查法往往运用于民间纠纷所涉及的有些非关键事实无法调查清楚或没必要调查清楚的情况下。调解员在纠纷的基本脉络清楚,可以分清责任的情况下即可开展下一步的调解工作,没必要弄清纠纷的每一个细节。

(2) 模糊调解法是指在商定具体纠纷解决方案时,应把双方当事人的关注点从枝节问题上引开,引导他们更关注对整体方案的接受度和满意度。

(3) 模糊批评法就是在调解过程中,对当事人的错误行为、错误思想,在适当时机和场合以适当的方式指出来,强调"点到即止"。

范例十二

2009年1月1日杭州某高校的李老师在人行道上行走,被一辆自动挡捷达撞飞了,造成李老师第三腰椎椎体三分之一以上压缩性骨折,住院1个月(完全卧床)。李老师住院期间由其先生白天陪护,晚上请护工陪护。李老师先生从事软件业,年收入较高。3月1日去鉴定所鉴定李老师是十级伤残。

交警部门调查的事故原因是:事故当日捷达司机吴某刚拿到驾照才20天,在一个没有红绿灯的路口,吴某忽然发现李老师在人行道上横穿,错把油门当刹车了。该捷达车是新车,还没有参加保险,车主是吴某父亲的朋友,吴某还是大学三年级的学生。

因双方都愿意调解,所以交警主持了该交通事故的损害赔偿调解。调解采取面对面调解的方式,在调解之初,双方态度都较好,吴某也对李老师表示了真诚的歉意。在谈到赔偿款时,李老师说:"我也不想提过分要求,我去咨询过律师了,我按照法律规定列出了具体的赔偿条目,算了一下大概9万元吧。"吴某父亲听了一愣,说:"我也问过律师,他说的没这么多。"随手拿过了李老师列出的赔偿项目,看到护理费一项列了2万元,"护理费咋会这么高?"李老师说:"我先生的年薪有近30万,他为了照顾我一个月没上班,损失很大,我今天还带了他公司开具的收入证明了。"吴父的脸色明显变得难看,查看了李老师带来的其他支出收据,然后说:"护理费我不可能赔那么多的。还有,这些出租车的发票咋和李老师住院的日期对不上啊?我朋友的车没保险,所有的赔偿最终都要我自己付,就想通过调解能双方都让点,要是比法院判决还高,我调什么啊?"李老师听完情绪激动:"我已经够通情达理了,我的腰一直酸痛,没法站没法坐的,我是老师,以后可咋上班啊?!是你儿子让我遭这罪的。即便这样,我也没提出要精神赔偿,你还好意思和我计

---

① 王红梅编:《新编人民调解工作技巧》,中国政法大学出版社2006年版,第91页。

民间纠纷调解

较十多元的打的票？那我们就一项一项地再算细账好了。你不想调了我还不想调了呢。"

交警调解员见双方争执不下，情绪激动，就及时地对双方进行了安抚，并暂时地中止了面对面的调解，改为背靠背方式。

交警先私下和吴父进行了沟通："吴先生，打官司对谁来说都是一件烦心事，费时费力，还一直影响心情。我还是建议你们能调解结案。你如何想？"

吴父："我是想调解啊，但她没诚意我怎么办？"

"她咋没诚意了？"交警问。

"一个月的护理费2万，把我当傻瓜了。"

"护理费确实提的高了些，但她也确实没提出要精神赔偿，她是十级伤残本是可以提这项要求的。"

"我也问过律师的，十级伤残精神赔偿法院判最多也就五千，她还不都算在护理费里了？我看她是又要钱又要做出对我们有恩的样子。又要做婊子又要立牌坊。"吴父还是愤愤地说。

"胡乱猜测评价对事情解决没啥好处，只会把问题搞僵。你们都事先问过律师，说明你们都想依法解决，都是通情达理的人。你儿子的一个不小心毕竟造成了李老师的十级伤残，给她以后的生活会带来长久的痛苦。"

"李老师住院时我去问过医生，医生说腰椎压缩性骨折完全恢复后对生活没啥影响的。你可以去医生那里调查调查我说的是不是真的。"吴父还是站在自己的立场想问题。

"一个病人能不能完全恢复谁敢打包票？每个人的恢复程度都会不一样的。我只知道即便有人肯事后全额赔我损失，我也不愿意让他把我撞成腰椎骨折。你会愿意吗？生病的痛苦到底只有病人自己承受的，钱又不能让我们的身体不痛，是吧？"吴父听了交警这席话，不再反驳了。

交警见吴父的情绪趋向平稳，就及时建议道："既然是调解我们也没必要一项项地算细账了，你能否告诉我你愿意承担的总赔偿额？"

"5万。"吴父犹豫了一阵开口道。

"你也问过律师的，应该对法律规定的赔偿额心中有数，李老师医疗费就花了1万多，5万是不是太低了点？"

"超过6万我就不想调了。"吴父沉吟了一阵终于说。

交警了解到吴父的底线以后又和李老师进行了私下沟通，对于李老师没提出精神损害赔偿的事实运用了褒扬激励的调解法，又将吴某家不太富裕的经济状况告知了李老师，希望李老师换位思考，然后对调解不成走诉讼途径的纠纷后果进行了利弊分析。最后交警也问了李老师："既然是调解我们也没必要一项项地算细账了,你能否告诉我你愿意接受的总赔偿额?"

李老师第一次提出底线是 7 万元,后来在交警进一步算了诉讼经济成本和时间成本以后,李老师降到了 6.2 万元,经过交警进一步做吴父的思想工作,最终双方在 6.2 万元达成了调解协议。

范例点评: 交警对吴父劝说过程中用到了模糊处理法。"胡乱猜测评价对事情解决没啥好处,只会把问题搞僵。"运用的是对吴父的模糊批评法。在吴父建议交警对腰椎骨折的愈后进行调查时,交警运用了模糊调查法,并且同时运用换位思考法进行了劝说。"既然是调解我们也没必要一项项地算细账了,你能否告诉我你愿意承担的总赔偿额?"运用的是模糊调解法。在本纠纷中如果就单个赔偿项目进行一项一项的讨论和确定,会出现双方都斤斤计较的场面,必然引起双方当事人更大的对立和反感,因此作为调解员的交警没有这样做,而是把当事人的关注点引导到总的赔偿额上来,对具体项目的赔偿进行模糊化。

十二、实际问题解决法

实际问题解决法是指在调解民间纠纷时,调解员不仅要说服教育当事人消除思想上的隔阂,而且要切实帮助解决纠纷所涉及当事人的实际困难和问题。有些纠纷,如果不从实际问题上解决当事人的困难,仅仅靠做当事人的思想工作是不能达到彻底化解纠纷的目的的。

范例十三[①]

2004 年 1 月,湖州市吴兴区织里镇人民调解委员会副主任吴美丽接到安徽籍包工头俞某的电话,因拿不到承建公司的工程款,无法发放民工工资并支付工程材料款,他准备带领 83 名民工到市政府集体上访。不等吴副主任开口,俞某就匆忙挂了电话;紧接着电话又急促响了起来,打来电话的是由俞某承包项目的承建公司负责人,说是有近百民工手持凶器,将公司现场团团围住,随时可能发生不测事件。吴副主任搁下电话就心急火燎地直奔现场。

现场一片混乱。众多民工手持铁棒、菜刀等器械紧紧把守在公司大门外并向着里面跳骂,不少民工正在冲撞大门,企图冲进去。事态非常严重,重大事件随时可能发生。吴副主任一面叫其他调解员紧急向镇领导汇报、通知

---

① 浙江省司法厅编:《优秀调解案例选编》,第 5—7 页。

民间纠纷调解

派出所派人维持秩序，一面奋力推开人群，向最里面挤进去，还没站稳，就大声叫道："请大家冷静，我是镇调委会的负责人，有什么事我给你们做主。"有认识她的民工说道："她就是经常为民工讨工资的那位吴大姐。"但更多民工却嚷道："一个女人能给我们做什么主，别听她的。"为了赢得时间，吴副主任一面拨开向她伸来的棍棒，一面在嘈杂声中提着嗓子解释。正在民工情绪起伏不定的时候，派出所民警赶到，并迅速控制了现场。

吴副主任心里清楚，场面虽然暂时得到了控制，但要把民工劝离现场是不可能的，特别离春节只有五天，民工正急等拿着工资回家，如果不能马上处理，纠纷依然会激化。为了确保纠纷能得到快速调处，她立即与法院取得联系，要求对该公司的财物马上进行清点查封。这一措施即刻产生了两个方面的效果，一是吵闹不休的民工安静下来了，并向她投来敬意和信任的目光；二是口惠而实不至的公司负责人不再强调公司现在没钱了，而改口为愿意协商解决。吴副主任借机把公司负责人请到一旁，向他严肃地指出，拖欠工资不但是一种不道德的行为，也是一种违法行为，由此产生的群体事件、公司人员意外事件，都要由公司负责。公司负责人在吴副主任严厉批评下，愿意马上先结清农民工工资；但同时提出包工头俞某必须到场。吴副主任认为公司这一要求合理，就马上与俞某联系，但俞某此时已经不在现场。经电话联系，得知在事发现场他因受到拿不到钱的几个材料供应商"要他的手、要他的脚"的威胁，溜之大吉了。吴副主任再与派出所协商，并向俞某保证由民警将他护送过来，再由民警将他护送离开。一切协调妥当后，公司也以最快速度将筹到的工资款送到现场。在吴副主任的主持下，83名民工如数领到了应得的45.5万元工资。

范例点评：向民工宣讲闹事的法律后果，请派出所民警协助控制现场当然能够对民工起到震慑作用以稳定场面，但纠纷并没有解决，导致纠纷激化的因素还在。吴副主任在向欠薪公司负责人宣讲法律的同时借助法院的力量，迫使其及时筹款付清工资才使得纠纷彻底得到解决。因此，一些因实际困难引起的纠纷，要求调解员在解决当事人思想问题的同时，必须解决好当事人的实际问题，这样才能真正解决好纠纷。

 操作训练一　调解方法的识别

训练目的

通过训练，加深学生对各个调解方法含义的理解，培养学生在调解案例中识别和学习调解方法的能力。帮助学生理解每个调解方法彼此不是孤立的，在一个纠纷调解过程中往往需要多个调解方法结合使用。

训练素材

本书"学习单元九 相邻关系纠纷调解实务"中"学习情景一"的范例①

训练要求

请同学找出该范例中运用到的所有调解方法。

 操作训练二 调解方法的选择和运用

训练目的

通过训练,培养学生根据纠纷的具体情况选择合适的调解方法的能力。

训练素材

蒋城年轻时时常酗酒和赌博,赌输以后经常打骂妻子和女儿,曾在酒后将当时只有10岁的独养女儿蒋励打成骨折。其妻王含女士不堪忍受其所作所为,在女儿15岁时与蒋城离婚。离婚后王含一直未再嫁,和女儿一起生活。蒋城也未再婚,但离婚后曾和一个来杭打工的农村妇女同居了8年后分手,蒋城在离婚后没有去探望过女儿,其女蒋励在成年后也和父亲没有来往。

2007年,67岁的蒋城查出肠癌,没有固定单位的他找到女儿,要求女儿承担医疗费和以后的养老费用。蒋励当时是杭州某小学的教导主任,已经结婚并有一个九岁的女儿,家庭幸福,面对亲生父亲的要求,蒋励只同意拿出3万元,并且对父亲说:"我一直觉得我是一个没有父亲的人。"蒋城向人民调解委员会申请调解。

训练要求

步骤一:将学生分为八组,对此案例进行小组讨论。讨论要点为选择哪些调解方法对当事人进行劝说。用时10分钟。

步骤二:抽签决定哪个小组上台进行发言,小组的具体发言人由小组成员自行推举。

步骤三:由抽签决定的学生发言人根据小组讨论结果汇报本小组准备在该纠纷中运用的调解方法有哪些。

步骤四:其他小组依据自己小组的讨论情况,对该同学的发言内容进行点评。

步骤五:在老师的引导下,全班同学就本案可以运用的最主要的四种调解方法达成共识。

步骤六:再抽签决定每个小组分别演绎哪一种调解方法的具体运用,每

---

① 人民调解解决相邻损害防免关系的纠纷

民间纠纷调解

两个小组表演同一个调解方法的具体运用,八组学生将表演本案中最主要四种调解方法的具体运用。给学生10分钟的讨论准备时间。

步骤七:由教师扮演当事人,请各组同学派代表进行模拟劝说,演绎同一调解方法的两个小组进行PK,由台下的同学和老师共同选出优胜者。

学习单元八　婚姻家庭纠纷调解实务

【学习目的与要求】

了解民间纠纷中大量存在的婚姻家庭纠纷的特点与调解要点，能调处常见的婚约财产纠纷、离婚纠纷、分家析产纠纷和赡养纠纷，并能够举一反三调处其他常见的婚姻家庭纠纷。

【学习重点与提示】

婚姻家庭纠纷的调解要点；婚约财产纠纷的调处；离婚纠纷的调处；分家析产纠纷的调处；赡养纠纷的调处。

一、婚姻家庭纠纷的概念与特点

婚姻家庭纠纷指的是由婚姻家庭关系方面的人身关系、财产关系而引起的各种纠纷，包括婚约财产纠纷、离婚纠纷、离婚后财产纠纷、离婚后损害赔偿纠纷、同居关系析产、子女抚养纠纷、婚姻无效纠纷、撤销婚姻纠纷、夫妻财产约定纠纷、抚养纠纷、扶养纠纷、监护权纠纷、探望权纠纷、赡养纠纷、收养关系纠纷、分家析产纠纷等纠纷。[①] 这类纠纷具有涉及青年人多，纠纷发生时间长，易反复等特点。家庭是社会的基本细胞，婚姻家庭不仅起着调节两性关系的重要作用，而且担负着实现人口再生产、组织经济生活以及教育的职能。婚姻家庭的稳定与和谐，直接影响着全社会的稳定与和谐，而婚姻家庭纠纷又是基层法务中常见高发的纠纷，处理好婚姻家庭纠纷，有利于当事人子女的身心健康，有利于家庭和睦、减轻社会压力、降低未成年犯罪及遗弃老人的犯罪行为，也有利于引导情趣高尚的社会风气、促进社会的文明进步。与其他的民间纠纷相比，婚姻家庭纠纷具有其显著的特殊性：

（一）纠纷当事人之间社会关系的特殊性

这体现在以下三方面：

（1）婚姻家庭纠纷的当事人之间有着血缘关系、亲情关系、恋爱关系、

---

① 参见最高人民法院《民事案件案由规定·第二部分　婚姻家庭纠纷》。

婚姻关系等特殊的人身关系，或曾经存在特殊的人身关系。如离婚纠纷的当事人之间存在着婚姻关系；离婚后财产纠纷或离婚后损害赔偿纠纷的当事人之间曾经存在过婚姻关系；婚约财产纠纷的双方当事人之间曾经建立过恋爱关系；同居关系析产、子女抚养纠纷的当事人之间存在着共同生活的经历甚至育有共同的子女；赡养纠纷和分家析产纠纷的当事人之间往往存在着很亲近的血亲关系，彼此之间或是父母子女关系，或是兄弟姐妹等。

（2）婚姻家庭纠纷时常涉及多方当事人或者第三方的利益。如赡养纠纷或分家析产纠纷常涉及所有存在着法律上的赡养义务的多方当事人甚至是被赡养人的孙子女或外孙子女。又如离婚纠纷、同居关系析产、子女抚养纠纷、监护权纠纷或探望权纠纷等婚姻家庭纠纷的处理结果和调解员调处上述婚姻家庭纠纷的艺术，直接关系到子女的利益，尤其是关系到未成年子女的健康成长。

（3）婚姻家庭纠纷所涉及的社会关系往往并不单纯，可能是各种关系的杂糅，比如一起离婚纠纷可能同时涉及夫妻关系、婆媳关系、姑嫂关系、妯娌关系、翁婿关系等多个家庭成员之间的关系或姻亲关系。又如有些离婚纠纷同时伴随着家庭暴力和侵权行为。

（4）婚姻家庭纠纷所涉及的社会关系往往是建立在人身关系基础之上的，财产关系与人身关系的复合体。这种人身关系可能是一种血亲关系，也可能是姻亲关系、恋爱关系、同居关系等。

（二）引发纠纷原因的多样性与复杂性

如引起离婚纠纷发生的原因有婚前感情基础差，婚后也未建立起深厚的感情；夫妻一方有不良恶习；第三者介入；性格不合或生活习惯严重背离；夫妻双方因哺育小孩、赡养老人、料理家务等家庭琐事产生严重分歧；夫妻双方因家庭经济开支不合理而矛盾不断；夫妻一方身患疾病或没有生育能力；夫妻犯罪被判刑，等等。有些婚姻家庭纠纷的产生原因不只一个，有些婚姻家庭纠纷的产生原因埋藏得较深，或"冰冻三尺非一日之寒"，如有些离婚纠纷是由于婆媳之间长期不和导致夫妻矛盾所引起的。

（三）总体上看婚姻家庭纠纷更适合调解

由于当事人之间特殊的人身关系的存在，婚姻家庭纠纷宜优先考虑调解而不是优先考虑审判。作为一种纠纷解决方式，诉讼具有专业、程序规范、有国家强制力保障等优势，但也存在着成本高昂、容易使当事人关系破裂等不可避免的缺陷。中国传统文化中的"无讼"、"厌讼"的思想观念根深蒂固，民间更有"一场官司十年仇"的说法，当事人总觉得一上法院就是结梁子，有过结了。绝大多数当事人希望纠纷能不通过诉讼方式解决的就不去法院打官司，即使纠纷进入司法程序，能不判决结案的尽量别判决结案，毋论彼此是父母子女或兄弟姊妹等至亲之人，拥有共同的子女的夫妻，或拥有共同生活经历的伴侣等，当事人的内心就更不愿对薄公堂，使家丑外扬。调解结案能为双方当事人保留颜面，不伤感情，再见亦是亲朋。

（四）婚姻家庭纠纷的调解难度大

虽然有些婚姻家庭纠纷事实清楚，法律关系明确，却因当事人之间的关系特殊，矛盾积累年深日久，涉及多方当事人或涉及到关系密切的第三人的利益而难以简单划一地解决。

近年来婚姻家庭纠纷的发生与发展产生了一些新的特点和趋势：一是恋爱婚姻家庭纠纷呈现持续上升的趋势。婚恋自由、以爱情为基础的自主婚姻和男女平等、文明和睦的家庭已成为当代中国婚姻家庭的主流。改革开放后西风东渐，由于社会转型时期伦理观念的变化，人们权利意识的增强，对生活品质的日渐重视，以及家庭财产总量的不断增长等原因，婚姻家庭纠纷呈现持续上升的趋势。二是婚姻家庭纠纷在广大农村地区的民间纠纷中所占的比例尤高。随着社会流动性增强，农村出外打工的青壮年越来越多，夫妻双方长期分居感情转淡，或因收入状况、社会地位与眼界的改变而产生外遇，因此而引发的婚姻家庭纠纷也逐年增加。以离婚率的增加、老人的赡养和孩子的抚养问题为民间纠纷的热点问题，由索要财礼、家庭暴力和虐待老人、妇女、儿童所引起的纠纷也为数不少。

婚姻家庭纠纷的上述特点，直接关系到婚姻家庭纠纷的调处艺术。准确理解上述特点，把握近年来婚姻家庭纠纷的新的趋势，有助于调解人员防治解决上述纠纷。

二、婚姻家庭纠纷调解的要点

恋爱婚姻家庭纠纷产生的原因比较复杂，实践证明对此类纠纷应以预防为主，对于已经发生的婚姻家庭纠纷，则应积极调解，及时使可能激化的矛盾得到缓解。婚姻家庭纠纷调解应注意以下事项：

（1）调解员的调解要以促进家庭和睦为目标，注意调解的方式方法，灵活使用多种方式方法实施调解。不同类型的婚姻家庭纠纷，所适用的调解技巧亦应有所侧重。但首先应当以法律为依据调解婚姻家庭纠纷。如对婚约财产纠纷，可依据我国《民法通则》和《婚姻法》的相关规定对是否应当返还婚约财产的问题进行把握；对于赡养纠纷中的赡养义务人，应当明确指出赡养父母是我国《宪法》和《婚姻法》所规定的法定义务；对于离婚纠纷中那些因违背一夫一妻原则的过错行为而引起离婚纠纷的过错方,应严肃指明当事人的过错行为不仅是悖德行为,更是违法行为,要承担相应的法律责任;对于施行家庭暴力的纠纷当事人,调解员应当予以批评训诫,使其认识到自己的施暴行为是一种应当承担法律责任的违法犯罪行为,等等。人民法院对婚姻家庭纠纷的调处,更应遵守法律规定,依法进行调解。如对离婚案件的审理,要注意对婚姻合法性进行审查,对于无效婚姻应根据《婚姻法》的相关规定进行处理;对于财产分割,侵犯国家、集体及第三人利益的协议,法院不予支持;不能强行调解等。除了法律宣教法,调解员还应同时结合情感融合法、道德感召法与利弊分析法等调解方法,以亲情感人,以情理服人,以利害关系警醒人。

(2) 调解婚姻家庭纠纷还应多使用换位思考的方法,一方面人民调解员自身应富有人情味,设身处地为当事人着想,另一方面让当事人以诚信的态度进行换位思考,学会从别人的角度出发,取得他人的理解、支持和谅解。

(3) 调解婚姻家庭纠纷抓主要矛盾,有些调解婚姻家庭纠纷是由父母、兄弟、姐妹等其他关系人引起的,而这些人往往在纠纷中起着举足轻重的作用,做好这些人的工作,能收到事半功倍的效果。如果调解组织只重视做当事人的工作而不重视做其他关系人的工作,效果就大受影响。应根据情形多适用第三方协助法,尤其应对家庭中有威信的成员启发开导,让其协助做思想工作;可联合当事人所在单位及妇联等组织积极做好调解工作。与此相适应,调解婚姻家庭纠纷尤其应注意方式技巧的灵活运用,可根据案情较多适用座谈会调解的方式。

(4) 调解员调处婚姻家庭纠纷应以疏导教育、解决思想问题为主,但对一些涉及实际困难所引起的婚姻家庭纠纷,调解员应及时施以援手,积极与有关部门联系,在可能的条件下帮助解决。

(5) 调解婚姻家庭纠纷还应该多使用苗头预测的方法,使矛盾消弭于萌芽状态。同时婚姻家庭纠纷涉及当事人的情感与生活着落等问题,对于已经受理的婚姻家庭纠纷不能久拖不决,以避免矛盾激化。

(6) 调解婚姻家庭纠纷时调解员应当多采用引导宣泄法,对于遭受家庭暴力、严重精神创伤或情感上的伤害的当事人,应积极倾听,多安抚其情绪,使其体会到同情与安慰,在语言技巧的使用上要特别注意平等与亲切,少说官话,少打官腔。

(7) 调解婚姻家庭纠纷还应注重环境要素的选择。如婚姻纠纷往往涉及当事人的隐私或面子问题,不适宜当众调解;有经验的调解员很少当众调解婚姻纠纷,而是选择在当事人家中或在办公室个别调解。赡养纠纷中的老人一般不愿与子女或孙子女对簿公堂,而且赡养纠纷案件中的老人多半年老体衰,行动不便,甚至一部分人无生活来源,丧失劳动能力,卧病在床,要他们拖着体弱多病之躯亲自到法庭起诉、取证举证、参加开庭审理,来回奔波,自然力不从心。显然,赡养案件更适宜就地调处,非公开调解。

(8) 调解婚姻家庭纠纷要注意在不悖离法律原则的基础上保护弱势的当事人的利益,如各种婚姻家庭纠纷中遭受家庭暴力的妇女的合法权益,赡养纠纷中没有劳动能力和生活来源的老人的合法权益,离婚案件中的妇女和儿童的利益,等等。

三、处理婚姻家庭纠纷常用法律、法规

1. 《中华人民共和国婚姻法》
2. 《婚姻登记条例》
3. 《最高人民法院关于适用〈中华人民共和国婚姻法〉若干问题的解释(一)》
4. 《最高人民法院关于适用〈中华人民共和国婚姻法〉若干问题的解释(二)》
5. 《中华人民共和国收养法》
6. 《中国公民收养子女登记办法》
7. 《外国人在中华人民共和国收养子女登记办法》
8. 《收养登记工作规范》
9. 《民政部、公安部、司法部、卫生部、人口计生委关于解决国内公民私自收养子女有关问题的通知》

学习情景一　人民调解解决婚约财产纠纷

范例:

浙江省某偏远山村男青年丁海与邻村女青年李红,于2005年初经人介绍相识,2006年登记结婚。婚后仅仅三个多月,丁海因负债太多以及感情方面的原因,于一天晚上服农药自杀身亡。丁海亡故后,其妻李红便返回娘家居住。丁的父母悲伤过度,两人的身体状况都出现了问题,没法正常生产劳动。当初为儿子成家及举办婚宴借了不少钱,留下的债务无法清偿,生活陷入困境。丁海与李红谈婚论嫁时,依传统习俗给付了李红及其父母4万元彩礼,其中有2万元是借来的。后丁海父母多次到李红父母家,要求返还3万元彩

民间纠纷调解

礼用于清偿债务。因双方意见不一，言语不和，每次都是不欢而散。

丁海的父母又多方咨询，想打官司要回彩礼，均被告知胜诉可能性不大。之后，丁海之父丁大海多次到李红父母家闹事，并声称要以生命为代价讨说法。为此，当地派出所曾多次介入，因系经济纠纷不便处理，均无结果。派出所建议双方通过人民调解委员会调解解决此事。于是丁大海找到镇调解委员会，希望调委会为自己主持公道。人民调解委员会对这起纠纷十分重视，召开了面对面的调解会。在调解会上首先对双方进行劝解疏导，劝说李红父母作为受益方，应换位思考，体谅对方存在的困难。同时指出丁海父母为了要回彩礼多次到李红父母家闹事的行为是错误的，这不仅不利于事情的解决，还会造成矛盾升级。调委会要求双方以诚相待，依据公平诚信的原则协商解决这件事。可当时因双方意见分歧较大，无法在这一次面对面调解中达成一致意见。

经过这一次面对面调解，调解员觉得双方在情绪上对立还很严重，在双方剑拔弩张的情况下，当事人根本听不进调解员的意见；且在面对面调解中即便双方觉得调解员说得在理也顾及到面子等因素而不愿意认同。调解员于是选择了背靠背的调解方式。调解员先找到了李红的父母，李红父母对丁海父母找人来闹事的举动非常愤怒，调解员并没有急于打断李红父亲的诉说，而是适当让其进行情绪宣泄，待他情绪稍稍稳定了以后，调解员开了口："李大伯，丁海父亲带人闹事的行为确实不对，给你家带来的麻烦我也能理解。我今天来就是希望通过调解能够避免这样的事情再一次发生。在困境中的人有可能做一些过激的错误行为，如果你是丁海的爸爸，面对上门逼债的债主，看着儿子的遗像，想着本来借债是为了让儿子过好日子，如今连儿子都没了，会不会也伤心欲绝呢？丁海的爸爸固然不对，可人家毕竟刚失去了儿子，基于这点您能原谅他的行为吗？""我原谅他，他放过我吗？一再闹事的是他又不是我。"李红父亲当即回应道。调解员不急不躁地问："我听说他们当初给的4万彩礼中有2万元是借的？"李红爸说："彩礼钱是不是借来的，我们不清楚。彩礼也不是我们强要的，他们家自愿给的，我家在结婚当时也给了不少陪嫁的，算起来也有个万把元，再说我家闺女也嫁过去了，本想一心和丁海过日子，没想到丁海一点也不念及新婚妻子，自顾自喝了农药，让我家闺女成了寡妇。我闺女年纪轻轻的，这以后咋办啊？他家还好意思找人来我家论理，要我说啊，要找人论理就得找他们自家的自私儿子。"调解员见李红爸爸还只想着自家的理，就耐心地展开了法律宣教："李大伯，人死了再有什么错处也没必要提了，再怎么说，轮上谁家，死个孩子都是接受不了的事。你刚才提到李红死了丈夫也是受害者，这点我同意。不过，我国的婚姻法司法解释中有规定,一方婚前给付彩礼并导致给付人生活困难的,给付彩礼的一方当事人是有权要求返还的。说明白一点就是,丁大海夫妇现在身体垮了,没法劳动赚钱了,他们确实没能力还因彩礼而借下的外债,他们现在的生活困难是因给付彩礼而起的,因此他们向你家提出返还彩礼也是有法律依据的。"李红的爸听完调解员的话,自顾自低声嘟囔了一句:"这法还能这样规定?"虽然还是不服气的神情但明显没了刚才的怒气。调解员于是趁热打铁道:"李大伯,我知道你也是顾及面子的人,不会愿意上法庭。再怎么说你们两家也是亲家,为了这点彩礼钱闹上法庭还不让村里人说闲话?我也知道您主要是不满丁大海带人来闹事,只要好好商量,这两亲家总不至于闹上法庭,是吧?""咋个商量法?"李红爸爸抬头问道。调解员见李红父亲态度缓和,就及时提出了建设性调解意见:"4万元彩礼毕竟是他家自愿给的,你家李红也已经做了他家的媳妇,这4万元钱都要你家还也说不过去。可他家确实被外债压得透不过气来,我的建议是他家借来的2万元外债您就替他们还上吧,也算您家在亲家困难时帮个忙。你看这样行不?"李红父亲思考了一会儿说:"这也不是不可以商量,但他丁大海得保证以后再不闹事,还得让我闺女把户口迁回来。"

调解员见李红家基本同意了调解方案,就急忙赶到丁大海家做思想工作。丁大海开始坚持最少还3万,否则就会让李红父母不得安生。调解员及时批评了丁大海的想法:"丁大叔,您刚走了儿子,悲痛的心情我可以理解,但您的这种做法我是很不赞同。人死不能复生,再怎么说是孩子自己选择的这路,不是李红家逼的,您把怨气出在李红父母身上是不占理的。您换位思考一下,谁家父母愿意让自家的闺女成为寡妇啊,您死了儿子,李红也死了丈夫,谁的心里都不好受。"丁大海看了调解员一眼,没有反驳。调解员因事前打听到丁大海曾找过律师,想让律师做风险代理却被拒绝,于是明知故问道:"丁大叔,您要是想解决这事又不愿调解,我倒建议您不要用闹事的违法手段,可以请律师走法律途径。"丁大海回应道:"我们出不起律师费。我们去咨询时律师还说了,丁海已经死了,说是我们父母不一定有原告资格啥的,我也不懂,反正律师说即便我们出了律师费他也不能保证打赢官司。我没法了,逼上绝路了才找人去李红爸妈家论理的。"调解员针对丁大海的话及时运用了利弊分析法进行了说服:"丁大叔,您一再带人去李红家闹事还不就为了她家还钱吗?可照我看来,您的行为会让您得不偿失。您一再闹事,李红父母家也会怨气越来越大,到时也可能召集亲朋好友与你们对抗,万一冲突起来,谁能完全控制好场面啊?要是打伤几个人,到时要被拘留不说,自己伤了要多掏出医药费,打伤别人还要赔款,您这可不是去讨回钱,而是打算送出去钱呢。您要是接受李红父亲返还2万元彩礼的方案,一来不用再支付律师费、诉讼费啥的来解决问题;二来可以即时还清外债;三来可以让双方都从痛苦中早点走出来;四来您和李红家好歹也是亲家一场,如此解决至少还能在场面上留点情分;五来您和伯母也可以静下心来好好调养身体,丁海走了你们更得保重身体,这个家还要靠你们自己撑起来。"丁大海听调解员说完,默默点头,过了片刻,说:"让李红家不得再提嫁妆的事,结婚时送来的陪嫁不能再拿回去了。"

调解员见双方基本接受了调解方案,及时组织进行面对面调解,使双方达成了调解协议。协议约定李红出嫁时其父母给予的陪嫁物品全部归丁海父母,再由李红当场给付丁海父母现金1万元,余下1万元在三个月之内支付,此后丁大海不得干扰李红及其父母生活,2万元全部交付后双方一同办理李红的户口迁移手续。

新中国成立后,我国1950年、1980年《婚姻法》和2001年修改后的《婚姻法》,均未对婚约和彩礼作出规定,且都规定了禁止买卖婚姻和禁止借婚姻索取财物的内容。但目前我国很多地方仍存在把订婚作为结婚的前置程序,并且有订婚送彩礼的习俗。彩礼的多少,随当地情况、当事人的经济状况等各方面因素而定,但数额一般不在少数。一旦双方最终不能缔结婚姻,或者因各种原因导致婚姻维系时间很短,则彩礼的返还问题往往引发纠纷。婚约财产纠纷不仅涉及订婚的当事人,而且涉及双方家庭甚至媒人等,处理不好,就会使矛盾激化,甚至酿成刑事案件。因此调解员受理了此类纠纷的调解申请以后,如果发现有纠纷激化的可能性,就要及时介入,不能使用冷处理法。在本范例中,虽然第一次面对面调解没有成功,但对于安抚双方情绪,控制事态发展具有十分重要的意义。

在调解彩礼返还纠纷的过程中,要灵活选择调解方式。双方当事人往往在婚约解除时就有了积怨,在给付方讨还财产过程中更有可能加深双方的积怨,因此在调解之初双方当事人往往对立情绪较重,这时宜采取背靠背的方式做耐心细致的说服工作,等双方冷静下来恢复理智并对解决方案大致认可以后,可进行面对面调解,力促双方达成最终的调解协议。

在调解婚约财产纠纷的过程中,经常运用到的调解方法包括换位思考法、法律宣教法和利弊分析法等。调解员要善于引导当事人做换位思考,让彼此多想想对方的苦衷和难处。在上述范例中,调解员引导李红父亲理解丁大海丧子之痛和因为给付彩礼而造成的生活困难,也引导丁大海认识到李红结婚三个月便死了丈夫也是受害者,双方的换位思考使得对立情绪大大得到缓解。

在运用法律宣教法时，调解员应结合具体的纠纷情况耐心地向当事人宣讲和解释最高人民法院《关于适用〈中华人民共和国婚姻法〉若干问题的解释（二）》第10条的规定，即"当事人请求返还按照习俗给付的彩礼的，如果查明属于以下情形，人民法院应当予以支持：（一）双方未办理结婚登记手续的；（二）双方办理结婚登记手续但确未共同生活的；（三）婚前给付并导致给付人生活困难的。适用前款第（二）、（三）项的规定，应当以双方离婚为条件。"通过法律的宣讲和解释让当事人了解自己的想法与法律规定之间的差距，从而在内心对诉讼风险做出较为客观的判断，这有助于引导当事人回归理性，也有助于引导当事人按照法律规定的思路寻找纠纷的解决办法。利弊分析法是法律宣教法的进一步深化和扩展，范例中调解员或耐心或巧妙地向当事人宣讲了法律规定之后，提醒他们注意诉讼可能带来的负面效应便是利弊分析法的运用。当然利弊分析法不限于此，调解员应该帮助当事人对他们一直在采用的解决手段和调解员建议的调解方案进行全面的利弊分析，并在此基础上引导他们做出正确的选择。调解员对于丁大海的最后劝说便是使用利弊分析法的较好范例。

在调解婚约财产纠纷中还要注意遵循当地风俗习惯。在传统的乡土社会里，因彩礼而产生的纠纷并不多。人们约定成俗：如果男家解除婚约，彩礼不退；如果女家解除婚约，彩礼就要原数退还。大家都恪守习俗。现在婚约财产纠纷的增加是由于传统乡土社会结构被打破以及人们的价值观趋于多元化。彩礼是依附于婚约而发生的，婚约问题现行法律并没有加以规范，都是依据当地风俗习惯进行。婚约的成立、存续期间的来往以及解除等事项都是按照风俗习惯，那么双方为此发生纠纷，当然撇不开风俗习惯在其中的作用。当婚约解除，涉及彩礼返还问题时，也就应当遵循当地风俗习惯。[①] 在调解婚约财产纠纷时，如果所有纠纷都机械地按照最高法院的司法解释提出解决方案，就会导致当事人产生抵触心理，特别是涉及给付方有过错而导致婚约解除或者是双方已经同居生活的，甚至彩礼已经用于共同生活的，如果调解员要求接受方全部返还，就与风俗习惯相冲突。对此，调解员一方面要对过错方从当地的风俗习惯谈起，使得这一方当事人在思想上受到约束，使其自觉理亏，从而为调解打下基础。另一方面，对另一方当事人可以进行适度的法律宣讲，使其明白自己在法律规定上的不利之处从而降低期望值。总之，调解员应追求双方自愿，符合民俗，既不违反法律又体现公平的解决方案。

---

① 王红亚：《对婚约彩礼纠纷中若干问题的解析》，载 http://www.chinacourt.org/public/detail.php?id=266038&k_title=%B2%BB%B5%B1%B5%C3%C0%FB，2010年11月1日访问。

民间纠纷调解

学习情景二　人民调解解决离婚纠纷

范例：

　　1993年3月，31岁的工程师王坚和28岁的护士韩梅经人介绍相识，1993年10月王坚的父母对王坚和王坚的哥哥表示，兄弟俩谁先结婚就把位于杭州朝晖三区的一套50平米住房给谁。韩梅得知这一说法后主动表示愿意和王坚结婚，1994年1月王坚和韩梅登记结婚，一年后生育一女儿。

　　两人共同生活了一段时间后发现双方的家庭背景、个性和生活习惯都不同。韩梅家都是韩梅妈妈说了算，无论韩梅妈说对说错，韩梅父亲都会照韩梅妈的意思办。韩梅喜欢规整的生活，对家庭卫生状况要求极高，对家中衣服和物品的摆放都有要求，一旦不满意就会不停地唠叨，而且得理不让人，非得王坚认错并改正才罢。而王坚的爸爸是大学教授，妈妈是工厂的女工，家中一切事务都由王坚父亲决定，家务都由王坚妈妈承担。王坚从小就生活随意，有乱放东西的习惯，王坚个性内向并固执，服软不服硬，遇有不高兴的事情就变得更沉默寡言，非常不善于哄女人开心。两人之间在婚后常常出现的情景是：韩梅不住地唠叨，王坚象征性地按照韩梅的要求收拾一下家，而韩梅还是不满意，还在唠叨，王坚摔门而出，继而冷战一两天，然后因为照顾孩子的需要两人又开始说话。日子在如此周而复始的过程中消逝。1997年的一天王坚父母来儿子家吃饭，在饭桌上韩梅一直在唠叨王坚没把厨房搞干净，而且声音越来越大，王坚父母非常尴尬，一直沉默的王坚突然大喝一声"别烦了!"王坚的这一声怒喝激怒了韩梅，韩梅彻底爆发，大声地指责着王坚平时的懒散行为，王坚扬手给了韩梅一耳光。韩梅愣了一下说："我们离婚!"随后抱着女儿回了娘家。一周后王坚得知韩梅已经向法院起诉离婚。王坚所在社区的调解员李大妈平日里与王坚妈妈很熟，王坚妈来到社区调解委员会请求李大妈的帮助。

　　李大妈来到韩梅娘家，看见韩梅2岁的孩子在玩电动木马，韩梅在边上照看。李大妈先是向韩梅夸奖着孩子的聪明漂亮，继而话锋一转说："你忍心让这么小的孩子没法和爸爸共同生活?"韩梅开始很强硬说："那样的爹还不如没有。"李大妈说："你婆婆来找我劝你，她说你是个勤快能干的媳妇，王坚那天打你确实是不对的。但你要说宝宝的爹不如没有，那我是不同意的。你去上夜班的时候我好几次去你家串门，看见王坚很耐心地在给小孩喂饭或讲故事，小孩也紧紧地粘着他，我想抱一下小孩，小孩马上紧搂着她爸脖子不放，那样的父女情深咋能说还不如没有呢?！说句大实话，你或许有可能换一个更宠爱你的丈夫，但你女儿绝对不可能找到一个更疼爱她的爸爸。小韩，我说的在不在理啊?"韩梅沉默了一会儿,说:"我和她爸过不到一块儿去,她在这样一个不和谐的家庭也不会幸福的。"虽然态度没转变但说话语调明显没有刚才冲了。李大妈见有松动,赶紧以长辈的身份劝说道:"小韩啊,大妈我和你婆婆很熟,对你家的情况也了解一些。大妈知道你俩啊都是好孩子,虽然两人间确实有不合的地方,可你们其实也没有什么解决不了的大矛盾,问题的根结在于双方性情和生活习惯本就存在差异,再加之缺乏沟通和理解。咱们有问题得解决问题,不能遇上问题就想着撤退,你看看那么可爱的女儿,不能让她的童年和人生是不完整的吧?"韩梅听了李大妈的话并没有改变主意:"我想过了,我和王坚没大矛盾却过不到一块儿去,这就是最大问题。我和他本是两路人,本来想为了孩子勉强过,可他敢动手打我,我也就下决心了。"李大妈继续劝说道:"我刚才说了,王坚打你确实是他不对,我一定会让他来向你认错。可你要说两人是两路人,一定过不下去了,我不认可。这世上的夫妻有几对是完全一路的啊?两人从小的生活环境肯定都不同,过了蜜月期还不是靠磨合才能过一辈子。人无完人,每个人都是有缺点的,同时也是有优点的,我们不是常说结婚前你睁大眼,结婚后你睁一只眼闭一只眼吗?你倒好,结完婚生了个这么可爱的女儿之后,反倒是拿起放大镜仔细研究起王坚的缺点来,这日子当然就越过越不顺心了。说句实话,王坚从小到大就是那么个人,他的随意不爱整洁的毛病从小就有,和你谈恋爱时就没收敛过,倒是和你结婚后在你的唠叨之下改了不少,你同意和他结婚时接受他,怀孕前没想着放弃他,现在孩子正需要爸爸的时候你决定不容忍他的坏毛病了,在我看来,你这是对孩子的责任心不足。""李大妈,您咋能这么说话呢?我不爱女儿不会忍到现在。和王坚过了两年发现他一无是处我才下的决心。"韩梅又把声音提高八度反驳道。李大妈赶紧放缓语气劝说道:"小韩,我知道你这次受了委屈,有怨气。你平时对你女儿的疼爱你婆婆也常常在我面前说起。可王坚真是一无是处吗?去年你爸开刀住院,你上夜班的时候还不是靠他这个女婿陪夜?你爸出院时怎么夸他的,你还能记得起来吗?考虑到你上班辛苦,为了不影响你休息,小孩断奶以后他一个大男人带着女儿睡觉,每晚都要醒来两三次检查你女儿的被子有没有踢掉,这是真的吧?"韩梅不再反驳,抱起坐在木马上的女儿。赵大妈见韩梅没有立即离开的意思,又劝道:"小韩,王坚是有缺点,但他的优点也不少的。否则你那么有眼光有远见的姑娘不会嫁给他,更不会为他生女儿,是吧?你也知道王坚他是个服软不服硬的主,你呢,偏又爱唠叨,你越唠叨越指责他越逆反,两个人都拧着劲较量,这关系咋融洽得起来?""我也知道他倔,唠叨他没用,可我控制不住。"韩梅紧了紧怀里的女儿低声说道。李大妈见韩梅态度有转变,想着这事要一天劝好也是不可能,再加之

民间纠纷调解

王坚那里也没有去了解过态度,于是就决定先对韩梅运用一下冷处理法:"小韩啊,还是那句话,人无完人,互相之间多看看对方优点,对对方的缺点不要过分指责,要多加宽容。你和孩子出来玩很久了,我今天也不多劝了,大妈也是女人,知道心里的气不是一天能转过来的,你回去再想想。不过,大妈还是想提醒你,没想定之前还是先把法院的诉状去撤了吧,你婆婆说你爸妈还都不知道你起诉离婚的事,你这主意定的也太冲动了吧?你自己也是为人母了,做事多想想父母的感受。无论做什么决定都该和爸妈商量一下吧?那我今天先走了。"韩梅对李大妈的反问都没有作答,只是对李大妈说了声:"谢谢李大妈。"

李大妈从韩梅处回来就去找了王坚,王坚打韩梅的事已经被自己妈妈批评过,也知道自己打人不对,可得知韩梅已经起诉离婚之后,向李大妈表态说:"她要离婚,我也没辙。那天真的不是存心要打她,真是被她唠叨得脑袋发胀,看着我爸的脸色越来越难看,不知咋的我就扬手打了她。"李大妈耐心说道:"一直被唠叨是不好过,不过,你家韩梅平时还是很勤快很顾家的吧?"王坚很实在地回答道:"嗯,就是受不了她的唠叨。"李大妈笑一笑说:"你说被她唠叨得脑袋发胀才忍不住打了她,我倒是能理解,可这事在谁面前说都是你的错,男人打老婆到底不该是你这样的知识分子干的事,这赔礼道歉总是必须的吧?何况你老婆还为你生了如此可爱的女儿。"一听到女儿,王坚马上抬头说:"离婚可以,女儿我要的。"李大妈赶紧说道:"要女儿更该去道歉,你女儿才两岁,真要离婚了,八成会判给女方,所以当务之急是劝说韩梅回心转意,不要离婚。"王坚闷声道:"知道了,不过韩梅是个得理不让人的人,我还是等她消消气再去。"李大妈说:"男子汉做事干脆些,我看你还是明天去吧。"不巧的是第二天王坚的女儿王悦发高烧需要住院,王坚听到这一消息心急火燎地赶到医院,从韩梅手中接过女儿在医院里东跑西颠地办妥各项手续,两人坐在女儿的病床前,王坚乘机道歉:"我打你是我错了,我保证这辈子不会打你第二次。我们还是别离婚了,孩子小,无论你一个人还是我一个人都是搞不定的,我再想想办法尽量照你要求生活,你也少唠叨几句,我俩还是这样过吧。"韩梅看到王坚抱着女儿在医院里奔跑着办事到底有点被感动了,又听王坚明确道歉就低声说:"悦悦一出院我就去法院撤诉。"王坚在韩梅撤诉后,花钱请了一个长期钟点工,每天来做四小时,王坚让钟点工按照韩梅的要求干活。随着孩子的长大,家庭事务越来越多,韩梅也慢慢降低了自己对卫生等方面的要求,把唠叨的对象从王坚一人变成了王坚王悦父女俩,王坚的受唠叨压力有了分散,再加之女儿越来越可爱,两人就平平淡淡地又过了十年。

2007年的王坚已经是单位的小组长,常常有刚毕业的女学生分到他的小组做他徒弟,有两个女大学生性格开朗,爱开玩笑,常常给王坚发"师傅,天气冷了,注意身体,您感冒了我会心痛"之类的短信。而韩梅又有翻看王坚手机的习惯,看到几次就怀疑王坚有了外心,而王坚面对韩梅的指责总是很漠然地说:"我咋会跟这么小的女孩有啥故事,你别无事生非。"韩梅再闹,王坚就沉默以对了。2007年9月5日晚上10点,王坚的手机上又出现了一条短信:"师傅你在干嘛?我睡不着。"韩梅大怒,非要王坚说个明白,王坚就一句:"小姑娘爱开玩笑,她要发给我我能怎么办?我一律都不回的。你还要我怎么样?"韩梅还不依不饶,非让王坚说为啥小姑娘单单会发给他这样的短信,王坚拎起被子蒙头睡了,再也不理韩梅。第二天一早,韩梅请了假来到王坚单位,找到发短信的女生要求解释和道歉,没想到这个女生显得比韩梅还有理,非但不道歉还讽刺韩梅,韩梅一怒之下打了女生两个耳光,女生父母又找到单位大闹,平时在单位一直显得老实本分的王坚一下子出了名,这场纷争应对下来王坚觉得心力交瘁。在单位请求换了岗位,回到家向韩梅提出离婚,韩梅见王坚非但不来安慰自己还提出离婚,急火攻心,当着女儿的面就大吵,12岁的王悦听着父母大声嚷嚷着离婚,吓哭了,紧紧地抱着王坚的大腿,边哭边叫:"我要爸爸我要妈妈,你们别离婚!"夫妻俩被小孩声嘶力竭的哭声惊醒,王坚抱起王悦眼泪哗哗地流,边流泪边说:"爸爸真是喜欢你啊,爸爸就是舍不得悦悦啊!"王坚抱着女儿哭完以后不再提离婚的事,却把自己的被褥和女儿的被褥换了个位,从此开始与韩梅的同屋分居生活。如此生活过了两年,两年里王坚也按时回家,可回家就看报和看电视,除了和女儿有关的话题,两人不开口说话,韩梅有时有心找话题与王坚说话,王坚也爱理不理。

  韩梅不堪忍受冰窖一样的家庭生活,2010年5月向法院起诉离婚,韩梅的要求是女儿归自己抚养,不需王坚出抚养费但不许王坚探望女儿,要求将结婚用房,即朝晖三区50平米房子归自己所有,其他的财产对半分割。王坚表示同意离婚,但希望女儿和自己一起生活,朝晖三区的房子虽然一直由自己居住,但其实产权人是王坚的爸妈,所以没法把房子给韩梅,其他存款等财产同意对半分割。受理本案的是位40多岁的女法官,她首先主持了调解,先对双方进行了劝导,主题是没有什么实质性的矛盾,为了小孩能否考虑和好。王坚说:"我无所谓,等女儿考上大学以后再考虑这事也成。"韩梅说:"他心里早没我了,这两年我们也是名存实亡的夫妻,现在我回到家就像回到冷库,再熬三年我怕自己疯了,女儿也读高一了,我想她以后会理解我的。"法官通过多方调查之后觉得双方夫妻感情确已破裂,单纯为了孩子让他们维系夫妻关系对他们也不公平,就决定改做以离婚为内容的调解。于是法官开始就孩子的抚养和财产的分割问题展开了调解,双方就这两个问题起了激烈的争执。法官私下询问了王悦的意见,王悦表示希望法院不要让父母离婚,否则自己谁也不跟的。法官电话请求王悦班主任老师的帮助，希望老师能一起做好孩子的思想疏导工作，在班主任的一再劝导之下，王悦才慢慢接受父母都是爱自己的，可是他们确实过不到一块去的现实，并表示自己跟谁生活都行，不愿做选择。法官无奈之下只好回过来再做当事人双方的思想工作，女法官觉得虽然王坚很爱女儿，但他自身性格内向不善沟通，而王悦正处青春叛逆期，身边应该有善于引导的家长与之沟通，而且女儿和妈妈一起生活总是方便些，于是将说服的重点放在王坚身上，法官紧紧围绕着"如何才是真正地为孩子好"这一命题，展开了劝说，让他意识到即便没有和女儿一起生活，血缘还是不会割断的，他可以用其他方式来表明自己对女儿的感情，如果自己纠缠于女儿的抚养问题不让步会让女儿处于两难的抉择，平白增加女儿的痛苦。通过一个多小时的劝说，王坚终于松口："只要她保证每周让女儿和我在一起生活一天，我同意女儿由她直接抚养，抚养费我会直接交给女儿的。"法官转而做韩梅的思想工作，告知韩梅，孩子与父母的血缘关系不因父母的离婚而割断，王坚作为孩子的父亲是有探望权的，王坚的探望权是受法律保护，韩梅是无权剥夺的。况且王悦也是大孩子了，她想念爸爸了，你不让她去看望，这是平白增加孩子的痛苦，对孩子的成长有百害无一利，从这个意义上讲韩梅也剥夺不了王坚的探望权。看清这点，还不如做得大度一点，离婚后让他们父女俩每周相聚一天，同时也可以凭借这个让步换取王坚更多的抚养费。韩梅听着法官入情入理的解释，终于点头同意王坚探视女儿的要求。

　　经过法官耐心的调解工作，双方的争执点只剩下朝晖三区房子的归属。法官在查看了房屋的产权证之后，决定将劝说的重点放在韩梅身上。法官与韩梅进行了私下的沟通，与韩梅见面后就开门见山地提出："韩梅，从王坚提供的房屋产权证来看产权是王坚父母的，不是你们夫妻的共有财产，没法在你离婚时对此套房屋进行分割。既然你们对其他问题没有争议了，从法律上看，房子的归属又是有明确答案的，我看一定要让法院判也没有意义，你们还是调解结案的好，你的意见如何？"韩梅一听法官说了这话，情绪一下子激动，说："房子不给我我绝不会答应调解的。这是把我往死路上逼。王坚父母后来又给他哥买过一套60平米的房子，他哥出国定居后那房子一直空着，王坚离婚以后还有房子住。但如果朝晖的房子不给我，我和王悦就要流落街头了。没有这样的道理！"女法官冷静地看着韩梅："韩梅，你不同意调解，那你认为你期望的判决会出现吗？房子既不是你的又不是王坚的，法院依据什么在你们离婚时对这套房子进行分割啊？你要是不信任我，可以先回去咨询一下律师。"韩梅愣愣地望着女法官，眼泪流了下来，女法官给韩梅递上纸巾，柔声说："你妈家能让你过渡一阵吗？或者还是让王坚来直接抚养女儿？

他其实对女儿还是很疼爱的。"韩梅抽泣着说:"我弟住在我妈家,我一个人都挤不进去,何况要带着女儿。心狠的时候想想不管王悦了,可你知道吗王坚不可能管好王悦的,他几乎是个生活上的白痴,王悦第一次来月经的时候王坚在家,他比王悦还慌张,急急忙忙把我叫回家才搞定的。他内心里对王悦是好的,可一天里他和王悦也说不上三句话,王悦跟了他,心理会出问题的。要是他以后再娶个新老婆,已经那么逆反的王悦非离家出走不可。""做女人是不容易的,我理解你,可法官也只能依法判案的,不能仅仅因为你需要就把别人的房子判给你。要不你在外面租个房?你的收入应该还能承受的吧?"法官继续柔声劝导道。"护士这工作收入不高,要是租房住,我和王悦的日子就非常非常紧巴巴了。我还想存点钱让王悦受最好的教育呢!"韩梅先是低声诉苦,后又把声音提高八度说道:"再说,他们家不肯把房子给我也太欺负人了!当初就是因为这套房子我才匆忙决定嫁给王坚的,以后我在这套房子里结婚,在这套房子里生下王悦,在这套房子里把王悦养大,这套房子里有我多少心血啊?!十几年了,王坚他爸妈从来没对我说起过这房子是他们的,现在提起离婚了,王坚咋才想起这房子是他爸妈的了?明摆着欺负我,我不甘心!"韩梅的说法在法律上站不住脚,可法官并没有急于打断,而是让她适当地宣泄了情绪,待她冷静后法官再次向其解释法律:"韩梅,你的心情我完全可以理解,可法律上认定房子的归属是看产权登记的,王坚他爸妈从来没说过房子是他们的并不等于他们放弃了房子的产权。我认为你作为女人不易才一再劝说你接受调解,要是你不愿调解我也不强求。法官在处理离婚案件的时候是会考虑一定的人情道理,可绝对不能违反法律判案,你刚才所说的王坚他哥的房子空着所以王坚离婚后有房住,他们家应该把朝晖的房子给你,这些其实都是你个人的想法,从法律上看王坚哥哥的房子、王坚父母的房子都和分割你们离婚财产无关的。你的想法既然在法律上站不住脚,倒是可以去寻求一下法院之外的解决方法,比如,你自己能否想法让你公公和婆婆把房子给你?今天我也不多说了,你回去再想想,要是愿意接受法院调解那最好,要是不愿意我也只能判决了。"

韩梅冷静下来想想也明白法官说的在理,可要是同意放弃房子确实会造成以后生活困难。女法官最后的话提醒了韩梅,韩梅从法院出来就直奔社区调解委员会,去那里打听十年以前劝说自己的李大妈的下落。李大妈因年近70已经不再是调解员了,韩梅赶到李大妈家去寻求她帮助。李大妈见韩梅真心相求就同意帮她调解调解看。第二天一早,李大妈找到王坚妈,王坚妈见老朋友到访,又是让座又是倒水。李大妈开门见山地说:"昨晚你媳妇来求我帮忙,她说她和王坚是铁定要离婚的了,就是对朝晖的房子还有争议,你咋

民间纠纷调解

想啊?"王坚妈一听这话,长叹一声道:"唉,这两人终究还是过不下去。我老了也管不了那么多了,他们爱咋样就咋样吧。朝晖的房子他们结婚的时候就是给他们的,没想过要回来,当初就想着自家人住也没必要去折腾产权证,所以房子才一直是我和老头的名字。可现如今他两人一离婚,韩梅也不再是我媳妇了,我这心里总是偏着儿子,咋说也不会同意把房子给韩梅。老姐妹,你说是这个理吧?"李大妈微笑一下说:"一听你这话就知道你是实在人,偏向自己的血脉谁能说你错?现在的问题是他俩已经协商好你家王悦归韩梅带,韩梅娘家的住房条件你比我清楚,要是你真收回了朝晖的房子,你家孙女也跟着遭罪啊。"王坚妈说:"为了孩子就不该离婚。唉,现在说这话也没意义了。退一万步说,我同意,王坚也不同意啊。虽说他可以住他哥的房子里,可毕竟不是他名下的。我也心疼孙女,可说句实在话,让王坚带着孙女确实不如让韩梅带着好,不过也不能因为这个就把房子给韩梅啊,要是韩梅以后结婚了没准孩子还是要王坚带,这房子不就白送给韩梅了。唉,我这心里啊,乱糟糟的,没个主意。老姐妹,你有啥好主意吗?"李大妈胸有成竹地说:"你担心的都在理。我倒是有个主意:把房子给你孙女王悦,韩梅直接抚养着孙悦当然也能住在这房子里,要是她再婚了对王悦不好,王悦想跟着她爸过了,那房子自然跟着王悦回来,韩梅没继续住在里面的道理。你家送王悦一套房子,王悦长大了也会知道奶奶家和爸爸一直都是很疼爱她的,也可以减轻大人离婚对她的负面影响。你看看这主意行不?"王坚妈听了这主意连连点头:"这主意听着可行,我再和王坚商量商量,明天给你回音。"李大妈刚回到家,韩梅就打来了电话,开始韩梅对房子产权证上不写自己的名字不太乐意,李大妈语重心长地劝说道:"韩梅,法官不是也说依据法律来判这房子肯定是王坚父母的吗?你将心比心地想一想,要是你是婆婆,你会愿意把房子送给年轻的前儿媳而不给同样没有房子的儿子吗?我觉得王坚妈肯把房子写在孙女的名下,同意你长期居住在房子里已经蛮大度的了。这个主意是我提议的,接不接受由你们双方自己定,不过,要是你不接受这个方案可得考虑清楚利弊啊。大妈知道你这几年不容易,可做人得往前看,向前奔,既然已经看清结局又没法改变就快刀斩乱麻把事情早点结束了吧,再纠缠下去,结果还是这个不让你满意的结果,却白白浪费了你自己的心力和时间。"听得李大妈的一番劝,想着白天女法官的话,韩梅也明白这是对自己较好的结果了,于是在电话里对李大妈连声称谢。第二天王坚妈也告诉李大妈同意她提议的方案。于是王坚和韩梅把协商好的解决方案告诉了法官,本案最终调解结案了。

为了巩固和完善婚姻家庭关系,防止轻率离婚,离婚调解一般应按先调和、后调离的步骤进行。有和好可能的,要多做争取和好的工作,促使要求离婚的一方回心转意;夫妻感情确已经破裂,无法调解和好的,则可做调解离婚的工作。对调解员来说在离婚调解中首先需要找准调解方向,调解方向的确定取决于对婚姻状况的查实,这就要求调解员能够通过现象看本质,通过对双方婚姻过程有个全面的了解,判断双方感情是否存在。[1] 一般来说,通过对婚前基础、婚后感情、离婚原因的审查来判断双方感情是否足以维系婚姻关系,来判断双方是否还有和好希望。调解员在调解离婚纠纷时应该根据离婚纠纷的不同起因、当事人的不同性格特征进行有针对性的调解,调解方式和方法的选择要因人因事而异。无论结局是调和还是调离,只要双方当事人的思想问题和实际问题得到了良好的解决,当事人心平气和地接受了调解方案,那就是一个成功的离婚调解。

在离婚纠纷调解过程中大多会涉及孩子的直接抚养问题和孩子的抚养费问题。对于直接抚养关系的确定,调解员应引导双方当事人放弃自身的怨恨和私心,充分考虑孩子健康成长的需要,要从子女经济保障、生活保障、教育培养以及与父母之间的感情深浅程度等多方面考虑子女与谁一起生活的问题,对已满10周岁的孩子要征求子女的意见。正如范例中所示,在王悦的抚养问题上,女法官征求了王悦本人的意见,运用了外力协助法请求王悦的班主任对王悦进行思想开导,充分考虑王悦的性别和年龄特点,以真正有利于孩子成长为出发点对当事人进行了有重点的说服。在有些离婚案例调解中双方当事人还会就抚养费的数额发生争议,争议的出现有时是因为直接抚养子女一方在索要抚养费时,考虑的不只是子女的生活需要,甚至把自己的生活需要也考虑进去。对于这类争议,调解员对于直接抚养一方要运用法律宣讲法,告知其抚养费的法律定性,让其对抚养费的用途有正确的认识,使其放弃不切实际的要求。有时抚养费的争议是因为非直接抚养的一方经济非常紧张,确实难以达到子女需要的要求,这类纠纷的调解难度会较大,作为调解员,一方面要引导非直接抚养方放低姿态,承认自己因不能达到抚养孩子的需要而对孩子有歉疚,以诚恳的态度来换取对方的谅解,另一方面要多做直接抚养方的工作,让其换位思考,理解对方的难处,这样来促使双方就抚养费的给付数额达成统一。

在离婚纠纷调解过程中大多还会涉及共同财产的分割问题。调解员在引导当事人确定具体的共同财产分割方案时应考虑到以下原则:(1)男女平等公平分割原则;(2)照顾女方和子女利益,达到现实上公平的原则;(3)发挥生产资料、生活资料最大功效的原则;(4)照顾无过错一方,保护无过错

---

[1] 参见张晓秦、刘玉民:《调解要点与技巧》,中国民主法制出版社2009年版,第21-22页。

一方财产利益的原则；（5）分割财产不损害国家、集体和他人利益的原则；（6）尊重当事人意愿，通过双方当事人协商解决财产问题的原则。① 在这类纠纷调解中要特别注意的是：夫妻财产范围的确定是调解离婚财产纠纷的前提。只有将夫妻共同生活时的财产进行区分，确定哪些是夫妻个人财产、哪些是亲属的财产、哪些是他人的财产、哪些是夫妻共同财产之后，才能对所有的财产依据所有权的不同，作出不同的处理。夫妻之间分割的应当是夫妻共同财产，但也不排除双方在协商基础上，夫妻一方将个人财产自愿让与对方的行为。甚至可以在相关各方协商一致的基础上，将亲属的财产让与给夫妻一方或者他们的孩子，从法律上看这已经不是共同财产的分割，而是另一个赠与行为，可是如果调解员有能力在各方自愿的情况下促成这样的赠与行为，可以减少双方在共同财产分割时的分歧，达成纠纷的最后解决。范例中韩梅主张将双方在婚姻关系存续期间居住的房子作为共同财产来分割，法官在查明该房子不属于夫妻共同财产以后对韩梅进行了耐心的法律宣讲，在韩梅仍然转不过弯来的情况下，法官运用了冷处理法让韩梅再去考虑考虑。李大妈在接受了韩梅的求助以后，利用情感融合法说服王坚妈把房子赠与孙女王悦，从而既解决了对房子归属的争议也解决了韩梅离婚后的住处，使得该离婚财产分割纠纷得到了圆满的解决。

在离婚纠纷的调解过程中常常借用子女因素进行调解。没有哪个父母是不疼爱自己孩子的，因此借用父母对孩子的疼爱进行调解，也是实践中最重要的调解手段。在范例中，1997年韩梅提出离婚时，人民调解员李大妈就是通过多种途径充分激发了王坚和韩梅对他们女儿的疼爱，使得双方从孩子的良好成长环境考虑放弃了离婚的念头，寻找解决双方分歧的新办法。2007年韩梅和王坚对房屋归属争执不下的情况下，李大妈也是借用了王坚和王坚母亲对孩子的疼爱解决了房子的最终归属，使得双方能心平气和地离婚。

学习情景三　诉讼调解解决分家析产纠纷

范例：②

如果这起案件的特点用几个关键词来概括的话，可以这么形容：七旬老人为七间房，和四个子女在四年里打四场官司；七次恳谈商讨七间房归属，

---

① 参见张晓秦、刘玉民：《调解要点与技巧》，中国民主法制出版社2009年版，第38—41页。
② 北京市朝阳区人民法院民一庭编：《诉讼调解实例与研究》，中国法制出版社2007年版，第145—148页。

两次上门定两份协议，解双方讼忧。

诉争房屋系塔营村64号院，有北房4间和东厢房3间，共7间。原告今年75岁，是一名退休教师。原配夫人于1988年去世，双方共育一女三子，均已成家。1995年原告再婚。1993年，原告召开家庭会议进行了分家析产，因女儿已出嫁，故将65号院分给长子，291号院分给次子，64号院由小儿子与原告居住，对64号院是否分给了小儿子，原告与其小儿子及其他子女说法不一，存在争议。1994年区政府向原告小儿子核发了64号院的集体土地建设用地使用证。

2003年，原告起诉要求其小儿子腾房，被裁定驳回。随后，原告以区政府为被告，其小儿子为第三人提起行政诉讼，要求撤销颁发给其小儿子的集体土地建设用地使用证，被一审法院以超过起诉期限为由裁定驳回。后原告提起上诉，亦被驳回，随后又提出了申诉。2005年9月，再次起诉其小儿子要求确认64号院七间房屋为原告所有，法院追加其他子女为共同被告。这是原告为七间房屋的归属打的第四场官司。

等这个案子转到夏法官手上时，承办人换了三个，在诉讼过程中原告长子患病去世，原告次子又病重入院，两次中止审理，诉争房屋面临拆迁，原告与其子女互相攻击指责，情绪十分对立，原告发誓要将官司打到底。通过阅卷，听取前任承办人及参与过该案审理的法官的意见，从查明的事实和双方的证据看，应当判决驳回原告的诉讼请求。但是夏法官认为如果这样一判了之，虽然法律上说得过去，可并不能真正做到定争止纷、案结事了，于是确定了全力进行调解、实在调不了再判的工作思路。

在了解基本案情之后，夏法官决定首先从感情上接近当事人，取得当事人的信任。第一次登门时，双方当事人都质问夏法官，为什么案子一年多了还没有结果？随后七嘴八舌，各说各的理。夏法官引导当事人依次围绕焦点进行陈述。原告陈述说："64号院是我父兄继承、受赠所得，后由我与长子共同出资进行了翻建。老伴去世后分过一次家产，但没有把64号院分给小儿子，有我当时写的日记为证。小儿子取得土地使用证违法，因为房子是我的，当然要判给我。"原告小儿子说："当时召开家庭会议进行分家析产，三兄弟一人一个院，64号院多一间房，原告和我住64号院。分家时还请了三个亲友到场。"并提交了其中两人的证言。其他子女证明小儿子说的属实，只要承认他们已经分得的房产，就对64号院不提分产要求，不认可原告的诉讼主张。耐心倾听之后，夏法官觉得案件的背后应当另有隐情，应调查清楚后再作决定，于是说："大家的话我认真听了，也听清楚了。我想说，原告作为一个父亲，非常不容易，辛苦一辈子，积累了三处房产，每个儿子都有份、都受益，这样的父亲值得你们永远感恩和孝敬。不管官司怎么打，都不能翻脸不认亲，长辈要爱护晚辈，晚辈要孝敬长辈，该照顾的照顾，该走动的走动。今天时间有限，双方都还有话没有说透，回头单独到法庭来或电话找我谈。"

  这次登门谈话，让原告很受感动。于是夏法官趁热打铁，分别给原告和其小儿子打电话，时间较长的通话至少有5次，都不少于20分钟，终于揭开了双方矛盾的面纱。据原告称：再婚的后老伴现卧病在床、行动不便，我的子女们对后老伴排斥、迁怒甚至谩骂，对我忘恩负义，现64号院面临拆迁，为后老伴有生之年有房可住，必须将这场官司打到底，并且，子女误解了后老伴，她并不是想要房产。原告后老伴在电话中也作了类似的表白。而其小儿子则称：父亲再婚后判若两人，为了和继母霸占房产，不惜对簿公堂，长兄过多操劳身体本来不好，家里没完没了的官司，使他气病交加，最后带着失望离开人世，现在二哥又患重病住院，不敢再对他说官司的事，父亲与继母串通就是要分房产，我们坚决不同意。

  针对原告特点，夏法官进行了说服：第一，诉讼有风险，为这房子您已经打了三场官司，前三场都败诉了，现在是第四场，您有无胜算要掂量掂量；第二，您既然说不是后老伴要争这个房产，您就没有理由非把这个官司打到底不可，完全可以撤诉或调解，以证明后老伴的光明磊落；第三，这场官司没有最后的赢家，不论谁胜谁负，在乡里乡亲面前都会抬不起头，矛盾越积越深，这个家庭可能永无宁日；第四，您和老伴年事已高，到了儿孙绕膝、安享晚年的时候，要考虑百年之后给子孙留下点什么，如果执意要把官司打到底，岂不要成为孤家寡人？原告经过激烈的思想斗争，终于表示不同意撤诉，但同意调解。

  针对原告子女，夏法官也强调了四点：第一，父辈含辛茹苦养育子女，挣钱盖房分给你们，虽然和你们打起了官司，但我认为你们的父亲仍然是值得你们尊重和感谢的好父亲，要从他的角度想一想他为什么要打这个官司；第二，不论谁胜谁负，这场官司都没有最后的赢家，只会越陷越深，家庭永无宁日，你们也会背上不孝的骂名；第三，你们和你们的父亲、继母在房子问题上存在误解，他们已经作了表白，你们也应当有所表示；第四，即使父亲把他的房子分给了子女，子女们也要保证老人有房可住、有人赡养，这是子女们应尽的义务。

  经过反复做工作及再次登门调解，各方当事人终于达成了如下协议：64号院拆迁之前，该院北房从东向西数第一、二、三间及东厢房三间可由原告继续居住，北房从东向西数第四间可由其小儿子继续出租；如对64号院进行拆迁，原告可从拆迁安置房屋中分得一套两居室房屋，该房屋归原告个人所有；其余拆迁安置房屋归其小儿子所有。

至此，该纠纷得到了比较圆满的解决。一家人不停地说着感谢的话，调解过程中，夏法官还特意看望了原告卧病在床的后老伴，使两位老人感动不已。听到一家人发自肺腑的感谢之声，看到老人及其子女们冰释前嫌、重归于好的感人场面，我们对调解的理解有了新的升华。

分家析产是指家庭成员依据血缘、婚姻关系等将一个较大的家庭分成几个较小的家庭，同时对原家庭的共同财产予以分割。也有一些分家析产不仅包含了对原家庭共有财产的分割行为，还包含着长辈将个人财产赠与小辈的行为。分家析产直接涉及每个家庭成员的切身利益，关系到家庭成员今后生活安排的问题，理论上应当通过订立分家析产协议书的形式进行，可在实务中存在大量的口头协议，而且在家庭关系和睦的时候当事人均没有保存证据的意识，待到发生纠纷时往往出现各方当事人各执一词的现象，这就给调解这类纠纷带来难度。对于这类纠纷的调解，调解员要注意以下几点：

(1) 调解员应深入调查，访问每个家庭成员，弄清他们各自的想法、意见和要求，做到心中有数。

(2) 抓住纠纷的症结所在，寻找调解的突破口。分家析产纠纷的当事人都是亲人，各方发展到互不相让甚至对簿公堂的地步往往不仅仅因为钱财，而是背后另有隐情，调解员在与各方当事人接触的过程中应注重了解纠纷背后的隐情，从而找到双方矛盾的症结，为化解纠纷寻找到突破口。范例中原告要确保后老伴在有生之年有房住而被告认为继母要霸占房产就是矛盾的根源，夏法官找到了这个症结，并围绕这个症结对各方当事人展开劝说是达成调解成功的第一步。

(3) 在调解过程中巧用模糊处理法。对于发生纠纷与分家这两个时间点相距较远的、双方当事人又都无法举证证明自己主张的分家析产纠纷，调解员应引导双方当事人放弃对过去是非曲直的争辩，而将注意点放在将来，即如何求同存异地获得双方都可接受的解决方案上。如范例所示，在诉讼之初，原告坚持对诉争房屋是否分给小儿子要调查清楚，还事实以本来面目，同时还坚持认为区政府核发土地使用权证是其小儿子与村干部暗箱操作的结果。经过夏法官的一再耐心劝说，原、被告双方终于接受了对过去事实的模糊表述法，即本案中能查清楚的早就查清楚了，查不清楚的可能再也查不清楚，概不深究，诉争房屋维持现状进行居住，不确定产权归属，仅对搬迁之后的拆迁补偿安置房屋进行处理。

(4) 在调解过程中要积极使用情感融合法和利弊分析法。无论双方当事

民间纠纷调解

人之间矛盾有多深，但毕竟是有血缘关系的亲人，调解员应抓住当事人之间的亲情关系，通过对过去亲情的细节描述和对固执己见之后果的利弊分析来引导双方作出让步。在范例中，夏法官抓住了原告与其子女、原告与其后老伴之间的亲情关系，用原告对家庭的贡献来唤醒子女对原告的感恩之情，用不论谁胜谁负都可能导致家庭严重失和来警醒双方当事人，用后老伴不愿被误解来激发原告进行调解的决心，用子女应当赡养老人来启发小儿子作出让步，促成双方为维护亲情关系而进行谈判。

学习情景四 人民调解解决赡养纠纷

范例：

72岁的张老太一直是家庭主妇，没有参加过工作。其丈夫李大伯于2004年因病去世，去世前是杭州某企业的退休职工。1984年李大伯所在的企业分给他一套70多平米的三室一厅房子，1996年李大伯利用自己的工龄折算花了2万元买下了该房。

张老太和李大伯有两个儿子，大儿子李斌1965年出生，中专毕业以后一直在杭州某高校后勤处做电工，结婚后居住在从该高校分得的经济适用房中。小儿子李凯1968年出生，高中毕业后在某服装市场经营着一个很小的童装摊位，2008年市场拆除之后在杭州某小区做保安，没有自己的住房，一直居住在父母的房子里。

2004年李大伯去世前立下遗嘱：房子归张老太一人继承。李大伯去世以后，当时已经66岁的张老太失去了生活来源，与两个儿子商量赡养问题。当时李凯提出若张老太将房子过户到自己名下，自己愿意一次性给母亲2万元，还愿意每月支付给母亲600元的生活费直至母亲离世，母亲同意，大儿子李斌没有表态。

2009年张老太脑中风导致偏瘫，医药费支出增加，而且生活不能完全自理需要请人照顾，每月600元的生活费不足以维持基本生活，张老太再次向两个儿子提出增加赡养费的要求，两个儿子都拒绝，张老太委托邻居向所在社区的人民调解委员会申请调解。

调解员小王受理了这个纠纷并负责调解。小王首先打电话给两个儿子了解情况，大儿子李斌说："我妈送给我弟的那套房子目前市场价已达100万了，所以我妈理应李凯养。"小儿子李凯说："房子是我花了2万元买下的，我从2004年起每月给我妈600元，我哥一分钱都没出过，他是老大条件比我好，自己不养我妈还指责我，真是没道理。"小王又到张老太的家中了解情况，张老太和李凯的妻子萧红都在家，不过萧红开了房门就走进自己房间不出来了。张老太的床头放着一碗已经凉掉的面条，老太说是萧红为自己做的午饭，因为自己右侧身体瘫痪吃面条不太方便所以没吃。老太的头发黏在一起，一看就很久没洗了。小王向王老太了解生活情况和调解要求，老太说："我小儿子高中毕业以后找不好工作，小儿媳又没有固定工作，考虑到小儿子家经济条件比较差我又一直与小儿子同住，当初我就同意把房子过户给小儿子了。没想到自从房子改到小儿子名下，大儿子就不太来看望我了，上次中风住院，大儿子来了一次之后就不闻不问，住院期间白天都是小儿媳照顾，晚上请了护工。小儿子付给我的2万元房款在这场病中花光了。日子久了，小儿媳照顾我也有了怨言，现在一日三顿小儿媳还会做给我吃，可洗澡擦身什么的就别指望了。我这病有时还会大小便失禁，这没人照顾真是生不如死啊！我想请个保姆，就让邻居帮忙打听，邻居告诉我像我这种情况请个保姆最少要1200元。老天咋还不取了我的命去，让我解脱呢？"说着说着老太就哭了起来。小王急忙安慰老太说："张奶奶，您别伤心，我会尽最大努力调解的，一定让您活得舒坦些。"老太抹着眼泪说："我也没啥高要求，就希望两个儿子能为我出医药费，再为我请个保姆。"

出了张老太家门，小王就给李斌和李凯打电话，希望他们回母亲家进行面对面的调解，李凯表示没问题，时间可以让哥哥定，但李斌说自己没空不肯来。小王见李凯态度还可以，想着张老太的痛苦表情就决定先找李凯谈谈。李凯走进社区的调解室，一见小王就大呼委屈，他认为自己与哥哥相比已经算很孝顺的了，如今母亲一申请调解，闹得沸沸扬扬，感到很丢面子。听了李凯的一番话，小王先请李凯坐下，柔声问道："你现在做保安，工作挺辛苦的吧？"李凯一愣，没想到调解员非但没指责自己反而关心起自己的工作来，于是开始与小王交心："唉，也是没办法啊！我和老婆都没有劳保，原来经营的那个小摊位也不过刚够糊口，没存下什么钱。后来服装市场要拆掉，我那个摊位小，只拿到了7万元的补偿费，就这样我们两口子都没了工作，在家闲了半年，眼见着钱一天天少下去。我家女儿明年就要上大学了，她成绩可好了，老师说她能考上浙大呢，她自己说还要读研究生还想出国，可这得要多少钱啊！为了女儿，我也顾不上面子了，原来好歹也是一个小老板，如今去做保安拿1700元一月的工资，可孩子有出息我再苦也得供她读书啊，我俩老了以后就指望她了。"小王发现李凯说到女儿时眼中充满了光彩，就及时地赞扬道："李凯，听你这一番话我感觉到你肯定不会是一个不孝之子，你为了女儿能抛弃那么多东西，充分说明你是一个富有爱心和家庭责任感的人。"李凯听了小王的赞扬很受用，情绪不再像之前那么抵触了，小王抓住李凯爱面

民间纠纷调解

子的特点，继续说道："听了你的话我也知道你确有难处，可我昨天去看望你妈以后心里不是滋味啊，她老人家辛苦一辈子把你俩拉扯大，如今偏瘫了，有时大小便拉在裤子上都没人收拾，头发黏在一起都有了异味，吃饭也不方便，饥一顿饱一顿的，您这做儿子的再有难处也得想法啊！否则这传出去还不招人耻笑吗？"李凯不服气地说："我妈也不只我一个儿子，我妈住院期间都是我和媳妇照顾的，我哥他来都不来，也难怪我媳妇会有意见，照顾得就不如以前尽心了，再说我妈好面子，大小便的事也没和我媳妇说过。"小王说："或许你说的是事实，你妈没主动说，那你们有没有去主动问过呢？看见你妈没动过筷子的面条你媳妇有没有去问过她为啥不吃？"李凯还是辩驳道："我媳妇粗心。"小王问："那要是你女儿吃饭时没动筷你们会去问原因吗？"李凯低头不响了。小王语重心长地劝说道："每个人都会老的，老人的今天就是我们的明天，你们夫妻俩现在无私地把所有的金钱和精力都用来培养女儿，要是你女儿在你老后不关心你的冷暖，你会不会觉得心寒呢？一辈学一辈的，父母是孩子最好的榜样。"李凯低声说："我回去和我媳妇说说，让她再细心一点。主要是我哥太不像话了，我媳妇心中有意见。"小王放缓语气劝说道："你哥固然有不对的地方，可毕竟你妈把房子给了你们。你们确实付过2万元的房款，不过你我都清楚即便是在过户给你的2004年，你妈那套房子也值30多万，现如今这套房在杭州更是100万也买不来的了，你哥觉得你妈以前偏心你，所以现在要你多承担赡养义务，从情理上来说也是有道理的。要是你妈当初把这套房子给了你哥，你是否也会和你哥有一样的想法呢？"李凯说："我才不会没拿到房就不来看我妈，我不是计较多出钱。在医院里我们那么辛苦地照顾我妈，他非但不说声辛苦，还指手画脚，好像照顾我妈就该是我一个人的事。"小王及时地从李凯的抱怨中捕捉到积极信息："拿不到房你也会看望你妈，说明你比你哥道德水平高。你刚才的意思是否是如果你哥经常来看望你妈，同时对你和你媳妇尽心照顾你妈表示感谢的话，你愿意在你妈的赡养问题上再多出点钱？"李凯面对小王的问题才是一愣，思考一会儿答道："妈把房子给了我，我多尽赡养义务也应该，可问题是我目前确实经济拮据，而我哥工作稳定收入较好，他一分钱也不出好话也不说一句，这也实在说不过去吧？"小王说："你哥那边我会再去做工作。你是否能先对愿意多尽赡养义务做出个态度？这样我也好到你哥那里说话。""我每月都付600元给我妈难道不是一个态度？"李凯反问道。小王不急不缓地说道："李凯，你是个实在人，我就说句实在话，爸妈并没有把房子超低价卖给子女的义务，也没有让成年子女共同居住的义务，你哥不是自己解决住房问题分开单过了吗？你那每月600元在杭州城里租不到一间房吧？可现在连你女儿都有独立的房间，这对她安心学习是多大的帮助啊！你别老和你哥的不孝行为比较，好像两人比赛着谁更不孝似的，这种比赛说出来多不光彩啊！你一直经济上不如你哥，你爸妈多照顾你一点，这是情理，同样，你妈多照顾你那么多了，现在你多照顾点她，也是情理。你妈说她'生不如死'，我这个外人听着都难过，难道你听着不心酸吗?!"李凯听了这番话低下了头，轻声嘟囔着："我现在确实经济拮据，如果妈的医药费和保姆费都要我一个人承担我真拿不出来。"小王终于欣慰地看到李凯不再坚持和哥哥比较，而是说起实际困难。小王思考了片刻，提出一个建议："李凯，你的经济困难我知道。我提个建议，你看看行不行。你媳妇现在也没工作，你回去好好做做她的思想工作，和她说清利弊，让她照顾婆婆再细心周到一点，不仅要给她烧饭还要保证她能吃得下去，每天主动去问问你妈她有啥需要帮忙的，平时勤着点给她换个衣服擦个身啥的。另外你再增加200元，给你妈请个钟点工，每周来一次，给你妈洗澡彻底擦身，一些你媳妇实在不愿意洗的脏衣服也可以让她洗。至于医药费，我再和你哥去谈，你俩平均分摊。你觉得咋样?"李凯点了点头说："我哥要是愿意承担一半医药费，我愿意照你说的办。"

做通了李凯的思想工作，小王给李斌打电话，可李斌一再说没空，到后来只要是小王打过去的电话，李斌就直接挂掉不接。小王无奈之下来到李斌工作的杭州某高校，找到该高校的工会主席说明情况，工会主席打电话给李斌让他到工会办公室来一下，李斌到工会办公室看到小王，表情先是诧异后是气愤再是尴尬。工会主席先开了口："小李，社区的王同志今天来我这里是想和你商量你妈赡养的问题，这事我也不清楚来龙去脉，或者你确有你的道理，可问题总得解决，你老是回避总不对，现在你就坐下来和王同志好好谈谈吧。"李斌不情愿地坐下。小王开门见山道："李斌，我去看过你妈，你妈现在的生活可以用悲惨两字来形容。我已经和你弟谈过了，他现在基本同意平时让你弟媳妇细心照顾你妈，他在600元的基础上再出200元为你妈请一个钟点工，帮她一周来洗一次澡干点其他重活。现在的问题只在于你妈的医药费，你弟希望你能承担你妈以后一半的医药费。我想这个要求不算过分，你如何考虑的?"李斌抬起头，嗓门很大地说："这要求不是过分，而是太过分了！我妈送给他的房子现在100多万了，告诉他如果我妈的医药费生活费等等超过100万了，超过部分我和他一人一半。他得懂得权利和义务是对等的，别得了便宜还卖乖!"小王看到李斌在工会主席面前还理直气壮的样子，心中不免有些生气，加重语气道："李斌，你能说出权利和义务相对等的话来，足见你在这校园里受熏陶久了，是个文化人。既然你说到权利和义务相对等，我倒是想当着工会主席的面问问你，你也是有儿子的人了，你说说你

民间纠纷调解

妈把你养大成人得付出多少心血和精力,她尽了多少义务你已经享受了多少权利?如今你又对你妈尽过多少义务?你已经多久没去看你妈了?你妈中风住院期间你去看了几次?你摸着良心问问自己,你做到权利和义务相对等了吗?"李斌面对小王的质问,又注意到工会主席一直盯着自己看,脸上就全是尴尬的表情,低下头不发言了。现场沉默了一阵,小王放缓语气劝说道:"李斌,你妈偏心一点你弟,是因为你弟的条件一直不如你,而不是因为你妈不爱你,你弟也不是没心肝的人,他已经向我表示愿意多尽点赡养义务,况且你也看到了你妈住院期间和现在一直是你弟家在照顾,尽心尽力地照顾病人可不是单靠钱就能成的事。在亲力亲为照顾你妈这一点上,你弟也是在替你尽孝心,你心里应该对你弟心存感激,而不应该指手画脚。你弟目前的经济条件你也是知道的,如果你妈病情发展再需要医药费,你弟一人确实承担不起的,难不成让你妈因为没钱治而病死?"李斌一直没抬头,盯着自己脚尖低声说:"那让我弟把房子卖掉不就有钱给我妈看病了吗?"小王深吸了一口气以便控制自己的情绪,继续劝说道:"李斌,你别钻在房子的牛角尖里出不来。把房子卖了你妈住哪里去?我国《婚姻法》第21条规定:'子女对父母有赡养扶助义务。'也就是说,子女赡养扶助父母是法定义务,并且是无条件的。父母有财产要赡养,父母没有财产也要赡养;分家分得公平要赡养,分家分得不公也要赡养。你妈之前将自己的房子赠与李凯,属于对自己财产的处分,你做子女的不能干涉,也不能以此理由拒绝承担赡养义务。"说完这些,小王看着李斌,等着他的表态,可是李斌还是看着自己的脚尖不抬头。小王等待片刻,继续说道:"如果在你妈确实需要你支付医药费的情况下你还一意孤行,社区会想法为你妈争取法律援助,把你告上法庭,我敢肯定法院会支持你妈的主张。你是有固定单位的人,到时法院来强制执行也是十分方便的事。我今天来劝你不是没有其他办法让你支付你妈之后的医药费,而是我觉得你是个讲情感的人,不希望你和你妈、你弟法庭上见,彻底毁了亲情。"虽然小王的一席话不急不慢,但还是震慑到了李斌。李斌抬头说:"我又没说过不支付。"小王松了一口气,赶紧说道:"我知道你最终还是个明白事理的人,只是一时转不过弯来而已。既然你也同意承担一半医药费了,是否近日抽空到你妈家去看看她,同时在调解协议上签个名。""可是最近我单位里都比较忙,等我妈要医药费时再说吧。"李斌还是不想去他妈家。这时,一直在边上听着的工会主席开了口:"李斌,谁也不是从石头缝里蹦出来的,从你妈这身体状况来看,她也是有时日的人了,行孝要早,免得以后后悔。你也该给自己儿子做个榜样。工作要紧,家庭也要紧的,我去给你们小组长说,让他明天放你一天假,你先回家把问题去解决了。真要上了法庭，你脸上无光，我们学校也会觉得不光彩。"见工会主席都表态了，李斌只好点头答应。

第二天，在小王的召集下，李斌、李凯在张老太的床前见了面，双方在小王起草的调解协议上签了字，李凯说他已经联系好钟点工明天上门来给妈洗澡，李凯还主动走到哥哥面前说："哥，我们会尽量好好照顾我妈，让我妈不发病，这样你我就都可以少出医药费了。"李斌见弟弟主动示好，也放缓表情，多年来第一次拍着弟弟的肩膀说："你让弟媳平日里辛苦点，别让妈再说出'生不如死'这样的话来，免得周围人骂我们是不孝子。"张老太在病床上终于露出了欣慰的笑容。

一个月后，小王又到张老太家看望老人，老人的精神和情绪明显比一个月前好，身上和床上也整洁多了，老人一再拉着小王的手表示感谢。

子女对父母尽赡养义务是我国的一项传统，我国法律也明确规定了赡养是一项无条件履行的义务。但随着社会经济的不断发展进步，公民道德水平和法律意识参差不齐，赡养纠纷在实务中还很多见。赡养纠纷的双方当事人都是家庭成员，这类纠纷比其他纠纷更适合调解，调解的成功率也更高。在赡养纠纷的调解中要注意以下几方面：

一、了解赡养纠纷发生的真实原因，有针对性地进行劝说

许多赡养纠纷，表面上看是父母生活困难，需要子女经济等方面的帮助，但实质上是子女与父母之间存在矛盾，或者是子女之间存在着矛盾。在实务中常见的有以下三类：

其一是父母对子女不满，父母认为自己辛辛苦苦养大的子女，对自己不孝顺，所以意见很大，因此会要求子女尽赡养义务，或提出一些其他要求。造成这种情况的原因很多，常见的有子女工作很忙无暇经常看望父母，或只顾自己的家庭而忘记照顾父母，或与父母之间缺乏沟通，使父母感觉不到子女对自己的关心和照顾，甚至对子女产生误解，认为子女不孝等等。遇到这类赡养纠纷，关键是：(1) 给双方沟通的机会，如在调解现场让双方说出心里话，使双方能够互相了解对方的内心想法，调解员再从中撮合，使双方化解矛盾。(2) 对于子女不经常看望父母的，可当着父母的面对子女进行批评，使其明白父母将其养大付出了很多心血，父母老了对父母不管不问是没有良知的表现。让其知道父母需要的不仅仅是金钱，还需要子女关心照顾。只要子女认识到自己的错误，并当着父母的面承认错误，父母一般情况下会原谅

自己的孩子，从而使双方能够很客观地达成赡养协议。① （3）在一些父母提出过高要求的纠纷调解中，在子女认错的情况下也可引导父母做换位思考，告知父母现代社会生存压力大，子女在重压之下对父母顾及不够也是情有可原，希望父母也能给予子女体谅和关心。

其二是子女对父母不满。这些不满有些确实因父母有过错引起的，比如父母在年轻时没有责任心，对子女未尽抚养义务，年老后要求子女赡养。更大一部分子女对父母的不满是因为有一些子女把市场经济的等价交换原则应用到对老人的赡养上，突出表现在多子女家庭，兄弟姐妹间常常以父母偏心、析产不公或不帮其做家务为借口拒绝、推诿自己应尽的赡养义务。本范例中大儿子不愿出赡养费就是这个原因。还有一些子女不满是因为头脑中的错误观念，比如认为父母再婚以后自己就不需赡养，或者认为在农村嫁出去的女儿就不用履行赡养义务。

其三是子女之间存在矛盾，在赡养义务的履行问题上存在攀比心理。在有些多子女家庭，子女们认为赡养义务应该各子女间平均分担，或者严格按照赡养协议（或是有赡养内容的分家协议）来履行，生怕自己多尽了赡养义务而吃亏。只要有一位子女没负担或没按协议负担赡养义务，其他子女就拒绝承担，导致老人的生活彻底陷入困境。

对于子女对父母不满或子女之间互相攀比的赡养纠纷，调解员要耐心地进行法律宣教，要让子女认识到法律规定赡养义务的履行是无条件的。同时也要对其进行道德感召，要让他（她）认识到赡养父母不是做买卖，不能斤斤计较。父母将子女带到世间并且养育成人就已经是最大的恩情，一个不肯对生养自己的父母尽赡养义务的人，无论其有什么样的借口都会遭到社会的谴责和唾弃。

二、选择合适的调解方法

在赡养纠纷的调解中最经常用的调解方法包括：

（1）道德感召法。赡养纠纷的调解往往从道德教育入手，教育晚辈当事人，长辈倾注了多少心血才将晚辈抚养成人，如今置老人冷暖不顾是不孝顺不道德的行为。教育晚辈当事人应当遵守社会公德，遵守中华民族尊老爱幼的传统美德，唤起晚辈的良知。

（2）换位思考法。调解员应引导当事人换位思考，使晚辈认识到自己行为的错误。要让晚辈当事人充分认识到每个人都由婴儿、少年、青年而入老

---

① 张晓秦、刘玉民：《调解要点与技巧》，中国民主法制出版社 2009 年版，第102 页。

年,这是不可抗拒的自然规律,尊重老年就是尊重自己。可以对晚辈当事人设问:"将心比心,如果有朝一日你的子女也用同样的方式对待你,你怎么办?"在少数老人提出过高赡养要求或者对小辈有误解的纠纷调解中,调解员在促成双方充分沟通的基础上,也应劝说长辈体谅晚辈的难处,妥善处理与晚辈的关系。

(3)法律宣教法。应向当事人宣讲相关法律规定,告知晚辈当事人赡养孝敬老人不仅是中华民族的传统美德,也是每个做儿女的应尽法律义务,履行赡养父母的法定义务是无条件的,子女们不能以父母分家不公、互相攀比等借口而拒绝或少负担赡养义务。同时可以告知他们,若父母无奈之下将不孝子女诉至法院的话,法院最终会支持父母的主张,到时候不仅必须要履行这一法定义务,还会促使周围人对其形成负面评价,让其承受更大的舆论谴责。

三、选择合适的调解地点和调解方式

赡养纠纷中的父母一方往往因年老体弱或疾病等原因,行动非常不便,因此调解员应尽量就地调解,可视具体情况,选择到被赡养人家中、村委会或社区等地点进行调解,以方便被赡养人。如有需要也可组织公开调解和座谈会调解的方式,因为子女在当地群众的旁听之下,会有所顾忌,群众也会对纠纷及当事人的人格有一个公平的评价,对赡养人会形成舆论压力,同时还会起到教育群众的作用。

四、创造良好的调解氛围

赡养纠纷的调解具有明显的道德倾向性,子女在参加调解时心中或多或少会有心理上的劣势感,如果调解员只注重教育和谴责而不注意缓和气氛,很容易激发当事人的逆反心理,反而不利于纠纷的解决。调解员要用真情来消除当事人的疑惑和对立情绪,耐心地了解纠纷的起因,对于当事人确实存在的苦衷要及时表示理解,发现当事人的负责任行为要及时给予褒扬,比如本范例中调解员在与小儿子李凯私下沟通时,先从关心他的工作着手让他说出心里话,对于他对女儿负责的行为及时予以褒扬,这就迅速拉近了与当事人的心理距离,气氛的缓和有助于调解目标的实现。

五、做好回访工作

对于已经调结的赡养纠纷,要做好调解协议履行情况的回访工作,尽可能使已经调结的赡养纠纷不再出现新矛盾。

民间纠纷调解

 操作训练一 综合练习

训练目的

通过模拟训练，掌握离婚财产纠纷的调解技巧，练习根据不同当事人的特点采取不同的调解应对之策。

训练材料

刘某（男，某私营企业老板）与苏某（女，某工厂职员）于1988年结婚。结婚时，双方约定婚前和婚后取得的财产全部归各自所有。婚后苏某育有一女刘某某。

由于刘某在外面经常拈花惹草，夫妻感情出现裂痕。2002年，刘某与苏某协议离婚。离婚时，双方约定女儿由父亲刘某抚养，女儿的抚养费用全部由刘某承担。在签署了离婚协议之后，苏某提出，自己所在的工厂效益不好，每月仅能拿到800元的低工资，而刘某年收入近100万元，拥有别墅与轿车等财产，生活条件优越，要求刘某给予经济帮助。刘某认为，自己已经承担子女的全部抚养费用，苏某的收入足以维持生活，无权要求经济帮助。苏某就经济帮助问题向调解委员会申请调解。

训练步骤

步骤一：将学生分为八组，对此案例进行小组讨论。讨论要点为：（1）查找相关的法律规定；（2）对男方的说服要点；（3）对女方的说服要点。

步骤二：通过抽签的方式决定四个上台表演组和四个评判组。

步骤三：两个表演组表演对男方的说服，由老师扮演当事人，表演完成后请两个评判组分别对两组的表演进行点评，点评的重点是表演组运用了哪些调解方法，哪些说辞有说服力，哪些说辞说服力不够。

步骤四：两个表演组表演对女方的说服，由老师扮演当事人，表演完成后请两个评判组分别对两组的表演进行点评，点评的重点是表演组运用了哪些调解方法，哪些说辞有说服力，哪些说辞说服力不够。

步骤五：教师进行点评。

 操作训练二 综合练习

训练目的

通过模拟训练，掌握赡养纠纷的调解技巧。

训练材料

王香根今年78岁，有两个儿子王海和王亮。其妻李彩花去年因心脏病发作去世了。

学习单元八 婚姻家庭纠纷调解实务

2005年,两位老人所住的老房农居点改造,两老人将自己的宅基地均分给了两个儿子,并和儿子达成了赡养协议,协议约定:父亲王香根由大儿子赡养。平时和大儿子王海居住,生活起居由王海照顾,生活费、医疗费和丧葬费等均由王海承担。李彩花归小儿子赡养,平时住在小儿子家。

2009年7月10日,王亮媳妇发现昨天还在自己洗衣服的婆婆没起床,就到婆婆房中探望,发现婆婆已经心脏病发去世。王亮按照农村习俗为母亲举办了丧事,所有支出均自行承担。

2010年1月,78岁的王香根查出患有前列腺癌,医生认为老年人得该癌症恶性程度不大,建议手术治疗。王海为父亲缴纳了2万元手术费安排其住院手术。王香根的手术还算成功,但得了术后感染,医疗费直线上升,已经欠费2万元,医生估计医疗费至少还要2万元。王海表示自己一家承担确有困难。于是王亮到医院探望父亲时,王香根向王亮提出希望其承担一部分医药费。

王亮以当初签有赡养协议,而自己对母亲已经尽了赡养义务为由拒绝承担父亲的医疗费。王香根申请调解。

训练步骤

步骤一:将学生分为八组,对此案例进行小组讨论。讨论用时15分钟。讨论的题目是调解员应如何调解,对该问题的回答包括调解前情况分析(当事人的调解意愿、双方当事人间的主要矛盾等)、调解方式的选择、计划使用的调解方法(针对哪个当事人具体运用哪些调解方法)、调解中的注意事项、作为调解员在了解情况以后初定的解决方案。

步骤二:请一个小组的代表上台汇报讨论结果。由哪个小组上台通过抽签决定。

步骤三:其他小组对汇报组的发言进行补充和点评。

步骤四:教师就汇报组的发言和其他组的补充进行总体点评。

步骤五:由教师扮演王亮,请小组代表作为调解员,模拟表演对王亮的背靠背调解。在表演之前,给予同学们10分钟的小组准备时间。通过抽签决定模拟表演组。

步骤六:表演完成后请其他组对模拟组的表演进行点评,点评的重点是表演组在调解过程中有哪些值得借鉴的地方,有哪些做的不妥当的地方,在整个与王亮的私下沟通过程中运用了哪些调解方法。

步骤七:教师进行点评。

 操作训练三 分步练习

训练目的

通过训练,了解一般离婚纠纷调解过程中需要调查的事项,掌握离婚纠

民间纠纷调解

纷调解过程中最常用到的调解方法。

训练材料

一段真实的离婚纠纷调解录像。

训练步骤

1. 在申请人向调解员讲述完纠纷大致情况以后，暂停录像。让学生分小组讨论，讨论用时5分钟，讨论题目为"这时，你认为还要对哪些事项进行调查"。请一个小组代表发言，其他小组补充，教师最后点评。

2. 继续播放录像，观看完录像之后，让学生分组讨论，讨论用时10分钟，讨论题目为：①双方当事人之间存在哪些矛盾使得其中一方提出离婚？②调解员在本次调解中有哪些值得借鉴的地方？③调解员在本次调解中用到了哪些调解方法？④总结离婚纠纷调解的一般调解思路。

3. 就四个讨论题目，逐一请小组代表上台发言，其他小组补充，教师最后点评。

学习单元九　相邻关系纠纷调解实务

【学习目的与要求】

能判断某一民间纠纷是否属于相邻关系纠纷；掌握相邻关系纠纷调解的要点及流程；能运用纠纷调解的技巧对相邻关系纠纷实施调解。

【学习重点与提示】

相邻关系纠纷的特点，相邻关系纠纷调解的要点及流程。

一、相邻关系纠纷的概念与特点

相邻关系是指不动产所有人或使用人，在行使所有权或使用权时，因相互间依法给予方便或接受限制而发生的权利与义务关系。相邻关系从本质上讲是不动产所有人或使用人的财产权利的延伸，同时又是对他方所有人或使用人的财产权利的限制，反之亦然。这是在不动产相邻双方之间产生的法定权利与义务。然而，当不动产相邻时，如果不动产所有人或使用人皆绝对自由地使用其权利标的，相邻各方极有可能发生纠纷和冲突，这样不仅使不动产本身不能发挥最大的经济效益，而且也会因相邻各方的纷争而损害不动产的财产秩序。根据我国《民法通则》第83条的规定：不动产相邻各方，应当按照有利生产、方便生活、团结互助、公平合理的精神，正确处理截水、排水、通行、通风、采光等方面的相邻关系。

相邻关系纠纷，是基于行使相邻权而产生的纠纷，其性质属于侵权纠纷。根据最高人民法院《民事案件案由规定》，我们将相邻关系纠纷分为：（1）相邻用水、排水纠纷；（2）相邻通行纠纷；（3）相邻土地、建筑物利用关系纠纷；（4）相邻通风、采光和日照纠纷；（5）相邻污染损害纠纷；（6）相邻损害防免关系纠纷。

当前，相邻关系纠纷呈现出以下特点：

1. 主体扩展

随着我国社会经济关系的变迁，资本集中的趋势明显，不动产的价值趋于巨大，不动产已非如以往纯粹由所有人自己用益，而是以租赁等多种形式将使用收益权归于他人，而由所有人收取对价。相邻关系的主体也从所有人向其他使用人扩展，甚至出现了业主委员会作为主体提起诉讼的现象，由此带来了相邻关系纠纷主体的扩展。

2. 群体性纠纷数量上升

随着我国城市住宅商品化改革进程的深化，住宅私有率不断提升，人民对自己花钱所购房屋的环境要求越来越高，而环境利益又往往涉及小区众多居民的利益。然而同处社会转型期的政府职能错位，企业行为缺乏规范的现象仍时有发生。由此造成群体性相邻关系纠纷呈上升趋势。这些群体性纠纷具有如下特点：

（1）规模较大。群体性相邻纠纷往往涉及一栋楼的全体业主，甚至整个小区的全体业主，因而规模较大。此类纠纷一方动辄数十人，甚至数百人。

（2）矛盾激烈。群体一方往往自恃人多势众，不达目的不罢休，甚至通过集体上访等方式，给法院或政府施加压力。

（3）对抗性强。此类相邻纠纷多与行政许可的公权行使相交叉，且群体方多对公权决定持否定态度，冲突基本上在公权力行使与私权利捍卫中出现，公权与私权相互对抗。如杭州市城西某大型安置房项目的建设，由于受到附近认为其权利被侵害的小区居民以拦截工程车进场等方式阻挠，相关社区数次调解均困难重重，表现出典型的公权力与私权利的对抗性，时隔数年此纠纷才得以圆满解决。

3. 双向型纠纷增多

相邻关系纠纷往往是由于不动产所有人或使用人相互间因对方侵犯自己的权益而产生。对于妨害的发生，往往是在纠纷当事人的混合过错的基础上产生的。比如高层建筑中建筑物区分所有的现象非常普遍，相邻的业主一旦发生纠纷，就可能相互伤害，经常发生楼上的业主往楼下泼污水，楼下的业主弄脏对方晾晒的衣物被单，或者你将过道堵死，我将垃圾倒在你家门口等琐细纠纷摩擦，长年累月纠纷不断，就形成积怨，使得矛盾的化解愈来愈困难。特别是在相邻关系纠纷诉讼化的案件中，一方若提起诉讼，另一方或出于义愤，或是为了报复，或是出于无理取闹，或出于给对方施压以达成妥协等目的，往往也会起诉要求对方排除妨害。这种互为起诉的双向型诉讼，在法院受理的相邻关系纠纷中，也占有一定的比例，双方的矛盾也往往较难调和。

4. 法律关系复合交叉

首先，由于相邻关系与建筑物区分所有权、地役权、业主公约及人格权存在联系，实务中，会出现相邻关系与建筑物区分所有权、地役权、业主公约及人格权等其他民事法律关系的交叉。其次,当相邻一方主张的排除妨害行为经过行政许可时,还会出现相邻民事法律关系与行政法律关系之间的交叉。如建造建筑物、设置移动电话基站、设立广告牌、开设酒楼等引起的相邻关系纠纷,均是以具体行政行为的合法存在为前提。不动产所有人或使用人要求排除该妨害行为,不仅涉及民事法律关系,还涉及与之相关的行政法律关系。再次,相邻关系纠纷往往并不是单纯的六种相邻关系纠纷中的一种,而是多种相邻关系纠纷的复合。

二、相邻关系纠纷调解的要点

《民法通则》第83条只是规定了处理不动产相邻关系的一般原则,如何把握不动产所有人或使用人行使权利时应予"限制"或"扩张"的度,如何判断一方当事人行使权利的行为是否已超过相邻方应当负有的"容忍义务",并据此分析责任的承担,是处理相邻关系纠纷的关键。

在处理相邻关系纠纷时,通常处理侵权纠纷的一些技巧都可以适用,但应注意掌握以下几个要点:

(1) 调解相邻关系纠纷应理顺法律关系,正确适用法律规范。要正确把握相邻关系与地役权、建筑物区分所有权及物业管理合同这几种法律关系之间的联系和区别,要将因契约产生的地役权纠纷、因建筑物区分所有权产生的侵权纠纷及因违反物业管理合同产生的合同纠纷从相邻关系中分离出去,在处理相邻关系纠纷时,仅根据相邻关系而非侵权或违约的法律关系来适用法律。当然,这并不意味着当事人由于对方行使权利而受到损害的行为就不应得到补偿或者赔偿。

(2) 在调解前调解人员必须做好四个方面的准备工作。一是勘验现场。相邻关系纠纷仅凭当事人提供的证据及陈述,调解人员难以全面、直观地了解相邻不动产分布的全貌,无法客观地分析一方当事人的权利是否受到限制以及受到多大的限制,并提出妥善解决纠纷的方案,因此这种纠纷的准备工作要求调解人员必须实地走访,勘验现场,全面客观地了解纠纷所涉的相邻不动产的地理位置、分布状况以及相邻不动产一方所有人或使用人的相邻权利得不到切实行使的原因所在。二是查找原因。调解人员要充分了解形成相邻关系纠纷的历史原因,从而判断造成不动产使用障碍的责任哪一方大,哪一方小等。三是了解民俗。调解人员要了解不动产所在地的民情和风俗习惯等人文环境方面的情况,从中分析当事人的何种主张在法律没有明确规定的情况下可以用情理进行说服、劝导和教育。四是确认背景。了解纠纷产生的过程、背景、当事人之间以往的关系,在相邻关系纠纷中,许多当事人往往因存在积怨而在产生纠纷后互不相让,调解该类纠纷只有找准纠纷背后的真正原因,对症下药,才能够解决矛盾。

(3) 调解相邻关系纠纷一方面在调查研究阶段和劝说教育当事人时要查明事实,分清责任,另一方面在实施调解促成调解协议达成的时候也应善用模糊处理法。由于在绝大多数相邻关系纠纷中对纠纷的形成和邻里关系的恶化双方当事人都有责任,事实清楚、责任明确有利于调解员对纠纷当事人进行批评教育,让当事人心悦诚服地接受"你也有错处"的批评指摘,使得调解深入,而基于当事人之间"低头不见抬头见"的特殊关系,说不定在纠纷发生之前双方还曾经有过良好的邻里关系,为了维持这种特殊关系,促进邻里和谐,该模糊处理的不妨进行模糊处理,只要不违背法律的强制性规定即可。由于相邻关系纠纷往往是各种相邻关系纠纷的综合,一些不典型的相邻关系甚至很难归入到最高人民法院《民事案件案由规定》所规定的六类相邻关系纠纷中去,因此不具备条件的调解员可不必刻意分辨究竟该纠纷属于何种相邻关系纠纷,但必须能判断该纠纷是否属于相邻关系纠纷,尤其是应能区别相邻关系纠纷与地役权纠纷、财产损害赔偿纠纷等容易混淆的纠纷。比如,楼上住户的洗衣机出水管脱落,大量的自来水渗漏到楼下的住户家中,导致其部分财产损失,引起双方的纠纷,从性质上说这个纠纷就属于财产损害赔偿纠纷而不是相邻关系纠纷。但若是楼下的业主天花板漏水,必须利用居住在上一层的业主乙家中的排水设施才能维修时,业主乙不配合,双方由此形成了纠纷,这是很典型的区分所有建筑物的相邻关系纠纷。

(4) 对积怨较深的相邻关系纠纷,为避免正面冲突,多采用背靠背的方式进行调解,待时机成熟时可采用面对面的方式实施调解。可先将双方当事人分开做思想工作,分别倾听双方当事人陈述,让其说出产生怨恨的历史原因,摸清其真实意图。

(5) 对非法不动产所引发的相邻关系纠纷应审慎处理。非法不动产虽然因其违法性没有取得物权,但无论是法院还是人民调解委员会都不能通过处理纠纷解决其行政管理范畴内的违法性问题。

(6) 调解相邻关系纠纷时经常使用的调解方法技巧还有利弊分析法、解决主要矛盾法、多方协助法、换位思考法以及法律宣教法与道德感召法等方法。

三、处理相邻关系纠纷常用法律、法规

1.《中华人民共和国民法通则》第83条;

2. 《中华人民共和国物权法》第 84—92 条；

3. 最高人民法院《关于贯彻执行〈中华人民共和国民法通则〉若干问题的意见（修订稿）》第 99—103 条。

学习情景一　人民调解解决相邻关系纠纷①

范例：

  2009 年 4 月 15 日，调解员小陈上班时接到本社区 39 幢 2 单元 401 室业主王女士的电话，称自己家中与上下左右邻居家中都在漏水，已断断续续持续了一年多，希望社区的同志开个协调会管一管。小陈对此表示同情，但也向王女士说明物业维修是物业公司的职责，并将物业公司的电话告知了王女士。但王女士说本社区物业公司的维修工也曾经去勘察过好几次，说修一下是很简单的事，但最终也总是不了了之，所以这件事一拖再拖，漏水的现象越来越严重，只能向社区调解员求助了。小陈寻思，王女士所说的这一带小区的房子都是某国家机关及其附属单位的房改房，只要有其中的一家住户向省房改办维修部门申请，就没有不受理的道理，不觉称奇：难道这么久了都没有一家人向有关部门提出维修吗？但据王女士的说法，2007 年就曾经有人到社区反映这一情况，不知为何没有下文，2008 年（具体日期说不清楚）该单元 402 室与 201 室的男主人曾陪同省房改办的同志来上门勘察，说可以维修，让房改办下属维修部门维修的话，费用可以申请物业维修基金，也可让其他的物业公司维修。考虑到申请物业维修基金只能解决维修费用，而无法弥补因维修受损害的业主的财产损失，小陈初步判断是各位业主对后者达不成协议，所以物业公司不愿维修，是以此事总是无法解决。小陈就这点疑惑询问了王女士，但王说具体情况并不清楚，可以向 402 室与 201 室的男主人询问。

  结束了与王女士的通话后，小陈先拨通了社区物业公司维修工杨师傅的电话，向他询问本社区 39 幢 2 单元漏水的情况，果然，杨师傅所提供的情况与王女士口述的相当一致，杨师傅说："修一下是很简单的事，这事我清楚得很，水是从六楼漏下来的，六楼以下都在漏水。我不想再上门去看了，再看也解决不了问题，现在需要社区将这个单元所有的业主都召集起来，把费用

---

① 本案存在着建筑物区分所有权关系与相邻损害防免关系的竞合。相邻损害防免关系也称相邻防险关系，包括因基地相邻产生的防险关系、不可量物侵害防免关系和因建筑物装修产生的相邻防盗安全关系。由于人民调解工作中调解员通常不是法律专才，对案由的定性可以遵循有利纠纷解决的原则。

的分摊搞清楚。"杨师傅的说法也证实了小陈的初步判断。小陈紧跟着问了杨师傅一句:"你认为六楼漏下来的可能性大还是七楼漏下来的可能性大?"杨师傅说:"其实应该是从六楼漏下来的,但六楼的两户业主都不太讲理,自己家不漏就不管别人死活了,可维修是必须打开六楼的墙面对管道进行维修的。"小陈又问:"究竟应该打开601的墙面维修还是打开602的墙面维修?"杨师傅回答都可以。接着小陈在社区的住户汇总表上面查这两户户主的情况及其联系电话,查到了户主的姓名以及固定电话,且发现602的女主人熊某是该单元的单元长,于是决定先做做她的工作。但电话无人接听。小陈又按照表格上提供的202室男主人的姓名与移动电话号码与之联系,电话接通了,小陈与202的男主人李先生约定晚上七点半左右去李先生家面谈。

当日下班后,小陈来到该小区39幢2单元进行实地调查。在单元楼门口碰到一位骑着自行车刚买菜回来的中年男子,小陈上前打听,原来这位男子是该单元702室的业主,他向小陈反映单元楼漏水的现象愈来愈严重了,今年起连他这个顶楼的业主都遭殃了,因为只要一下雨地下室就积水,取自行车非常不方便,气味也很难闻,还滋长了很多蚊蚋。小陈跟着这位业主去地下室察看,发现情况比他说得还严重,这两天是晴天,但地下室竟然积水未退,气味熏人,蚊蚋成群。可想而知居民室内漏水更甚于此,这已不仅对业主的财产造成了损失,给生活带来烦恼,也为各位业主的生命与房屋安全埋下了隐患。

经过与该单元各住户的沟通,小陈了解到,前年起该单元楼的个别住户就出现漏水现象,其中就包括202室、401室,后来其他的住户也陆陆续续出现同样的现象;去年4月,202室和401室两户向社区的房管站反映此事,房管站告知其向省房改办维修中心联系。2008年4月8日,202室、401室的业主陪同省房改办的工作人员勘察现场,对方答复是下水管道年久破损引起漏水,可以向本部门申请维修,也可让其他的物业公司维修,维修费用可以申请物业维修基金。但必须打开六楼的墙面进行维修,必然产生对该户的损害。401室的业主张先生将该事告知六楼的两位业主,后者均报以沉默,张先生感到很不好意思,无法继续提出进一步的请求,所以事实上从来没有谈到过损害补偿的方案。后来也曾向社区和物业公司分别提出过维修的请求,都因为同样的原因不了了之。家住202室的李先生不堪忍受漏水之苦,自己出资请人作了防水处理,据了解目前暂时没有水漏出来,但治标不治本,总非长久之计。小陈让李先生带自己去与602的业主熊某沟通,但602室无人应门。小陈又敲响了601室的门,601室的业主蒋大爷了解了小陈的来意后,声称有住户漏水的情况他也听说了,但水是从701室漏下来的,与自己家无关。见

学习单元九　相邻关系纠纷调解实务

蒋大爷表情生硬，小陈初步断定蒋大爷还是由于不愿意自己家受到损失与打扰，所以对问题的解决采取事不关己高高挂起的漠然态度，以至于影响了纠纷解决的进程，至于水从701室漏下来的多半是蒋大爷的托词。

临走时，小陈问道："蒋大爷，您和楼上楼下的住户都是同一个单位的同事吧？"听到这句话，蒋大爷愣了愣，随之答道："是的，都是市某局以及下属单位的同事，有些很熟，不过我和他们中的绝大多数人分属不同的单位，不是特别熟。"小陈接着说："不管熟不熟的，邻居这么多年，远亲不如近邻，彼此一定相互很照顾吧！"这时有位老太太站到了蒋大爷背后，满脸不悦地说："这么晚了，还在干什么？"小陈推测这肯定是蒋大爷的爱人，与之打了个招呼，说："今天真是打扰了，谢谢你们这么支持我们社区的工作。大爷，您退休了，有空去邻居家中串串门，这对你们老年人的身心愉悦很有好处，有什么事可以找社区的程大姐，她负责老年人工作，找我也可以，这是我的电话。"小陈给了蒋大爷一张名片，随即告辞。临走前，小陈在无人在家的701室和602室留了张字条，上面写着自己和另一名社区治保委员（兼管人民调解）小钱的联系方法，并约602室业主熊某去社区与调解员面谈。小陈问及李先生及另一位住在一楼的邻居是否愿意分担因维修下水管道所引起损害补偿费用，这两位业主都回答没有问题。

由于翌日起要出差数日，小陈将纠纷的基本情况告知小钱，小钱于是接受了约谈熊某以及接待王女士等当事人的任务。第二天小陈就收到701业主赵某的电话，小陈将一楼至五楼漏水的情况告知赵某，并向其求证六楼的蒋大爷的说法，赵某一听立即情绪激动起来："为了这事不是已经打开我们家的墙面修过一次了吗？我们自己贴了好几百块钱重新装修，也没有人给我们补偿！你们要是柿子捡软的捏，那可别来找我们！"小陈没想到以前竟然还有过这样的插曲，赶紧说："大姐，这话从何说起！我不知道以前您已经为这个问题承担过不应该单让你一户承担的责任了，看来您是个很高尚的人！要是你们楼道里每家每户都能像您这样讲讲道理，邻里之间相互尊重，漏水的问题早就解决了！现在一楼到五楼漏水这么厉害，也影响到你们顶楼的安全。您先不要这么敏感，我们要解决这个问题首先要了解这个问题，我只是向您查证核实一下真实情况。我们解决这个问题也需要包括你们七楼在内的配合。至于您的损失，您有权利向其他住户追偿。"赵某沉默了半晌，说几百块钱也就算了，如果社区需要她的配合可以与她联系。

两天后小钱打电话给正在外地的小陈，说与熊某的初次沟通不太成功。小钱说，只要一提到楼下几户家中漏水的情况，熊某便推说自己不知道这些事情，小钱就说："那你现在不是知道了？现在省房改办的同志和物业公司都认为要从六楼打开,你对此事有什么态度?"熊某当即问:"从哪里打开?怎么打开?"由于对情况了解不够,小钱一时语塞,只得说:"打开的地方不会影响你们以后正常使用的。这样吧,我们帮你们几户人家协调一下,必要的话开一个协调会,具体时间我会通知你们的。下水管道是公共设施,每家每户都有责任维护,不是说家里面不漏水就可以不管不顾了。再说了,这样长年累月漏水下去,房子的安全都成问题,没有一到五楼,哪来你们六楼?你是这个单元的单元长,应该多支持我们的工作,让我们能尽快解决这个问题,保障单元的房屋和生命财产安全。"接着就把熊某送走了。一听是这样的情况,小陈便知还没有谈到纠纷的关键,即损害补偿的承担问题,也没有对六楼进行现场勘察。小陈对小钱说:"怪我,工作没做到位!不过他们分属不同的单位,下班又很迟,把十几户召集在一起开协调会有一些难度。"两人在电话中针对纠纷情况,制定了先分摊费用,后与六楼业主谈判,多采用换位思考法,以及解决实际问题法的调解工作计划。

小陈随即先后拨通了202室李先生的电话询问利用六楼哪一家的墙面维修比较方便。李先生回答时间长了不记得了,两家都可以。王女士回答不清楚,但在与王女士的数次接触中,小陈发现这位大姐思维敏捷,口才较好,且态度和蔼,十分有人缘,让她出面做邻居的思想工作可能会有事半功倍的效果,于是尝试说服她参与调解工作。王大姐无奈地说:"如果我们自己能解决,就不会找上社区了!我们见了601和602都说不出口,一个单位的,提强人所难的要求,难为情啊!"小陈趁机说:"难为情的不应该是你们啊!在法律上你们对他们享有相邻权,你们有权利要求他们这么做,他们有义务配合管道的维修啊!""那倒是,法律我不懂,但下水管道是公共设施,大家都有维护的义务,不光是我们漏水的业主的责任嘛!"王女士说道。小陈又说道:"从常情常理来推断,同一个单位的应该更好办事,现在竟然情况正好相反,我推测有两个原因,一是601和602的业主只是听说你们几家漏水,但不知情况严重到什么地步,否则的话不会这么不配合;二是无论打开哪一家的墙面维修,我们都打扰了他们,而且除了维修费用以外还有其他损失,你们几户并没有说愿不愿意承担。"王大姐说:"可以啊!我们挺乐意承担的,只要漏水的问题能早日解决!"小陈说:"您乐意不等于所有人都愿意啊!为了早点解决问题,您看您能不能帮我一个忙,你们单位下班较迟,上班时间我和你们这些住户约谈不一定约得到,您能不能发动那些相互之间比较熟悉的住户传递信息,做好说服各个用户费用承担的工作?"王女士满口答应。

果然,小陈出差回来那天,王女士就和502的唐女士去社区书面申请人民调解。双方沟通过程中,唐女士对602的业主熊某表现出鄙夷,认为此人素质低下，自私自利，时常将垃圾袋丢在502附近，唐女士说过她几次，虽然后来没有再发生类似的情况，但虽属一家单位却是不相往来。小陈再次表达了自己对此事的两点推测，认为双方应该相互理解，相互尊重，只有住户们达成了关于损害补偿方案的协议，社区才有与601和602谈判的"底牌"。王女士像是想起了什么，对小陈说："下水管道是公共设施，不漏水的人家也应该承担费用的，702已经答应分摊一些费用了。"小陈将701赵女士一户以前曾经遭受过损失的情况告诉她，王女士和唐女士立即表示放弃对赵女士的这项要求，并表示谁家墙面被打开，不仅遭受的损失由其他各户分摊，且由王女士负责找工程队进行修补打扫。她们向小陈反映三楼系该市一家著名的饭店的员工宿舍，这几位员工也深受漏水之苦，但多次向单位反映无果等情况，并很大度地表示，如果这两户确实有困难，可以将原本分摊在他们头上的费用转由其他几户承担。小陈设法与这家饭店取得联系，说明了维修费用应由产权单位承担的道理，并说服该单位领导接受了先由这几位员工垫付费用，再由社区提供相应的证明，由员工向该单位报销的方案。

接下来的两个星期中，王女士和唐女士分别征求其他没有表过态的住户的意见，说服他们分摊损害补偿的费用和再装修的费用。其间小陈说服物业公司的修理工杨师傅去该单元楼六楼作了一次现场勘察，杨师傅认为还很难确定具体的漏水点，但602熊某家被认为可能是漏水点的地方刚好是个柜子。小陈于是向熊某转达了王女士等住户的意思，说明如果需要在她家进行管道维修的话，不需要她承担任何费用，修补与打扫等工作均由他人承担。熊某的态度有明显的好转，答应小陈"考虑考虑"。不久后王女士打电话告诉小陈，熊某的思想已经发生了转变，愿意配合维修管道的工作。但在维修过程中，工人发现还要利用蒋大爷家的墙面进行维修。蒋大爷和他的夫人在强大的舆论压力下，感觉再坚持不让工人进他家的门实在太说不过去了，也就答应了小陈提出的解决方案，工人只花了半天时间就将管道修理完毕。王女士按照协议迅速召集工人为601和602室进行修补，并把施工现场打扫得干干净净，几乎看不出修补的痕迹。这个单元持续了两年的漏水现象终于渐渐止住了。后来三楼的两名出租户在小陈的帮助下也如愿拿到了单位的补偿，这件久拖不决的事终于划上了一个句号。

由于我国城镇中房龄较老的房屋以多层建筑为主，随着这些房屋墙体、排、用水设备与其他设备的老化，因漏水而引起的垂直的相邻损害防免关系纠纷与日俱增。而新建的房屋又以高层建筑为主，相邻关系十分复杂，排、用水系统牵一动百，电梯、楼道等为相邻各户等共用，其中一户的设施工作失

灵往往引起其他相邻住户的连锁反应，造成邻人的损害，或者需要借助后者的配合才能修理上述设施。因此，近年来城市中的相邻损害防免关系纠纷占相邻关系纠纷总数的比例较大，其中房龄较老的多层建筑因漏水而引起的相邻损害防免关系纠纷尤为多见。对于因漏水而引起的相邻损害防免关系纠纷，调解员必须通过实地勘察和调查研究，找到引发漏水的原因，抓住问题的症结。简单地说，引发这类纠纷的原因是多种多样的，漏水可能由于排、用水系统的老化而引起，也可能由于下水道堵塞而引起，或者由于野蛮装修而引起，也不排除储水设施质量低劣或防水措施不到位等原因。调解员只有抓住肯綮，找到真正的原因，才能为解决相邻业主或住户之间的争议奠定良好的基础。找出主要原因后，说服住户有针对性地采取相应的措施解决实际问题，矛盾即可迎刃而解。基于建筑物区分所有而产生的相邻损害防免关系纠纷往往需要采用座谈会形式讨论损害承担问题。如范例中所示，由于费用的分摊问题而使矛盾得不到解决，则应多使用换位思考的调解方法，以及法律宣教与道德感召相结合的方法，向纠纷各方宣传《民法通则》的相关规定，以"远亲不如近邻"等人情观打动纠纷当事人，早日化解纠纷，使相邻各方的生活步入正常状态。需要指出的是，若是楼上住户因忘记关水龙头或者洗衣机水管脱落等原因而导致楼下住户产生财产损失的，则应作为财产损害赔偿纠纷来解决，调解员应说服楼上的住户排除妨害，赔偿损失。

学习情景二　人民调解解决相邻排水纠纷

范例[①]：

平顺村章某和何某某系前后邻居，章某居前，何某某居后，章某家北正房与何某某院内的东西平房高度相近，章某家北正房后檐墙碱基与何某某家东西平房的南墙碱基之间有 30 余厘米的空隙供两家排水用。

2005 年，章家欲在原基翻建北正房，并于春天在原碱石基础上加高了碱基，当时，何某某家未提出异议。7 月初，章某家开始在新建碱基上砌墙，新房的后檐墙比何某某家平房高约 1 米。在章某家砌墙过程中，何家未予阻止。当章家上好柁、檩并订完椽子铺上苇帘后，开始封檐子时，何家人发现章家后檐墙的第三层椽子与自家东西平房的南部房沿的水平距离仅有约 5 厘米的空隙了，如果再按照一般习惯在瓦房时瓦出 5 厘米，那么两家房沿之间就没

[①] 参见吴玉华主编：《人民调解案例》，中国检察出版社 2006 年版，第 94—99 页。

有空隙了。其直接后果是：将来章家正房北坡上的水，大部分都会流到何家东西平房的房顶上。为此，何家急忙阻止了章家继续施工。而章家则认为，自己是在原基上翻建北正房，何家不应干涉。

章、何两家矛盾经村人民调解委员会调解了六七天未能解决。急于瓦房的章某于7月13日找到了镇人民调解委员会，请求对章、何两家的纠纷进行调解。接待章某的两位调解员了解了事情的大概经过后也感到事情很紧急，因为现在正是雨季，如果章某家不能及时瓦上房，那么一旦遇到连雨天，章家的柁、檩等木料就有可能受潮变形，而且墙体也有可能因雨淋而裂缝或坍塌，损失将会更大。

当天下午，两位调解员骑着自行车风风火火地赶到了章、何两家纠纷的现场。经现场勘测，两位调解员认为，两家纠纷的主要焦点应是：第一，章、何两家之间的30厘米的空隙的使用权的归属问题；第二，章家瓦完房后，下雨时，后坡上的水是否会浇到何家平房的问题。

首先，两位调解员想通过确定章、何两家之间的30余厘米的空隙的使用权来判断谁对谁错。两位调解员让章、何两家出示对两家之间30余厘米的空地拥有使用权的凭证，但两家都拿不出确切的证据来，两位调解员又向两家的邻居和村委会的干部了解此事，也没有得到肯定的答案。两位调解员只得放弃第一个方法，并告诉两家因不能确定两家之间30余厘米的空隙的使用权，所以只能认为这个空隙由两家共同使用。现在，只要两家建房时不给对方造成损害就行了，章、何两家对此都表示了认可。

为了确定章家在现在的情况下瓦房是否会给何家造成损害，两位调解员请瓦匠师傅在正对着何某某家西平房的章家后坡上瓦了两沟瓦，并亲自登上了章某家的房顶，当着章、何两家人的面，用大壶往瓦上倒水，模拟下雨时的情形。调解员用最小的流量向瓦上倒水时，水顺着瓦沟流出时仍浇到了何某某家平房顶上。看到这个结果，章某有些不好意思了，当场表示，一定会采取措施，防止雨水流到何家的平房上，但他也有些想不通：为什么以前的老房上的水不会浇到何某某家的墙，而现在在原基上翻建的房屋上的水却浇得那么远呢？调解员向章某分析了产生这个问题的原因：一是章某过去的老房出檐短，只有两层小檐（约10厘米），现在是三层大檐（约18厘米）；二是章某过去的老房柁短（4.5米），后坡短而缓，这样雨水少而且流得也不急，现在的新房柁长（6米），后坡长而陡，这样一来，雨水不但多，而且流得也急，所以向后浇得就远了。（注：建房时，柁的长短决定了脊的高低，从而也就决定了房坡的长还是短、陡还是缓。）同时，两位调解员指出，造成今天这个局面，章、何两家人都是有责任的，双方都应早就预见到今天这个后果，并采取措施或提出建议，以减少损失。

找到矛盾的症结后，两位调解员将章某、何某某两人叫到一起，从邻里关系（远亲不如近邻）和情理上（人的一生盖一次新房确实不容易）对两人进行了开导，并请两人面对现实（拆房、拆墙都不现实），同时依据《民法通则》有关不动产相邻各方，应当按照有利生产、方便生活、团结互助、公平合理的精神，正确处理排水等相邻关系，共同协商解决问题的方法。经过这些工作后，章、何两人都表示了对对方的理解，并诚心地开始协商如何防止章某家后坡上的水浇到何某某家平房上。在两位调解员的协商下，章、何两人虽也出现过一些分歧，但最终在晚上7点多钟时初步达成了一个方案：一、章某家在北正房现在出三层檐的基础上退回一层檐变为出两层檐，章某在瓦房时，瓦出砖沿不得超过5厘米；二、章某瓦完房后15日内，要在自家正对着何某某家东西平房的南房山的后檐墙处做好挡水设施，以保证章某家北正房后坡上的流水不至于大量浇到何某某家的东西平房上，并且，今后章某要负责在挡水设施损坏时，对其进行维修；三、何某某要为章某家施工提供方便，包括允许施工人员借用何某某家平房顶进行瓦房，做挡水设施等；四、为保证章某能履行协议的第1条和第2条，章某应在签订协议时先拿出2 000元人民币做保证金，交由村人民调解委员会保管。章某若按时履行义务，则及时将保证金退还给章某，否则，何某某有权支取保证金采取维权措施。为使章、何两人能充分考虑到方案执行中的各个细节之处，同时也避免两家其他成员阻拦方案的实施，确保方案的可执行性，两位调解员没有让两人当场签订协议，而是让两人回家后，再与家人商量一下，如果没有新的提议就于第二天（7月14日）上午到村人民调解委员会签订协议。

2005年7月15日上午，两位调解员又骑车赶到了平顺村人民调解委员会，章、何两人都表示协议内容得到了家里人的认可。最后，在两位调解员的主持下，章、何两人顺利地签订了协议。

2005年8月9日，两位调解员到平顺村对章、何两家进行了回访，两家已经顺利地履行了协议的内容。

在农村，相邻土地通行纠纷，用、排水纠纷以及相毗邻的宅基地使用权纠纷等频繁发生，是基层行政工作者与人民调解员常遇到的矛盾纠纷。除了上述方法与技巧，抓主要矛盾进行调解的方法十分常用。首先，如果纠纷当事人之间存在着数个纠纷，必须先分析在上述纠纷当事人之间存在着哪些法律关系和矛盾纠纷，分清主要矛盾与次要矛盾，有轻重缓急地逐一解决上述矛盾纠纷。有些貌似"一团乱麻"的复杂的相邻关系纠纷，可追溯达数年乃

至十余年之久，形成了多种相邻关系纠纷纠缠不清的状态，表面上看可能是此纠纷，深究下去可能是累积了十几年尚未解决的陈年旧账；调解员必须从这一团乱麻之中理出头绪，找出关键性的纠纷，其他次要的纠纷才能迎刃而解。其次，对于关键性的纠纷，应透过现象看本质，从中找出焦点问题，有针对性地拟订调解方案并进行实施。在上述范例中，两位调解员通过现场勘察，分析出两家纠纷的主要焦点是：第一，章、何两家之间的30余厘米的空隙的使用权的归属问题；第二，章家瓦完房后，下雨时，后坡上的水是否会浇到何家平房的问题。两位调解员抓住了纠纷的主要矛盾，以这两个问题作为调解工作的重点。集中精力解决好这两个问题，就能够找到解决纠纷的最佳方案。在确定第一个问题的解决方案之后，纠纷还没有得到解决，两位调解员采取了实验的方法，使章某看到了自身行为的实际后果，章某在事实面前不得不信服。矛盾的症结解决后，两位调解员再通过法律宣教与道德感召相结合的方法，一方面从情理上对当事人进行了道德上的教化，另一方面又宣讲了《民法通则》的相关规定，使双方很快达成了协议。由于两位调解员能够抓住主要矛盾集中精力解决关键问题，所以这次调解工作的效率得到了明显的提高。为了对当事人负责，防止矛盾反复，本案中的调解员不仅成功做通了当事人的思想工作，而且还充分注意到协议的执行问题，采取了留足保证金、协议经当事人家人协商同意、回访等一系列措施，以确保协议的依法履行。

学习情景三　人民调解解决相邻关系纠纷与人身损害赔偿纠纷

范例：①

2004年5月的一天，某市进化镇某村的李老伯在自家山墙旁砌了一个粪坑。第二天邻居裘某发现了此事，认为李老伯的粪坑砌在他家土地上，就动手把粪坑砸掉。为此双方发生纠纷。村调解委员会会同镇有关部门进行协调处理。在协调中双方各执己见，李老伯称，自己山墙外的土地自己应有份，而裘某称那块土地系自己向农户调入，墙外的土地与李老伯无关。调解人员多次到现场调解均无结果，双方矛盾一直僵持着。

2006年初一天，裘某看到老伯家又把粪管接在他家地上后，即动手把粪

---

① 参见吴玉华主编：《人民调解案例》，中国检察出版社2006年版，第94-99页。

管砸掉。这时李老伯的两个儿子赶到现场，双方发生殴打，裘某被打伤后住院进行治疗。

为了防止事态的扩大和民转刑案件的发生，镇调委会立即派员进行调处，多次上门做双方当事人的工作。调解员耐心地向当事人宣讲《民法通则》中关于处理相邻关系的规定，使双方对自己的行为和事件的性质有了正确认识。裘某康复出院后，主动向镇调委会申请调处。见时机已经成熟，镇调委会及时召集双方当事人进行调解，最终使双方达成了以下调解协议：

一、李老伯的两个儿子一次性赔偿裘某的医药、误工、护理等费用共计人民币 10 462.78 元。

二、李老伯家的粪管和粪坑埋设，在不影响裘某出入引路的前提下进行。（具体定点定位由镇调委会工作人员和双方到现场处理决定）

三、此纠纷作一次性调解处理，以后双方无涉。

事后双方当事人及时履行了调解协议，长达三年之久的纠纷终于划上了一个句号。

上述范例中的人身损害赔偿，归根结底还是由于相邻关系纠纷未得到及时化解而引发的。相邻关系纠纷未得到及时调处，往往会造成矛盾升级。由于纠纷当事人见面机会多，制造摩擦的时机也多，更容易积累负面的情绪，导致肢体冲突和人身伤害，乃至酿成民转刑事件。根据现行的《人民调解法》第 25 条的规定，人民调解员在调解纠纷过程中，发现纠纷有可能激化的，应当采取有针对性的预防措施；对有可能引起治安案件、刑事案件的纠纷，应当及时向当地公安机关或者其他有关部门报告。由于此类纠纷的一方或双方当事人人多势众，且可能牵涉到各个政府部门，采取果断措施缓解疏导纠纷，预防好此类纠纷的激化，显得尤为重要。广大基层的人民调解员往往拥有丰富的社会经验，并在本辖区内有较高的威望。对那些有较高法律素质和政策水平的精英型调解员，完全可以在初步接触当事人的时候就对当事人的行为作出合法性评价，并对当事人进行法制宣传教育，说服其放弃不合法不合理的主张，缩短纠纷化解的进程。

 操作训练一　综合练习

训练目的

通过模拟训练，掌握调解相邻关系的调解流程与主要技巧。

训练材料

家住某市某小区 8 幢 1 单元 102 室的高小姐家的厨房天花板出现霉斑以

及滴水等现象,并迅速发展到装修不到一年的房屋四处发霉、受潮、墙体表层脱落的程度,厨房里甚至需要用脸盆接天花板上滴下来的水,且水有些难闻,像是混合着洗洁精的生活污水的气味。当高小姐家漏水日益严重的时候,承租202室的哈小姐与连小姐也发现厨房有类似的漏水现象,虽然不像102室那么严重,但厨房靠近客厅的天花板石膏线脱落,着实对两位姑娘造成了惊吓。随即302室的孙先生家出现相应位置的地板往上冒水的现象,尤其是各家做晚饭的时间冒水就更严重,但一到第二天早上地板又干了。102室的业主高小姐认为是因为三楼装修时将原先的厨房改为储藏室时擅自改造水管走向引起楼下漏水,要求孙先生整改,直到不漏水为止。孙先生表示如果真是自己改装水管引起漏水,愿意承担责任,但每次总是四楼做晚饭时自家的地板随后就开始冒水,而自家用自来水时并不冒水,肯定是四楼的水在往下漏;且102室与202室两家渗漏出来的水有洗洁精和生活污水的气味,自己家地板上冒出来的则是干净的自来水,显然楼下漏水与自己家管道改装无关。高小姐又希望402室的小马能让物业过来查一查,小马配合楼下三家的要求又观察了两天,发现确实是自己开水龙头做饭洗碗的时候楼下漏水厉害些,于是打电话给房东白大姐,希望白大姐能解决此事。但白大姐说此房已出租,按照她与中介公司的协议,这些杂务均由中介公司打理。高小姐又打电话给中介公司,对方答复让物业公司来维修即可,如果物业公司现场勘察的结果是四楼漏水下去的,那么中介公司将承担维修费用,否则由其他住户承担一切后果。高小姐无奈,又打了物业公司的电话,物业公司经理答复她,必须先打开墙面才能看清楚究竟是从哪里漏水下去的,但是维修费用如何解决是需要各位业主协商好的。高小姐只得求助于该社区的调解员。

训练要求

1. 请你按照调解相邻损害防免关系的步骤为调解员列出思路要点,拟定调解方案。

2. 若查明漏水由于下水道堵塞引起,当调解员回访时高小姐提出要该小区的物业公司承担维护不当的责任,此事应如何解决?调解员可以为此做些什么?

重点提示:解决由建筑物区分所有权所引起的相邻关系纠纷,往往必须先找到发生不动产损害的原因,采用先简后繁的排除法来进行现场勘验。

操作训练二　分步练习

训练目的

通过分步练习,掌握拟订调解方案的基本步骤,强化处理相邻关系纠纷的基本技巧。

训练材料①与训练要求

第一步

家住杭州市萧山区临浦镇某村的施某与李某系本村邻居,又是远房亲戚,两家为门道地使用发生相邻权纠纷,双方曾在十年前就为此事发生互殴,矛盾一直未断。2006年5月20日双方又因施某在道地上砌石浇水泥路面发生纠纷,导致互殴。施某头部挨了李某一铁棍,血流如注,随即被送往医院救治。与此同时,施某一方迅速召集亲朋好友欲进行报复,事态即将进一步激化。110民警接警后,迅速赶到现场,采取果断措施,稳定了现场。

施某经医院治疗花去了近7 000元的药费,其妻也花去1 500多元药费。而另一方李某的母亲及妹妹也花去了500多元药费。临浦派出所民警曾为此纠纷召集双方当事人进行多次协调,但未取得成功。施某及其妻分别向区法院提起人身损害赔偿诉讼,施某的诉讼标的为11 446.63元整,其妻的诉讼标的为4 366.15元,再加上两起案件的受理费及代理费2 000元整,施某这一方损失达1.8万元整;同时,李某一方也准备另行提起人身损害赔偿诉讼。

试分析本案涉及哪些法律关系和纠纷,其中发生矛盾的根本原因是什么?

第二步

双方也曾多次找各自的亲朋好友及各种渠道进行调处,但均未获得成功。眼看即将开庭,原告方碍于情面又不便开口,这时被告于2006年10月25日请求临浦镇司法所进行调解。

分组讨论,试运用抓主要矛盾的方法拟订调解方案,并在模拟调解中现场实施。也可采用其他方法。注意分析每种方式、方法技巧实施时可能遇到的障碍及对策。

第三步

各组彼此对实施方案进行比较,体会各自所采用的方案的优劣,总结其可行性。

第四步

各组查阅原始案例库,将各自的调解方案与过程和临浦镇调解委员会真实的调解方案与过程进行对比,分辨优劣,总结经验教训。

---

① 选自杭州市萧山区司法局编:《人民调解优秀案例选编》,第6、7页。

学习单元十　人身损害赔偿纠纷调解实务

【学习目的与要求】

能判断某一民间纠纷是否属于人身损害赔偿纠纷；掌握人身损害赔偿纠纷调解的要点及流程；能运用纠纷调解的技巧对人身损害赔偿纠纷实施调解。

【学习重点与提示】

人身损害赔偿纠纷的特点，人身损害赔偿纠纷调解的要点及技巧。

一、人身损害赔偿纠纷的概念与特点

人身损害赔偿纠纷，是指侵权行为侵害公民生命权、健康权、身体权等，造成公民伤害、死亡后果，侵权人依法应当赔偿受害人因此造成的财产损失的纠纷。这类纠纷在侵权损害赔偿纠纷中占有较大的比例，在日常生活中也是常发事件。如因交通事故、医疗事故、工伤事故等造成受害人伤、残、死亡而引起的损害赔偿纠纷；因打架斗殴致人损害、产品缺陷致人损害、动物致人损害、物件致人损害、环境污染致人损害、未成年人致人损害等损害赔偿纠纷。

人身损害赔偿的性质具有双重性。首先，它是一种债，是一种法定之债。《民法通则》第84条规定，"债是按照合同的约定或法律的规定，在当事人之间产生的特定的权利义务关系……"在人身损害赔偿法律关系的当事人之间，因人身损害事实的发生，依照法律规定，产生了受害人要求侵害人承担赔偿损失的特定的权利义务关系。其次，人身损害赔偿是一种民事责任，具有民事责任的一切特点。[①]近年来，人身损害赔偿纠纷呈现出以下特点：

（一）人身损害赔偿纠纷类型结构变化明显

交通事故型、医疗事故型和工伤事故型等人身损害赔偿纠纷增多。究其原因主要为客观上机动车辆的大幅增加导致事故数量的增加，外来务工人员向各种用工场合的渗入及用工方式的变化，高数额赔偿金额的驱使使当事人

---

① 奚晓明总主编：《人身损害赔偿纠纷》，法律出版社2010年版，第3页。

之间利益难以调和等。

(二) 人身损害赔偿纠纷法律关系复杂, 性质认定具有复杂性

如工伤事故类人身损害赔偿, 由于经济的发展, 市场用工主体的多元性, 导致此类纠纷表现形式多种多样, 在责任主体认定上出现推脱, 性质认定上存在一定难度。

(三) 人身损害赔偿纠纷中当事人情绪对抗激烈

由于人身损害使受害人的生命权、健康权受到了不同程度的损害, 不仅给受害人造成了身体上的伤痛, 也给受害人及其家属带来了精神上的痛苦和创伤, 在纠纷解决过程中, 受害一方往往容易情绪激动, 导致矛盾升温。

(四) 人身损害赔偿纠纷中证据的收集和认定比较困难

由于当事人证据意识薄弱, 不知道收集证据; 或对突如其来的侵权行为, 来不及收集证据; 或对方当事人拒不提供对己不利的证据; 或提供虚假证据, 如对病历、诊断证明进行涂改以夸大伤情和赔偿范围等, 导致在人身损害赔偿纠纷中证据的收集和认定存在一定难度。

(五) 法律适用分歧较大, 赔偿结果不具有可比性

人身损害赔偿纠纷类型繁多, 有时不同的损害类型适用不同的法律法规; 有时同一类型纠纷, 由于角度不同、理解不同, 在适用法律法规时会存在分歧。并且在实践中, 由于受害人身份不同、地域不同等各种客观原因的存在, 会导致赔偿结果不同, 因此纠纷与纠纷之间的赔偿结果不具有可比性。

二、人身损害赔偿纠纷调解的要点

在人身损害赔偿纠纷的处理解决过程中, 损害赔偿调解是一项重要的程序工作。赔偿调解的目的在于依法确定当事人的赔偿责任, 引导双方当事人协商处理赔偿问题, 促成双方达成赔偿协议, 从而有效解决侵权行为所造成的损失问题。

由于人身损害赔偿纠纷类型繁多, 各种纠纷有其自身独特的特点, 调解员在调解过程中会结合纠纷实际情况有侧重的采取不同的调解策略。但总体来说, 调解员在调解人身损害赔偿纠纷时, 应把握以下一些调解要点:

(一) 了解、掌握人身损害赔偿的法律适用, 依法调解是基础

人身损害赔偿是一项民事责任, 该法律关系受一系列法律法规的调整。作为一名调解员, 应了解关于该方面的基本法律法规和专门法律法规, 会分析、适用人身损害赔偿的归责原则、赔偿标准以及赔偿范围, 熟知处理纠纷时所需援引的法律法规及司法解释, 并能结合实际纠纷向当事人解读相关法律规定。

（二）查明事实、分清是非，明确责任是做好调解工作的关键

进行调解，不能采取和稀泥的办法，不分清是非责任，草率行事。尤其是在人身损害赔偿纠纷中，责任的认定是调解协商的前提。因此，调解人员必须做好基础工作，经过调查、询问、多方走访等，若是诉讼调解，还应通过双方当事人举证、质证、认证等环节，尽量把事实还原。在此基础上的调解，方能让人心服口服。

（三）应对当事人的心理状态进行分析

当事人在纠纷调解过程中的各种活动一般都是在其心理调节支配下实行的，这就要求调解人员在调解工作中对当事人的心理进行分析，了解其心理状态，把握其心理特征及活动规律，有针对性地进行疏导。

在解决人身损害赔偿纠纷的过程中，责任明确以后，最关键的问题就是赔偿金额的确定。双方当事人都有一个心理赔偿"底线"，高明的调解人员，就需要探明纠纷双方的"底线"，并重新营造一个双方都能接受的"价码"。在调解过程中，调解员根据双方的心理变化，把握调解脉搏，适时调整"价码"，使调解更具针对性和可行性。

（四）调解时要考虑有过错方当事人的经济状况和赔偿能力

调解过程中，在确定赔偿数额时，除了考虑赔偿方的过错程度以外，还应考虑其经济状况，即赔偿能力问题。若提出了一个对方根本就无法承受的方案，很有可能会吓跑对方，使调解中途夭折；即使调解成功，最后在实际履行过程中也可能会出现不能履行的情况。

（五）善于沟通，掌握一定的语言技巧

在调解过程中，语言运用得巧妙、得体，可成为调解纠纷的有力武器，有助于调解工作的顺利进行。

民事调解的对象，绝大部分是普通百姓，纠纷的主要内容也是日常生活和社会交往中引起的人际关系纠纷，根据这些特点，调解语言要适合被调解人的接受、理解能力和心理特点。一般来说应大众化、明朗化、通俗化。在人身损害赔偿纠纷中，一方当事人因为遭受了身体或精神上的损害，故调解员在调解时语言应温情、善意，让人感觉到亲切和信任，以此拉近调解员与当事人之间的距离。

（六）适时运用联调机制

根据纠纷的性质、类别和难易程度，必要时提出联调意见和方案，根据纠纷的情况，由法院、司法所、派出所、综治办、乡镇、村委（社区）等部门的有关人员参与调解，运用这些部门具有的法、理、情等方面的优势，做好当事人的工作,以便更快速、更高效地解决纠纷和化解矛盾。

三、处理人身损害赔偿纠纷常用法律、法规

1. 《中华人民共和国民法通则》第119条;
2. 《中华人民共和国侵权责任法》;
3. 最高人民法院《关于审理人身损害赔偿案件适用法律若干问题的解释》;
4. 最高人民法院《关于确定民事侵权精神损害赔偿责任若干问题的解释》;
5. 最高人民法院《关于审理触电人身损害赔偿案件适用法律若干问题的解释》。

学习情景一 诉讼调解解决道路交通事故人身损害赔偿纠纷

范例:①

2007年1月15日,被告陈某驾驶雇主郭某的轻型厢式货车从赣州向广东省南雄方向行驶,途经大余县青龙电信所路段时,撞挂相对方向骑自行车的原告黄某,导致原告受伤。原告受伤后,即被送往大余县池江中心卫生院治疗,因病情严重转至赣州市立医院治疗。经住院治疗,于2007年3月21日出院。住院期间,原告共花费医疗费13万余元,其中原告自行负担医疗费3万余元;雇主郭某支付原告交通事故医疗费30 100元;被告中国人民财产保险有限公司大余支公司先予支付原告交通事故医疗费65 000元。2007年5月31日,经大余司法鉴定中心鉴定:黄某的伤势已构成两处八级伤残;后续治疗时间为一年,费用酌定8 000元。黄某的妻女等三名原告要求被告赔偿医疗费、后续治疗费、误工费、护理费、住院伙食补助费、残疾赔偿金、精神抚慰金等费用合计人民币17万余元。

主审法官王法官有着多年民事审判工作经验,经过调查取证和开庭审理,交警大队作出的交通事故认定书表明司机陈某应负事故主要责任,原告黄某应负次要责任。王法官考虑到伤者黄某家在农村,负担较重,如果正常判决,赔偿结果会与原告要求相差较大,且保险理赔款要比较长的时间才能领取,对于这个贫困的家庭来说,若能尽快领取赔偿款无异于雪中送炭。此时原告

---

① 范例来源:http://jxfy.chinacourt.org/public/detail.php?id=14796,2008年2月27日访问。

情绪激动，而原告与被告郭某对立情绪较大，稍有不慎甚至会引起上访，要使审理结果达到良好的社会效果，最好的方法是调解。于是王法官开始想方设法做双方的调解工作，她先多次到当事人家中了解情况和讲法说理，并邀请当地的村委会和人民调解员一起参与调解。因雇主郭某已投保机动车交通事故责任强制保险及机动车第三者责任保险，尚在保险期限内，王法官又多次找到中国人民财产保险股份有限公司大余支公司，协商让原告尽快领取保险理赔款。功夫不负有心人，经过前期的走访，王法官用诚意和耐心促进了各方当事人的相互理解，终于使三方达成了调解意向。

2008年2月22日下午3点，王法官开始对原、被告三方进行现场调解，谁知被告郭某又想让原告方做出更大的让步，双方几度发生争吵，王法官开始努力让大家平静下来，然后苦口婆心地再一次做彼此的思想工作，经过4个多小时的耐心调解，终于达成一致意见，被告郭某同意赔偿原告14万余元，被告保险公司也表示出了对原告贫困家境的同情，答应将此案特事特办，在最短的时间内将理赔款汇至法院银行账户，结果令各方当事人都非常满意。晚上7点30分，当原、被告满怀解决纠纷的喜悦走出法院时，他们不约而同地都向法官表达了深厚的谢意，原告一家更是感动地向王法官频频鞠躬。

1. 此类纠纷特点

随着社会经济的发展、人们生活水平的不断提高，机动车辆的数量大幅度增加，但由于人们的交通安全观念薄弱，守法遵法的意识普遍不高，使实际生活当中道路交通事故人身损害赔偿纠纷频频发生。此类纠纷一般情况下法律关系较为简单，争议的焦点也主要集中在事故责任的认定、赔偿责任主体的确定、赔偿范围和赔偿数额的确定等方面。但是此类纠纷的另一特点是受害一方情绪易激动，双方当事人容易产生对抗情绪，如何在调解过程中使当事人的情绪稳定下来，理智冷静地面对纠纷，真心接受调解，这是调解过程中首先要解决的问题。

2. 调解方法运用

（1）实际问题解决法。范例中，王法官在调解过程中注重实际问题的解决，即考虑到伤者黄某家在农村，负担较重，若走正常的程序，保险理赔款实际到手需要较长的时间，对于这个贫困的家庭来说，尽快领取赔偿款是一个最为实际的问题，从当事人的这一切实需求出发，最后调解取得了实效。因此，调解员在解决此类纠纷时，应当注意在工作中运用解决思想问题和实际问题相结合的方法，通过深入细致的调查，了解当事人的实际困难和需求，并体现出调解员关心当事人的真情和解决问题的决心；同时也一定要做好当事人的思想工作,使他们对实际问题的解决方案心服口服,自觉平息争议。

做好这些,调解员应当注意以下几个方面:

第一,要善于将大道理转化为贴近实际生活的小道理,要注意把道理同当事人的实际生活联系起来。

第二,调解员在进行思想工作时要富有人情味、情真意切,忌简单粗暴、空泛说教。①

第三,调解员应疏导当事人思想观念的消极方面。如,在道路交通损害赔偿纠纷中,纠纷人对自己应负的责任有时会持不稳定的认可心理,唯恐调解中自己做了让步,会使自己担负了更大的责任。因此,调解员应运用法律知识,分析责任承担问题,保护当事人的合法权益,消除当事人的疑惑或狭隘心理。

(2) 多方协助法。范例中,王法官还运用了动员多种力量协助调解的方法,让村委会和人民调解员参与调解,加大了调解的成功率。随着《道路交通事故处理办法》的失效,交通管理部门的调解已不是处理此类纠纷的必经程序,当事人根据意思自治可以选择调解,也可以直接向法院起诉。因此,解决纠纷的途径由调解趋向于诉讼。实践中,各地法院根据此类纠纷的特点,探索多元纠纷解决机制,建立由法官、人民调解员、交通民警及市保险协会人员共同组成的联合调解室。其职能主要为:

①诉前调解职能。对发生在本区的交通事故案件,经交警调解后,双方不能就损害赔偿达成一致意见的,由交警引导当事人到调解室进行人民调解,双方当事人达成协议的,出具"人民调解协议书"。

②诉讼服务和诉前准备职能。经联合调解室调解未果,当事人决定向法院起诉的,调解室工作人员可指导当事人制作起诉状、赔偿明细、证据副本并协助法院调取相应事故案卷。涉及伤残等级鉴定等技术鉴定事项的,由调解室委托鉴定部门鉴定。

③与法院诉讼衔接职能。法院受理交通事故赔偿案调解过程中,可视情况邀请交警、人民调解员、保险业协会专业人员参加调解。这种通过诉讼调解、人民调解、行政调解的三位一体的工作机制解决交通事故纠纷的途径,给群众提供了更加便捷的维权途径,也将使社会更和谐。

(3) 法律宣教法。调解人员在运用各种方法对道路交通事故人身损害赔偿纠纷进行调解时,其关键和前提还是依法调解。应依据法律的规定,明确各方当事人的责任。此类纠纷解决时除适用人身损害赔偿所涉及的基本法律

---

① 吕品等:《人民调解工作的方法与技巧》,中国法制出版社 2003 年版,第145页。

规定外，还适用专门的法律法规、司法解释。如，《侵权责任法》第六章"机动车交通事故责任（第48条—第53条）"、《道路交通安全法》、《道路交通安全法实施条例》、《最高人民法院关于购买人使用分期付款购买的车辆从事运输因交通事故造成他人财产损失保留车辆所有权的出卖方不应承担民事责任的批复》、《最高人民法院关于被盗机动车辆肇事后谁承担损害赔偿责任问题的批复》、《公安部交通管理局关于车辆转卖未过户发生事故经济赔偿问题的批复》等等。调解员依照法律规定，明确纠纷中的赔偿权利主体和赔偿义务主体，根据公安交警部门出具的交通事故认定书，明确各方的责任，确定赔偿范围和赔偿标准。只有在依法调解下所确认的调解协议，当事人才不会反悔。

学习情景二　人民调解解决工伤事故人身损害赔偿纠纷

范例：①

某日下午17时左右，上塘皋亭村（现为社区，下同）4组村民吴某的私房建筑土地，江西上饶市沙溪镇村民方某某在施工过程不慎意外坠楼。经急送杭州市第二人民医院抢救，终因伤势过重于次日凌晨死亡。

闻讯后远道而来的方某某父亲带着丧子之痛，不知如何是好，如请人打官司，不要说人生地不熟，就是来来去去那遥远的路途就够折腾的了，且根本承担不起高额的诉讼费用。后经人提醒，他找到了上塘皋亭村调委会，请求调委会帮助解决其子的善后事宜。而作为当事人另一方的施工队总包工头俞某和小包工头王某也想到了镇（现为街道，下同）、村的调委会，于是，双方合计将此事申请人民调解，请人民调解委员会来做"娘舅"。皋亭村人民调解委员会受理了双方的调解申请，由于牵涉的赔偿金额比较大，皋亭村调委会向镇调委会作了汇报，请求派员支持调解，在镇调委会的牵头下，镇调委会、公安派出所、皋亭村调委会、镇经济发展办公室等部门派员组成了联合调解组，共同对该案依照人民调解的程序进行了联合调解。

调解组详细了解了该事件的发生经过，并进行了认真的调查取证，制作了询问笔录等相关证据。根据调查访问的情况，调解组分析认为，总包工头在施工中防护设施不到位，是造成死者方某某坠楼的主要原因，应该负事故的主要责任；小包工头因死者方某某为其所雇，对其在实际操作过程中应注意的安全问题提醒不够，应负事故的次要责任；死者方某某在施工中自我保护意识不强，

---

① 案例来源于杭州市拱墅区司法局：《人民调解案例选编（一）》，2004年7月印制。

也是造成事故的一个不容忽视的因素，亦应承担部分责任，但因方某某已坠楼身亡，故不予追究。在基本分清责任的基础上，联合调解组于事发后第三天上午召集双方当事人进行调解。调解过程中，死者家属提出索赔18万元的补偿要求，而总包方只愿出4.5万元，两者相差甚远，致使调解陷入僵局。

后调解组成员又分头找双方当事人谈心，同时晓以利弊，帮助他们认识到事故的发生是谁都不愿看到的，既然已经发生了，就要依据事实及责任大小进行赔偿。在逐个做通思想工作后，调解组又先后两次召集当事人进行调解。至事发后第十三天，最终达成了调解协议，即一次性赔偿死者父母人民币10.3万元，分别由总包工头负担7.3万元，小包工头负担3万元，房东出于人道主义考虑自愿补偿给死者父母1.5万元，用于死者方某某的抢救费、丧葬费和二十位来杭奔丧亲人的交通食宿等费用。调解协议书经当事人各方签字后，当场履行了协议的内容。

1. 此类纠纷特点

工伤事故，是指劳动者在工作时间、工作场所内，因工作原因所遭受的人身损害，以及罹患职业病的意外事故。这种事故主要是企事业单位中的劳动者在执行工作职责中发生的导致其人身伤亡的事故，是用人单位与劳动者之间发生损害赔偿权利义务的法律事实。它是一种很常见的人身伤害事故。事故发生后，由于其法律关系复杂，往往出现责任推脱、对赔偿数额难以达成共识等现象，导致该类纠纷极易成为破坏社会稳定的不安定因素。在进行调解时，调解员应了解此类纠纷在实践中呈现出的一些特点：(1) 事故性质认定不一，有观点认为工伤事故是一种劳动保险关系，有观点认为工伤事故是侵权行为关系，还有观点认为工伤事故具有工伤保险和侵权行为的双重性质。对法律关系性质不同的理解导致了在纠纷解决过程中，双方当事人对责任承担、赔偿标准和赔偿数额等的不同理解。因此，在调解时调解员应充分利用法律武器，让当事人明确自己依法应承担的责任，避免一些错误的理解和思想。(2) 遭受人身伤亡的一方经常为外来务工人员，外来务工人员群体从整体上看是城市里的相对弱势群体，他们的各种利益都很难得到充分的保障。调解时，若让受损失一方觉得自己的利益得不到保护，往往会爆发群体性事件。(3) 遭受人身伤亡的一方当事人往往是家庭经济的顶梁柱，由于他们的伤亡，使本来贫困的家庭更是雪上加霜。因此，调解员应尽快解决纠纷，使赔偿款在最短的时间内到达伤亡者或其家庭成员手上。

2. 调解方法运用

范例中人民调解发挥了它的"灵活、快捷、方便"的优势，使一起疑难复杂的工伤死亡事故在较短的时间里得到了圆满的解决,在保护相对弱势群体利益的同时,也让外来务工人员免受"诉讼"之累。调解过程中,调解员们充分利用了以下的方式和方法技巧:

(1) 运用法律宣教与道德感召相结合的调解方法。该方法包括两方面的含义:一是指调解员在调解民间纠纷时应当遵照合法性的原则,严格依法调解;二是指调解员在调解民间纠纷时应当坚持法制教育与社会主义道德教育相结合的原则,即对当事人宣讲国家现行法律的同时,也要向其倡导社会主义道德规范和善良风俗,进行伦理道德的教育。范例中调解人员对于总包工头和小包工头以及死者自身的责任,依照国家法律,分清了是非,明确了责任,并且让各方当事人意识到这是他们无法推卸的责任。依照法律调解,才能促成当事人在分清是非的基础上达成和解,使有错误思想和行为的当事人受到教育,并保护各方当事人的合法权益。在做房东思想工作时,调解人员则主要运用了社会主义伦理和善良风俗的道德教育,使房东从人道主义的角度做了适当补偿。

关于工伤事故人身损害赔偿纠纷的法律适用,除适用《侵权责任法》的一般规定外,还受《劳动法》、《工伤保险条例》等特别法的调整。

(2) 使用联合调解的方式技巧。对于一些涉及面广、难度较大、情况复杂的纠纷,如仅依靠少数人和少数部门调解,往往效果不佳。此时,应动员相关部门到场,分工配合,联合调解。范例中,村人民调解委员会就考虑到了问题的复杂性,请求镇调委会派员支持调解,在镇调委会的牵头下,镇调委会、公安派出所、村调委会、镇经济发展办公室等部门派员组成了联合调解组,进行了联合调解。在此种情形下,调解员可以采取刚柔相济的方法,通过压力和感召,提高调解工作的效率。

(3) 使用趁势法。主要用于对事实情况清楚,纠纷双方当事人有诚意解决的纠纷,采取快刀斩乱麻的方式了断纠纷。这种方法,能避免纠纷反复,避免纠纷当事人主意不定、三心二意、夜长梦多,避免纠纷"马拉松",避免受损一方不能及时得到赔偿或补偿款。范例中,调解员在确定了各方的赔偿数额后,就采取逐个突破和多次共同协商的方式,使当事人各方最终在调解协议上签字并当场履行了协议内容。

学习情景三 诉讼调解解决动物伤人人身损害赔偿纠纷

范例:

这起案件的起因是 2009 年 1 月 19 日下午五点左右,原告小龙随其伯母

民间纠纷调解

苟某某到其祖父租房处的被告家看望老人时,走进门后不幸被被告所养的狗咬伤。原告被咬伤后,其父亲立刻从会泽赶回来,多次到被告家中协商医治原告的事,可被告却说"不医不管",导致双方矛盾趋于紧张。由于双方无法协商,原告之父向白鹤滩司法所申请调解,但经通知后被告拒绝参与调解。无奈之下,原告之父于2009年2月9日向巧家县人民法院起诉,恳请依法判准被告赔偿原告所支付的医疗费等费用合计3 270元。

法院受理后,承办法官在送达诉讼文书的过程中,被告曾某的抵触情绪十分强烈,态度也很恶劣,拒绝签收诉讼文书。其原因是被告认为原告被狗咬伤所造成的损害和他没有任何关系,如果原告要钱,就去向狗要,去告狗。被告如此无理取闹,让承办法官感到惊讶、不解。后来经过细致的询问,才了解到被告有如此强烈的抵触情绪是因为原告的家人在农历正月里到被告家里大吵大闹,闹后没几天,被告的老父亲就过世了。被告认为其父之死就是因为原告家人到其家里吵闹所造成,所以拒绝赔偿,并扬言还要找原告家的麻烦。

找到了问题的根源,承办法官及时调整办案思路,对症下药,对被告父亲的过世表示哀痛,同时把动物致人损害赔偿方面的法律知识给被告作了耐心的解释,使被告的抵触情绪有所缓和,表示愿意在医疗费范围内给予赔偿。看到时机成熟,承办法官当即决定组织双方进行调解。调解中,承办法官又把动物致人损害赔偿的有关法律知识向原、被告双方作进一步解释,让双方明白各自应承担的责任,同时对原告家人到被告家吵闹的行为进行了批评。经过近两小时的耐心调解,双方握手言和,化干戈为玉帛,最终由被告赔偿原告医疗费3 000元,并当庭履行完毕。这起狗咬人的纠纷终于得到了圆满的解决。

随着市场经济的发展,人们的生活方式也趋于多元化。近些年,饲养动物已成为现代人日常生活之时尚。动物固然惹人喜爱,然而,动物侵权致人损害事件亦比比皆是。若双方当事人的矛盾得不到及时解决,使本来一件看似简单的事件,在威胁人类健康的同时,也恶化了人与人之间的关系。

动物致人损害纠纷中,动物的饲养人或管理人往往会认为自己又不是故意让动物去致人损害的,因此自己不应承担责任或最多出于道义少量补偿而已。此时,调解人员就应该给当事人宣讲法律,让当事人认识到自己行为的违法性。《民法通则》第127条规定:"饲养的动物造成他人损害的,动物饲养人或者管理人应当承担民事责任;由于受害人的过错造成损害的,动物饲养人或者管理人不承担民事责任;由于第三人的过错造成损害的,第三人应当承担民事责任。"《侵权责任法》第十章(第78条—第84条)明确规定了饲养动物损害责任的承担,调解员只有正确引用和讲解相关法律,当事人才能心悦诚服地接受调解。

范例中,法官调解时还运用了换位思考的方法。一方面,调解员通过让当事人之间进行交流做到当事人之间的换位思考,站在对方的角度考虑问题,互谅互让;另一方面,调解员能站在当事人双方的立场和角度,寻找解决纠纷的适当方法。换位思考在与当事人沟通上非常重要,因为不了解对方的立场、感受及想法,调解员就无法作出正确的回应。同时,调解员在提出调解方案或引导当事人达成调解协议时,也应当注意换位思考。站在当事人的立场,设身处地、将心比心地去思考矛盾产生的主要原因、解决问题的关键和所能接受的向对方让步的底线,这样会让当事人感觉到调解员是从当事人的利益出发,从而消除对调解员的抗拒心理,听取调解员的合理建议,便于调解的顺利进行。①

从范例可以看出调解在处理民间纠纷时发挥很大的作用。调解结案能使当事人互谅互让,平等协商,自愿达成协议及时化解无谓的纷争,维护公民的合法权益,维护社会的稳定。因此,充分发挥司法调解功能有利于促进人民内部团结,维护家庭、社区和邻里关系的安定,减少"民转刑"案件的发生,从而促进社会和谐。

 操作训练一　综合练习

训练目的

通过模拟训练,掌握人身损害赔偿纠纷的调解要点与主要方法和技巧。

训练材料

2003年11月23日下午,杭州市某民房建筑工地突然传出了一声凄厉的惨叫,闻讯赶来的民工们发现刚刚还在井字架上操作的江西籍年仅28岁的工友陈某某已摔在地上,血肉模糊,一阵手忙脚乱之后人们以最快的速度将他送进医院,由于伤势过重,经抢救无效最后死亡。

11月25日,接到噩耗的陈某某的父亲和哥哥满面愁容来到了出事之地。陈某某幼年丧母,陈父是既当爹又当娘,兄弟俩全由其一人拉扯大。生活的重担压得陈父过早衰老,虽未满70岁,却已显得老态龙钟,得知自己的亲生骨肉已先自己离去,老泪纵横的他几度昏厥。一夜之间陈父的头发仿佛结上了一层白霜。为了防止事态扩大,某某镇人民调解中心工作人员放弃了

---

① 吕品等:《人民调解工作的方法与技巧》,中国法制出版社2003年版,第147页。

休息时间,给陈家安顿了住宿,并为其送上白米粥,面对异乡人的真情,陈父再一次老泪纵横。在交谈过程中,调解员们了解到陈家与建筑包工头有亲戚关系。

现陈父提出儿子才28岁,如果每年赚1万,三十年就30万,因此赔偿金额不能少于30万,并将矛头直接指向房东,认为是由于房东不同意用质量好的钢筋加固三脚架才导致事故的发生。而房东则称与包工头签订了安全协议,事故责任不在自己,最多出于同情出5 000元作为补助。

训练要求

1. 请你依据人身损害赔偿纠纷调解的要点列出调解思路要点,拟订调解方案。

2. 对于房东认为自己不应承担责任,该如何解决?调解员可以为此做些什么?

重点提示:解决人身损害赔偿纠纷,前提是依法确定责任主体和责任范围。对于当事人各方意见不一时,可先逐一调解,再综合调解,掌握好调解的时机。

 操作训练二　分步练习

训练目的

通过分步练习,掌握拟订调解方案的基本步骤,强化处理人身损害赔偿纠纷的基本技巧。

训练材料与训练要求

第一步

2003年8月22日晚,某某村村民魏某某在单位加班期间不慎将右手腕割破,伤势比较严重(手部神经、肌肉断裂),送某某区中西结合医院治疗,该院医生在做清创止血处理后,征得了魏某某同意后实施了手术治疗。魏某某出院后伤口发生感染一直不愈合,两个半月后转院。转院后经两次手术治疗后才愈合,但手部功能受到一定的影响,给生活带来了不便。魏某某认为是某某区中西结合医院的过错导致了其手部功能部分丧失,是医疗事故,要求给予赔偿。

试分析本案涉及哪些法律关系和纠纷,其中发生矛盾的根本原因是什么?

第二步

魏某某从2003年11月至2004年3月多次找到医院,要求解决赔偿问题。但医院要求其出示医疗鉴定以证明存在医疗事故,双方发生了纠纷。现魏某某与其丈夫到镇司法所,要求解决此事,情绪比较激动。

分组讨论，试运用抓主要矛盾的方法拟订调解方案，并在模拟调解中现场实施。也可采用其他方法。注意分析每种方式、方法技巧实施时可能遇到的障碍及对策。

第三步

各组彼此对实施方案进行比较，体会各自所采用的方案的优劣，总结其可行性。

第四步

各组查阅原始案例库，将各自的调解方案与过程跟真实的调解方案与过程进行对比，分辨优劣，总结经验教训。

学习单元十一 消费纠纷调解实务

【学习目的与要求】

能判断某一民间纠纷是否属于消费纠纷;掌握消费纠纷调解的要点及流程;能初步运用纠纷调解的技巧对该类纠纷实施调解。

【学习重点与提示】

消费纠纷的特点,常见的和主要的消费纠纷种类,消费纠纷调解的要点及流程。

消费是社会再生产过程中的一个重要环节,也是最终环节。它是指利用社会产品来满足人们各种需要的过程。消费可分为生产消费和个人消费。前者指物质资料生产过程中的生产资料和劳动力的使用和消耗。后者是指人们把生产出来的物质资料和精神产品用于满足个人生活需要的行为和过程。通常讲的消费,是指个人消费。本文所指消费纠纷,就是在个人消费的各个环节中出现的关于权利和义务的法律纷争。

一、消费纠纷情况概述

(一) 消费纠纷的概念

消费纠纷,又称消费争议,全称为消费者权益争议,是指在消费领域中,消费者与经营者之间因权利义务关系产生的矛盾纠纷。主要表现为消费者在购买、使用商品或接受服务中,由于经营者不依法履行义务或不适当履行义务使消费者的合法权益受到损害或消费者对经营者提供的商品或服务不满意,双方因此而产生的矛盾纠纷。

(二) 特点

1. 主要发生在消费领域

即消费者为了生活目的,在购买、使用商品或接受服务的环节中发生。必须是生活消费的范畴,生产消费、劳动力消费以及其他消费都不属于此类纠纷范围。

2. 纠纷双方主体为消费者与经营者

纠纷一方必定是商品所有人、使用人或者接受服务人，另一方是商品的生产者、销售者、运输者及仓储者或提供服务者。一般情况下，前者是纠纷中的受害者，同时也是赔偿要求的申请人。

3. 纠纷内容常围绕着物质赔偿或补偿

争议常因经营者不依法履行义务或者不适当履行义务而引起，双方一般围绕着"退、赔、补"展开，"退"指的是退回产品或服务，"赔"指的是针对损害的经济赔偿，"补"指的是因损害造成精神或其他方面的经济补偿。

4. 调解是最常见的救济途径

关于消费者权益纠纷的处理，一般通过下列途径加以解决：协商、调解（人民调解、行政调解）、仲裁（包括仲裁中调解）、诉讼（包括诉讼中调解）。从实践中看，上述途径中通过调解的结案率最高，最能达成争议双方均满意的结果。

(三) 常见消费纠纷种类

1. 因发生的领域不同，而可以分为不同消费种类，从而产生不同的消费纠纷：如餐饮消费纠纷、住宿消费纠纷、购物消费纠纷、交通消费纠纷、旅游消费纠纷、汽车消费纠纷、房屋消费纠纷、其他消费纠纷等。

2. 根据经营者违法或不适当履行义务的不同表现，可以分为：

（1）所提供的商品存在危及人身、财产安全的危险，或不符合有关的国家标准、行业标准而造成的纠纷，即产品质量侵权纠纷；

（2）对所提供的商品或服务作虚假宣传，误导消费者而造成的纠纷；

（3）经营者侵犯消费者的人身权，进行侮辱、诽谤、搜查身体及其携带的物品而造成的纠纷；

（4）经营者隐匿或冒用他人的名称、标记等使消费者产生误认而导致的纠纷；

（5）无理拒绝履行国家规定的义务或双方约定的义务而产生的纠纷。

二、消费纠纷调解的要点

(一) 调解的主体

1. 人民调解委员会

人民调解委员会调解的民间纠纷，包括发生在公民与公民之间、公民与法人、其他社会组织之间涉及民事权利义务争议的各种纠纷，自然包括消费纠纷。当消费者碰到消费纠纷时，可以自愿选择人民调解或者其他方式来解决纠纷。人民调解也是解决消费纠纷的一种常见方式。

2. 相关行政执法部门

相关行政执法部门，包括工商行政管理部门、技术监督部门、卫生监督管理部门、进出口商品检验部门、产品质量监督部门、烟草局等。

消费者在购买使用商品或者接受服务受到损害时，可以向各级人民政府所属的与保护消费者权益有关的行政部门申诉。这些部门包括工商行政管理、技术监督、价格管理、卫生、防疫、进出口商品检验等部门。消费者可以根据自己受损害的情况和性质，向上述有关部门提出申诉。行政部门接到申诉后从两方面进行工作：一是经过调查了解弄清事实，对消费者和经营者之间的纠纷进行调解，使双方经过自愿平等协商达成解决问题的协议；二是对查证属实的经营者的违法行为，依据国家有关法律、法规予以行政制裁。

3. 消费者权益保护协会

在中国，中国消费者协会是中国广大消费者的组织，是一个具有半官方性质的群众性社会团体。中国消费者协会和地方各级消费者协会，是由同级人民政府批准，经过民政部门核准登记而设立的，因而具有社会团体法人资格。

消费者协会的任务有两项，一是对商品和服务进行社会监督，二是保护消费者权益。我国法律规定消费者协会有七项职能，其中第四项为受理消费者的投诉，并对投诉进行调查、调解，表明了消协是非常重要的消费纠纷的调解机构。

4. 仲裁机关

通过仲裁解决争议的前提条件是，消费者和经营者都必须同意采用此方式解决纠纷并达成仲裁协议。目前，在我国直辖市、省会城市和部分设区的城市设有仲裁委员会。根据《仲裁法》的规定，仲裁实行一裁终局的制度，裁决作出后，当事人就同一纠纷再申请仲裁或者向人民法院起诉的，仲裁委员会或者人民法院不予受理，但当事人有足够理由不服裁决的，可在收到裁决书六个月内向仲裁委员会所在地的中级人民法院申请撤销裁决。

5. 法院

法院对消费纠纷的调解主要体现在消费纠纷诉讼中的诉中调解部分。与人民调解和行政调解不同，法院的诉讼调解具有当然的法律效力，一旦调解协议达成，当事人不得反悔，同时调解协议具有当然的法律强制效力。

(二) 调解的原则与方法

无论是人民调解委员会或者是工商机关、产品质量监督机关等国家行政机关，或者是消费者权益保护协会、仲裁机关和法院，就适用调解这一方法

解决消费纠纷而言,其原则和方法都是通用的。作为处理消费纠纷的调解工作人员,在面对这些纠纷时,都应注意掌握以下几个要点:

(1) 应理顺法律关系,正确适用法律规范。

(2) 在调解前调解人员必须做好准备工作。一是查清真相;二是明确责任;三是问清要求。

(3) 在明确责任的情况下,善用模糊处理法。一方面在调查研究阶段和劝说教育当事人时要查明事实,分清责任;另一方面在实施调解促成调解协议达成的时候也应善用模糊处理法。

(4) 多采用面对面的方式实施调解,在矛盾陷入僵局时可采用背靠背的方式进行调解。

(5) 调解方法技巧还有利弊分析法、解决主要矛盾法、第三方协助法、换位思考法以及法律宣教法和道德感召法等方法。

(6) 行政机关在进行调解时还应注意要将调解与对违法生产者和销售者的行政处罚区分开来。

(三) 消费纠纷调解与产品质量鉴定

消费纠纷中涉及产品质量,其纠纷解决核心在于产品的质量究竟是否合格,这就与产品的质量鉴定密切相关。

产品质量鉴定是指省级以上质量技术监督行政部门指定的鉴定组织单位,根据申请人的委托要求,组织专家对存在质量争议的产品进行调查、分析、判定,出具质量鉴定报告的过程。

质量鉴定有以下几个特征:

(1) 只有省级和国家质量技术监督行政部门可以接受质量鉴定申请,质量鉴定由上述质量技术监督行政部门指定鉴定单位组织实施。

(2) 质量鉴定的范围是争议产品。

(3) 质量鉴定的产品状况多是已经磨损、损坏、失去使用性能的产品,因此将鉴定产品的内在质量状况与合同或产品标准要求比较,不能说明产品的质量问题是什么原因、由谁造成的,故产品质量鉴定是一项对产品质量问题的"诊断"工作,仅回答产品质量是否符合国家或行业规定的标准,而不分析原因。

(4) 质量鉴定的技术工作由质量鉴定组织单位组织技术专家进行,由专家组对产品进行调查、分析、判定,最后出具质量鉴定报告。

三、调处消费纠纷的流程

消费过程中,如果经营者能够诚信自律,即使消费纠纷出现,也能通过协商得到积极的处理。但一般情况下，经营者与消费者往往不能自行解决，而习惯将消费纠纷提交到消费者权益保护协会或者相关的行政部门，行政调解此时是常见的解决消费纠纷的方法。

故本部分调解流程主要采用行政调解的流程，具体如下：

（一）纠纷受理

1. 受理机关

消费纠纷的调解机关，一般为产品质量监督机关、工商管理机关以及消费者权益保护协会。其中消费者权益保护协会较为特殊，它本身是一个社会组织，但经过法律法规的授权而具备了行政主体的资格，所以由它主持的调解也是行政调解。

调解机关一般设立专门的投诉部门或者受理员接受申请和投诉。

2. 接待和初步审查

（1）接待。进入行政调解的案件主要有三种类型：当事人投诉（当面和电话投诉）、上级行政机关移办、同级其他职能部门转送。

消费者通过电话或直接上门的投诉举报，要热情接待接听，不得推诿。受理时要认真填写《投诉举报受理单》，并做好登记台账。

上级行政机关移办和同级其他职能部门转送的消费纠纷，也要同时登记台账。

（2）了解情况和初步审查。行政主体接待纠纷案件后，首先要初步了解案件情况，进行初步的审查，审查的内容包括是否属于消费纠纷，是否属于本行政机关的地域和职能管辖范围。

审查后符合条件的，调解机关填写《受理通知书》送达投诉人，对不属于工商部门受理范围的消费者投诉举报，应及时说明原因，并填写《不予受理通知书》送达投诉人。对不属于本部门管辖的，应告知投诉人到相应的行政机关进行处理。

（二）启动调解

1. 组织工作人员调解纠纷

行政主体接受纠纷案件后，要及时组织工作人员介入案件调解处置工作。对消费者现场或电话投诉的案件，应及时赶到现场进行处置。对上级或其他职能部门交办或移办的案件，也要及时与投诉者取得联系，了解情况。

2. 查清对方当事人，告知投诉原由，听取对方辩解

调解机关要及时查清消费者的投诉对象，即对产品质量或服务造成的损害的责任人的身份，同时也与对方取得联系，告知被投诉的理由，并听取对方对投诉的辩解。

3. 告知权利和当事人申请

调解机关在了解双方当事人关于消费纠纷的意见后,对案件情况进行初步了解后,应当告知双方当事人有申请行政调解的权利,如果当事人愿意接受调解,可以提请申请。

当事人进行调解的申请,可以采用书面或者口头的方式进行。

4. 启动行政调解

一旦行政调解的受案范围、管辖范围、当事人自愿原则和申请方式等条件全部满足,则行政调解的启动环节正式完成,行政主体应制作《调解通知书》,送达给双方当事人,行政调解正式启动。

任一方当事人不愿进行调解的,行政主体则应告知对方当事人行政调解程序无法启动,可以选择其他途径进行救济。不愿进行调解的一方当事人应当填写不愿调解的书面意见,由行政主体归档备案,行政调解也归于终结。

(三) 调解的实施

1. 调解前的准备

调解工作人员确定好调解的具体日期后,应当及时通知双方当事人。

另外,调解人员还要进一步调查案情,查清相关的法律依据,制定较为详细的调解计划。

2. 进行调解

这一阶段是行政调解的核心环节,包括:

(1) 告知当事人权利义务。在行政调解正式开始前,行政机关一般会以口头或者书面形式告知当事人行政调解的性质、原则和效力,以及当事人在调解活动中享有的权利和承担的义务。

纠纷当事人享有的权利:自主决定接受、不接受或者终止调解;要求有关调解人员回避;不受压制强迫,表达真实意愿,提出合理要求;自愿达成协议。

纠纷当事人承担的义务:如实陈述纠纷事实,不得提供虚假证明材料;遵守调解规则;不得加剧纠纷、激化矛盾;自觉履行调解协议。

(2) 行政主体主持协商、说服教育。行政主体在这一环节主要起第三人和中间人的作用,没有命令和强制,只能是说服教育、化解矛盾,以求一致意见的达成。在协商过程中,行政主体是主持人和召集人,它可以召集双方当事人面对面协商,也可以在双方默许下背靠背与一方协商,在中间传递意见。

在调解过程中,调解机关应当主动询问当事人的调解方案,了解各自的要求和能承担的责任的底线。调解机关也可以提出调解建议方案供双方当事人选择。

在调解的过程中，如有任何一方当事人不愿再继续调解的，行政主体应及时告知对方当事人具体情况，同时宣告行政调解程序终止，当事人可以选择其他途径进行救济。

不愿继续调解的一方当事人应当填写不愿调解的书面意见，由行政主体归档备案，行政调解也归于终结。

(四) 调解的终结

1. 在双方意思表示一致的情况下达成调解协议

经过协商，在双方意思表示一致的情况下获得和解的，应当在行政主体的主持下达成调解的书面协议，应制作《调解协议书》，行政机关和双方当事人共同签字盖章，一式三份，一份留存调解机关备查，两份分别送达纠纷双方当事人。

2. 调解协议无法达成，调解终结

对不能达成协议的消费权益争议调解，应制作书面《调解记录》，当事人双方签字，一式三份，留存备查，当事人不愿签名的要作说明。

3. 结案归档

调解完毕后，调解机关要做好相关法律文书的结案归档工作。

(五) 协议的履行与监督

1. 督促调解协议的履行

虽然行政机关对调解协议的履行没有强制执行力，但可以进行合理的监督和催促，当事人无正当理由不履行协议的，应当做好当事人的工作，督促其履行。对经督促仍不履行调解协议的，应当告知当事人可以提请仲裁或就调解协议的履行、变更、撤销向人民法院起诉。

2. 履行情况备案

行政主体对调解协议的履行情况可以适时进行回访，并就履行情况作出记录备案。对当事人不履行调解协议的，也应当记录在案备查。

四、处理消费纠纷常用法律、法规

1. 《中华人民共和国民法通则》第122条；
2. 《中华人民共和国产品质量法》第26—41条、第47条；
3. 《中华人民共和国消费者权益保护法》第34条、第40—49条；
4. 《中华人民共和国侵权责任法》第41—47条；
5. 《工商行政管理机关受理消费者申诉暂行办法》第7条、第25条；

6.《最高人民法院关于贯彻执行〈中华人民共和国民法通则〉若干问题的意见（试行）》第153条。

学习情景一　行政调解解决产品质量侵权纠纷

范例：

9月2日，消费者麻某向某市东城区工商分局投诉，称在食用月饼过程中，月饼馅内夹杂的核桃壳碎片导致其牙齿受损，要求厂家赔偿。工商分局新塘所承办人员调查后发现，消费者尚未对牙齿进行治疗也未产生医疗费用，且要求赔偿上万元；该月饼生产厂家市清真食品有限公司表示愿意对消费者牙齿受损予以赔偿，但认为消费者的索赔数额大大超过治疗所需费用，不符合实际情况，双方分歧很大。

经征求双方当事人同意，工商所承办人员决定对此案进行行政调解，一方面对商家强调了产品质量、企业信誉对企业生存的绝对重要性，强调了企业对消费者的责任；另一方面，耐心向消费者解释了消法的相关规定，分析利弊，指出维权必须合法有据，超出法律保护额度的权利主张很难实现，应以更现实、理智的心态维护自身权益，解决纠纷。

经过承办人员的努力，双方最终达成了由月饼生产厂家对消费者赔偿1 600元的调解协议。

本案为典型的产品质量不合格导致消费人身权受损的消费纠纷，也是近年来工商部门处理的纠纷中所占比例较大的一类消费纠纷。

《民法通则》第122条规定，因产品质量不合格造成他人财产、人身损害的，产品制造者、销售者应当依法承担民事责任。运输者、仓储者对此负有责任的，产品制造者、销售者有权要求赔偿损失。因此对因产品质量而导致的消费纠纷中，有四类主体应当承担相关责任。

同时，产品质量导致的消费纠纷还具有以下一些特点：纠纷双方主体中一方必定是产品所有人或者使用人，另一方是产品的生产者、销售者、运输者及仓储者。一般情况下，产品所有人或使用人是纠纷中的受害者，同时也是赔偿要求的申请人。纠纷的起因是产品质量侵权而造成的人身或财产损失，故争议双方一般围绕着"退、赔、补"展开，"退"指的是退回产品，"赔"指的是针对损害的经济赔偿，"补"指的是因损害造成精神或其他方面的经济补偿。

民间纠纷调解

本案的产品质量消费纠纷涉及的消费者权利损害程度一般,涉及的金额也不是特别大,在这种情况下,工商部门工作人员选择行政调解来处理和解决纠纷是非常合适的。调解过程中,调解人员分别从厂家与消费者双方的立场出发分析利弊,宣讲法律规定,引导当事人作出最理性最有益的选择,最终达成了协议,使纠纷得到了圆满的解决。

学习情景二　行政调解解决虚假宣传误导消费纠纷

范例:

2006年3月6日,某市十六街区商业开发有限公司在本地《都市晨报》、《青年时报》等媒体上发布了长期出租某大型居住区新城广场房产的大幅广告,其"每平方米2280元起"、"每套10万元"、"团购专线"等内容比较突出,而有关"租赁"等字样的比例过小。张女士、丁先生等消费者被该广告所误导,认为该公司以每平方米2280元价格出售新城广场房产,遂于3月8日赶到"售楼"地点,又被现场火爆的"售房"场面所感染,急切之下未仔细核查就签署了意向书,并每人当场交纳了定金2万元。事后,张女士、丁先生等消费者才发现交易事项为"租赁"而非其一直认为的"购置",要求取消交易、退还定金未果,遂于3月13日向区工商分局投诉。

受理投诉后,工商分局下属新城工商所立即指派承办人员赶赴现场,核实情况,调解纠纷,针对十六街区公司坚持的"消费者自愿签署"的观点,明确指出该公司在广告宣传中的虚假内容误导了消费者,其过错责任是导致纠纷的诱因,所谓"自愿签署"的意向书存在重大误解的瑕疵。经过承办人员的努力,该公司终于同意退还张女士、丁先生等十名消费者已交纳的定金,共计金额20万元,有力维护了消费者的合法权益。

随后,工商分局对某市十六街区商业开发有限公司涉嫌利用广告发布虚假内容、误导消费者的行为作进一步调查,并作出相关行政处罚。

本案为典型的引人误解的虚假宣传导致明显重大误解而产生的消费纠纷。

所谓"引人误解的虚假宣传",是指经营者利用广告或者其他方法,对商品或者服务的质量、制作成分、性能、用途、生产者、有效期限、产地等作虚假的宣传或者引人误解的宣传。包括两种行为类型:

一是虚假宣传。虚假宣传是指经营者利用广告或其他方法对商品的质量、制作成分、性能、用途、生产者、有效期限、产地等作与实际情况不符的虚假宣传，导致用户和消费者误认的行为。广告的经营者在明知或者应知的情况下，代理、设计、制作、发布虚假广告。虚假宣传中，商品宣传的内容与商品的客观事实不相符合，如将非获奖产品宣称为获奖产品；将国产商品宣传为进口商品等等，就属于虚假宣传。

二是引人误解的宣传。引人误解的宣传是指经营者利用广告或其他方法对商品的质量、制作成分、性能、用途、生产者、有效期限、产地等作可能使宣传对象或受宣传影响的人对商品的真实情况产生错误的联想，从而影响其购买决策的商品宣传。如将"免费赠送"的字样印刷得很大很醒目，而将"购买"的字体印刷得较小，让消费者产生"免费赠送"的错误联想。

虚假宣传主要以宣传内容是否与客观事实相一致作为认定的标准，很好区分。而引人误解的宣传则以消费者、用户的主观认识为判断的依据。通常情况下，虚假宣传必然导致误解，但引人误解的宣传并不一定都是虚假的。在某些情况下，即使宣传内容是真实的，也可能产生引人误解的后果。如某家具店广告标示展销"意大利聚酯漆家具"，消费者都理解为是意大利进口家具，而实际上只是用意大利进口漆涂的家具。这则广告似乎难以认定为虚假广告，但它确确实实能使消费者对商品的产地发生误解，进而作出错误的购买决策。引人误解的虚假宣传属于《反不正当竞争法》列举的十一种不正当竞争行为之一，严重侵害了消费者的权益。

对引人误解的虚假宣传不正当竞争行为，《反不正当竞争法》明确规定，对经营者利用广告或其他方法，对商品作虚假宣传的，工商行政管理机关应当责令停止违法行为，消除影响，进行处罚；对广告的经营者、广告的发布者在明知或者应知的情况下，代理、设计、制作、发布虚假广告的，工商行政管理机关应当责令停止违法行为，没收广告费用，并处罚款，情节严重的，依法停止其广告业务。

引人误解的虚假宣传纠纷的行政调解显得尤为重要，体现出下列特点：

（1）侵权责任和过错都非常明确，消费者权益受损的情况非常明显。

（2）虚假宣传或引人误解的宣传行为的举证责任在消费者。

（3）行政调解的效果如何，往往与行政机关对违法经营者和广告发布者的处罚有密切联系。调解人员应当抓住这一点因势利导，切实维护消费者权益。

本案为典型的引人误解的宣传导致明显重大误解而产生的房屋消费纠纷。消费者权益受到侵害的情况也非常明显，此时工商机关工作人员的行政调解显得十分重要。

本案中的房产公司的行为，不仅侵害了消费者的权利，还同时有发布虚假广告误导消费者的嫌疑,一旦核实,不仅要承担民事责任,还要承担行政责任或者刑事责任。纠纷的解决,既可通过行政调解终结,也可通过民事诉讼途径,但相比之下,调解的成本要低得多,而且主动返还款项有利于其减免行政责任和刑事责任。在作为国家代表的工商部门的引导分析下,房产公司最终只有拿出诚意,返还定金。

学习情景三 行政调解解决侵犯消费者人格权纠纷

范例:

  2008年5月的一天,消费者曾某到某县玉壶镇百货超市购物后,付完款准备离开,超市门口安检系统的警报突然响起,曾某随即把所购买的商品给保安检查,没有发现未付款的商品,曾某付款后欲离开超市遭到拒绝。随后,保安要求曾某把随身携带的物品打开检查,没有发现其他未付款的、属于超市的物品。消费者曾某认为自身的人格尊严受到了侵害,要求超市道歉,并给予一定的经济赔偿。而超市只同意道歉,但拒绝经济赔偿,双方僵持不下,曾某拨打12315投诉,请求帮助。

  县消费者委员会玉壶分会接到市局12315中心反馈的信息后,立即赶到现场召集双方进行调解。刚开始双方的意见分歧比较大,曾某认为自己在公共场所遭到检查,有一种被误认为小偷的嫌疑,其人格尊严受到严重侵害,坚决要求超市书面赔礼道歉并进行经济赔偿。超市方面则认为,并没有诬陷消费者是小偷,只是对可疑商品进行例行检查,并没有侵犯到消费者的合法权益。工作人员根据《中华人民共和国消费者权益保护法》的有关规定,给双方详细解释了消费者应享有的权利、经营者应承担的义务以及赔偿标准和双方各自的法律责任,经过工作人员耐心细致的协商、调解,超市当面向曾某赔礼道歉并给予八宝粥一箱作为补偿。

  本案为消费纠纷中的侵犯消费者人格权的精神损害纠纷案件。

  人格尊严是公民人身权利的重要组成部分,公民的人格尊严不容侵犯。对此,我国《宪法》第38条专门规定:"中华人民共和国公民的人格尊严不受侵犯。禁止用任何方法对公民进行侮辱、诽谤和诬告陷害。"本法关于消费者人格尊严的规定,是宪法原则在消费领域里的具体体现。

  与公民人格尊严权相关的具体人格权包括姓名权、名誉权、荣誉权、肖像权、隐私权等。

在消费领域里，侵犯消费者人格尊严权利的行为大量表现为侵犯消费者名誉权和隐私权的行为。常见的侵权行为主要有：（一）对消费者进行侮辱、诽谤；（二）搜查消费者的身体及其携带的物品；（三）侵犯消费者的人身自由。

《消费者权益保护法》对此作了非常明确的规定，其中第14条规定："消费者在购买、使用商品和接受服务时，享有其人格尊严、民族风俗习惯得到尊重的权利。"第25条规定："经营者不得对消费者进行侮辱、诽谤，不得搜查消费者的身体及其携带的物品，不得侵犯消费者的人身自由。"第43条规定："经营者违反本法第二十五条规定，侵害消费者的人格尊严或者侵犯消费者的人身自由的，应当停止侵害、恢复名誉、消除影响、赔礼道歉，并赔偿损失。"

在此类案件的行政调解中，工作人员要特别注意让商家和消费者换位思考的调解方法，在法律法规明确规定的情况下，让双方达成共识，抚慰消费者的心理。

学习情景四 行政调解解决售后服务承诺的消费纠纷

范例：

花6万多元买来的某国际名牌手表，走了一年多时间就不走了，拿给商家一看，商家表示里面一个零件坏了，要维修，但手表已经超过一年的保修期，现在只能是付费维修，可是这发票上明明标注的是保修二年，商家怎么会这么不讲信用。消费者刘女士向辖区的工商所进行消费投诉。

工商所立即指派调解人员赶赴现场进行调解，刘女士表示，这只手表是2007年10月初买来的，当时就冲着这里是精品名表店，认为质量和信誉好，可以解除后顾之忧，但还是发生了这样的事，要求按照二年的三包期执行，进行免费维修。商家表示，虽然发票上标注的是保修二年，但国家《部分商品修理更换退货责任规定》里规定手表的保修期为一年，那就应该按照国家的法律法规来执行，谁也没有超越法律的特权。调解人员了解了情况后表示，商家的这种说法只是片面地理解了法律法规，《部分商品修理更换退货责任规定》规定手表的保修期为一年，但同时规定上述的指标是履行三包规定的最基本要求。国家鼓励销售者和生产者制定严于本规定的三包承诺。承诺作为明示担保的，应当依法履行，否则应当依法承担责任。既然商家在发票上注明保修二年，就应当按照二年的保修期来执行。经过调解，按照二年的保修期执行，商家为刘女士免费维修了手表。

本案为售后服务承诺的消费纠纷案件。

售后服务,是指生产企业、经销商把产品(或服务)销售给消费者之后,为消费者提供的一系列服务,包括产品介绍、送货、安装、调试、维修、技术培训、上门服务等。售后服务是产品生产单位对消费者负责的一项重要措施,也是增强产品竞争能力的一个办法。

售后服务的内容包括:(1)代为消费者安装、调试产品;(2)根据消费者要求,进行有关使用等方面的技术指导;(3)保证维修零配件的供应;(4)负责维修服务;(5)对产品实行"三包",即包修、包换、包退,现在许多人认为产品售后服务就是"三包",这是一种狭义的理解;(6)处理消费者来信来访,解答消费者的咨询。同时用各种方式征集消费者对产品质量的意见,并根据情况及时改进。

产品的售后服务,既有生产厂商直接提供的,也有经销商提供的,但更多的是以厂家、商家合作的方式展现给消费者的。无论是消费者还是商家,都应该要遵守诚信的原则。

本案争议焦点为售后服务中关于"三包"的理解和法律适用问题,主要解决的是商家的明示承诺与法律规定的选择问题,比较简单。工商部门作为商品销售和服务行业的主要管理部门,对相关法律法规的熟悉和了解的重要性在本案中显露无遗。一旦法律法规的规定明确,无论商家或者消费者,均不再有任何异议。

 操作训练一　综合练习

训练目的

通过模拟训练,掌握调解消费纠纷的行政调解流程与主要技巧。

训练材料

2009年10月,家住小商品市场附近的王阿姨在市场一摊位买了只砂锅,使用时才发现砂锅底部有一道裂痕,不仔细看很难发现,但煲汤时漏水,由于当时家里有事,王阿姨过了三四天才找到商铺要求退货。摊主认为买卖时双方已经交接清楚,砂锅的损伤也有可能是王阿姨使用不当导致,另外王阿姨过这么久才来退,已经过了退换的期限,因此坚决不退。双方僵持不下,发生争吵。王阿姨遂将此事投诉到工商所。

工作人员问明情况后,通过小商品市场管理部门与摊主取得联系,经过对案件情况的调查后,发现砂锅裂痕属于旧裂痕,不大可能是买回去后损坏的,于是沟通,指出商家出售商品应保证其合格性,砂锅的质量问题,责任在生产厂家,而不能因为顾客购买时未有发现就不退。经工作人员说服教育,摊主认识到错误，不仅答应给王阿姨退钱，还向王阿姨道歉。而王阿姨觉得店家也是受害者，主动提出在该店再买一只砂锅。

训练要求

1. 如果你是工商所工作人员，请你按照行政调解的相关流程列出思路要点，拟订调解方案。

2. 如果在类似的消费纠纷调解中，当事人摊主声明，行业内部惯例调换的时间为三天，王阿姨已经超出这一时限，因此不能调换。调解人员该如何进行调解？

重点提示：《产品质量法》、《消费者权益保护法》、《侵权责任法》等均对产品质量三包及相关的消费纠纷有明确的法律规定，对此调解人员必须要非常熟悉。当行业惯例与法律规定相矛盾时，必须遵守相关法律规定。

 操作训练二 综合练习

训练目的

通过模拟训练，区分消费纠纷的不同种类，并能根据不同消费纠纷的特点采取针对性的措施和调解技巧。

训练材料

2008年6月26日，消费者于女士打电话到某市消协投诉，称其于6月9日在市区某超市购买了一瓶安安祛斑肤白洗面奶和一瓶丹芭碧美容乳液，拿回去使用了几次后，脸上就出现红肿，有灼热发痒的感觉，经该市第一医院确诊为化妆品过敏，共花去医药费330元左右。于是于女士要求该超市赔偿医药费和误工费，该超市不同意，双方协商不下。因此于女士希望通过市消协来维护自己的合法权益。

接到于女士投诉后，市消协的工作人员将该案件按照属地管辖原则交予超市所在地的东城区消协处理，东城区消协以最短的时间与双方当事人取得联系，调查事实情况，并组织双方进行协商。

经过消协工作人员的努力，被投诉方同意赔偿于女士医药费334.55元，并退还一瓶安安祛斑肤白洗面奶和一瓶丹芭碧美容乳液的货款26.15元，而于女士也表示愿意放弃对误工费补偿的要求，并且双方当场执行了本协议。

训练要求

1. 确认本案纠纷属于何种消费纠纷，分析其特点。

2. 根据不同消费纠纷种类的各自特点，列出调解的思路要点，拟订调解方案。

重点提示：调解人员应当熟练掌握法律关于产品质量侵权构成、责任承担方式的规定,并以此为主要的法律依据和调解基础,对双方当事人摆事实、讲道理。

 操作训练三　分步练习

训练目的

通过分步练习,掌握消费纠纷中行政调解的一般流程和特别步骤;掌握对特殊纠纷的调解技巧;培养调解工作人员应当具备的应变能力、表达能力等基本能力。

训练材料

自2008年11月以来,上海市某区消保委陆续收到29位消费者投诉,反映他们在上海海兰云天花园式浴场办理了"充值消费卡",该浴场于2008年10月初重新装修后更名为"阿狄丽娜国际会所",当他们再次前往店内消费时,却被告知原消费卡不能继续使用,必须再充值1 000元更换新卡,且原本只需支付20元或38元浴资的基本洗浴项目也被取消了,消费者权益受到损害。

上海市某区消保委随即开始调查,发现上海盛吉宝利士酒店管理有限公司自2007年9月起经营管理上海海兰云天花园式浴场,2008年初对浴场进行装修,重新开张后更名为"阿狄丽娜国际会所"。在此期间,公司的注册信息未发生变化。经浴场经营人与消费者的同意,消保委决定将所有相关投诉合并处理,进行调解。

最终,经消保委努力,上海盛吉宝利士公司同意免费为消费者转卡或调换等额浴资券,消费者表示满意,调解成功。

训练要求

根据训练材料作以下分步练习:

第一步:案情分析

提醒学生注意消费纠纷调解中的特殊程序:鉴定程序。

第二步:人员和任务分配

将所有的学生分成三组,分别为申请人组、被申请人组和调解员组,并给出一定的准备时间。

第三步:模拟调解

分两次从申请人组、被申请人组和调解员组成员中抽取若干学生组成两个模拟调解组(A组和B组),分别进行模拟调解的演练和展示。

第四步:评议回顾

由A、B两组学员分别评议对方的表现,说出优势和缺点,由老师作总结。

  重点提示：根据消费纠纷调解的程序特点进行模拟调解的准备，投诉人和被投诉人都应注意自我权益的保护，调解员应重点掌握《产品质量法》、《消费者权益保护法》、《侵权责任法》等法律法规的相关规定，注意双方责任的承担。

附录　调解常用法律、法规

一、中华人民共和国人民调解法

2010年8月28日第十一届全国人民代表大会常务委员会第十六次会议通过

第一章　总则

第一条　为了完善人民调解制度，规范人民调解活动，及时解决民间纠纷，维护社会和谐稳定，根据宪法，制定本法。

第二条　本法所称人民调解，是指人民调解委员会通过说服、疏导等方法，促使当事人在平等协商基础上自愿达成调解协议，解决民间纠纷的活动。

第三条　人民调解委员会调解民间纠纷，应当遵循下列原则：

（一）在当事人自愿、平等的基础上进行调解；

（二）不违背法律、法规和国家政策；

（三）尊重当事人的权利，不得因调解而阻止当事人依法通过仲裁、行政、司法等途径维护自己的权利。

第四条　人民调解委员会调解民间纠纷，不收取任何费用。

第五条　国务院司法行政部门负责指导全国的人民调解工作，县级以上地方人民政府司法行政部门负责指导本行政区域的人民调解工作。

基层人民法院对人民调解委员会调解民间纠纷进行业务指导。

第六条　国家鼓励和支持人民调解工作。县级以上地方人民政府对人民调解工作所需经费应当给予必要的支持和保障，对有突出贡献的人民调解委员会和人民调解员按照国家规定给予表彰奖励。

第二章　人民调解委员会

第七条　人民调解委员会是依法设立的调解民间纠纷的群众性组织。

第八条　村民委员会、居民委员会设立人民调解委员会。企业事业单位根据需要设立人民调解委员会。

人民调解委员会由委员三至九人组成，设主任一人，必要时，可以设副主任若干人。

人民调解委员会应当有妇女成员，多民族居住的地区应当有人数较少民族的成员。

第九条　村民委员会、居民委员会的人民调解委员会委员由村民会议或者村民代表会议、居民会议推选产生；企业事业单位设立的人民调解委员会委员由职工大会、职工代表大会或者工会组织推选产生。

人民调解委员会委员每届任期三年，可以连选连任。

第十条　县级人民政府司法行政部门应当对本行政区域内人民调解委员会的设立情况进行统计，并且将人民调解委员会以及人员组成和调整情况及时通报所在地基层人民法院。

第十一条　人民调解委员会应当建立健全各项调解工作制度，听取群众意见，接受群众监督。

第十二条　村民委员会、居民委员会和企业事业单位应当为人民调解委员会开展工作提供办公条件和必要的工作经费。

第三章　人民调解员

第十三条　人民调解员由人民调解委员会委员和人民调解委员会聘任的人员担任。

第十四条　人民调解员应当由公道正派、热心人民调解工作，并具有一定文化水平、政策水平和法律知识的成年公民担任。

县级人民政府司法行政部门应当定期对人民调解员进行业务培训。

第十五条　人民调解员在调解工作中有下列行为之一的，由其所在的人民调解委员会给予批评教育、责令改正，情节严重的，由推选或者聘任单位予以罢免或者解聘：

（一）偏袒一方当事人的；

（二）侮辱当事人的；

（三）索取、收受财物或者牟取其他不正当利益的；

（四）泄露当事人的个人隐私、商业秘密的。

第十六条　人民调解员从事调解工作，应当给予适当的误工补贴；因从事调解工作致伤致残，生活发生困难的，当地人民政府应当提供必要的医疗、生活救助；在人民调解工作岗位上牺牲的人民调解员，其配偶、子女按照国家规定享受抚恤和优待。

第四章 调解程序

第十七条 当事人可以向人民调解委员会申请调解；人民调解委员会也可以主动调解。当事人一方明确拒绝调解的，不得调解。

第十八条 基层人民法院、公安机关对适宜通过人民调解方式解决的纠纷，可以在受理前告知当事人向人民调解委员会申请调解。

第十九条 人民调解委员会根据调解纠纷的需要，可以指定一名或者数名人民调解员进行调解，也可以由当事人选择一名或者数名人民调解员进行调解。

第二十条 人民调解员根据调解纠纷的需要，在征得当事人的同意后，可以邀请当事人的亲属、邻里、同事等参与调解，也可以邀请具有专门知识、特定经验的人员或者有关社会组织的人员参与调解。

人民调解委员会支持当地公道正派、热心调解、群众认可的社会人士参与调解。

第二十一条 人民调解员调解民间纠纷，应当坚持原则，明法析理，主持公道。

调解民间纠纷，应当及时、就地进行，防止矛盾激化。

第二十二条 人民调解员根据纠纷的不同情况，可以采取多种方式调解民间纠纷，充分听取当事人的陈述，讲解有关法律、法规和国家政策，耐心疏导，在当事人平等协商、互谅互让的基础上提出纠纷解决方案，帮助当事人自愿达成调解协议。

第二十三条 当事人在人民调解活动中享有下列权利：

（一）选择或者接受人民调解员；

（二）接受调解、拒绝调解或者要求终止调解；

（三）要求调解公开进行或者不公开进行；

（四）自主表达意愿、自愿达成调解协议。

第二十四条 当事人在人民调解活动中履行下列义务：

（一）如实陈述纠纷事实；

（二）遵守调解现场秩序，尊重人民调解员；

（三）尊重对方当事人行使权利。

第二十五条 人民调解员在调解纠纷过程中，发现纠纷有可能激化的，应当采取有针对性的预防措施；对有可能引起治安案件、刑事案件的纠纷，应当及时向当地公安机关或者其他有关部门报告。

第二十六条 人民调解员调解纠纷，调解不成的，应当终止调解，并依据有关法律、法规的规定，告知当事人可以依法通过仲裁、行政、司法等途径维护自己的权利。

第二十七条　人民调解员应当记录调解情况。人民调解委员会应当建立调解工作档案，将调解登记、调解工作记录、调解协议书等材料立卷归档。

第五章　调解协议

第二十八条　经人民调解委员会调解达成调解协议的，可以制作调解协议书。当事人认为无需制作调解协议书的，可以采取口头协议方式，人民调解员应当记录协议内容。

第二十九条　调解协议书可以载明下列事项：

（一）当事人的基本情况；

（二）纠纷的主要事实、争议事项以及各方当事人的责任；

（三）当事人达成调解协议的内容，履行的方式、期限。

调解协议书自各方当事人签名、盖章或者按指印，人民调解员签名并加盖人民调解委员会印章之日起生效。调解协议书由当事人各执一份，人民调解委员会留存一份。

第三十条　口头调解协议自各方当事人达成协议之日起生效。

第三十一条　经人民调解委员会调解达成的调解协议，具有法律约束力，当事人应当按照约定履行。

人民调解委员会应当对调解协议的履行情况进行监督，督促当事人履行约定的义务。

第三十二条　经人民调解委员会调解达成调解协议后，当事人之间就调解协议的履行或者调解协议的内容发生争议的，一方当事人可以向人民法院提起诉讼。

第三十三条　经人民调解委员会调解达成调解协议后，双方当事人认为有必要的，可以自调解协议生效之日起三十日内共同向人民法院申请司法确认，人民法院应当及时对调解协议进行审查，依法确认调解协议的效力。

人民法院依法确认调解协议有效，一方当事人拒绝履行或者未全部履行的，对方当事人可以向人民法院申请强制执行。

人民法院依法确认调解协议无效的，当事人可以通过人民调解方式变更原调解协议或者达成新的调解协议，也可以向人民法院提起诉讼。

第六章 附则

第三十四条 乡镇、街道以及社会团体或者其他组织根据需要可以参照本法有关规定设立人民调解委员会,调解民间纠纷。

第三十五条 本法自2011年1月1日起施行。

二、人民调解委员会组织条例

(1989年5月5日国务院第四十次常务会议通过 1989年6月17日国务院会第37号发布)

第一条 为了加强人民调解委员会的建设,及时调解民间纠纷,增进人民团结,维护社会安定,以利于社会主义现代化建设,制定本条例。

第二条 人民调解委员会是村民委员会和居民委员会下设的调解民间纠纷的群众性组织,在基层人民政府和基层人民法院指导下进行工作。

基层人民政府及其派出机关指导人民调解委员会的日常工作由司法助理员负责。

第三条 人民调解委员会由委员三至九人组成,设主任一人,必要时可以设副主任。人民调解委员会委员除由村民委员会成员或者居民委员会成员兼任的以外由群众选举产生,每三年改选一次,可以连选连任。

多民族居住地区的人民调解委员会中,应当有人数较少的民族的成员。

人民调解委员会委员不能任职时,由原选举单位补选。

人民调解委员会委员严重失职或者违法乱纪的,由原选举单位撤换。

第四条 为人公正,联系群众,热心人民调解工作,并有一定法律知识和政策水平的成年公民,可以当选为人民调解委员会委员。

第五条 人民调解委员会的任务为调解民间纠纷,并通过调解工作宣传法律、法规、规章和政策,教育公民遵纪守法,尊重社会公德。

人民调解委员会应当向村民委员会或者居民委员会反映民间纠纷和调解工作的情况。

第六条 人民调解委员会的调解工作应当遵守以下原则:

(一)依据法律、法规、规章和政策进行调解,法律、法规、规章和政策没有明确规定的,依据社会公德进行调解;

(二)在双方当事人自愿平等的基础上进行调解;

(三)尊重当事人的诉讼权利,不得因未经调解或者调解不成而阻止当事人向人民法院起诉。

第七条 人民调解委员会根据当事人的申请及时调解纠纷；当事人没有申请的，也可以主动调解。

人民调解委员会调解纠纷可以由委员一人或数人进行；跨地区、跨单位的纠纷，可以由有关的各方调解组织共同调解。

人民调解委会调解纠纷，可以邀请有关单位和个人参加，被邀请的单位和个人应当给予支持。

第八条 人民调解委员会调解纠纷，应当在查明事实、分清是非的基础上，充分说理，耐心疏导，消除隔阂，帮助当事人达成协议。

调解纠纷应当进行登记，制作笔录，根据需要或者当事人的请求，可以制作调解协议书。调解协议书应当有双方当事人和调解人员的签名，并加盖人民调解委员会的印章。

第九条 人民调解委员会主持下达成的调解协议，当事人应当履行。

经过调解，当事人未达成协议或者达成协议后又反悔的，任何一方可以请求基层人民政府处理，也可以向人民法院起诉。

第十条 基层人民政府对于人民调解委员会主持下达成的调解协议，符合法律、法规、规章和政策的，应当予以支持；违背法律、法规、规章和政策的，应当予以纠正。

第十一条 人民调解委员会调解民间纠纷不收费。

第十二条 人民调解委员会委员必须遵守以下纪律：

（一）不得徇私舞弊；

（二）不得对当事人压制、打击报复；

（三）不得侮辱、处罚当事人；

（四）不得泄露当事人的隐私；

（五）不得吃请受礼。

第十三条 各级人民政府对成绩显著的人民调解委员会和调解委员应当予以表彰和奖励。

第十四条 对人民调解委员会委员，根据情况可以给予适当补贴。

人民调解委员会的工作经费和调解委员的补贴经费，由村民委员会或者居民委员会解决。

第十五条 企业、事业单位根据需要设立的人民调解委员会，参照本条例执行。

第十六条 本条例由司法部负责解释。

第十七条 本条例自发布之日起施行。1954年3月22日原中央人民政府政务院公布的《人民调解委员会暂行组织通则》同时废止。

三、人民调解工作若干规定

中华人民共和国司法部令　第75号

《人民调解工作若干规定》已经2002年9月11日司法部部长办公会议通过，现予发布，自2002年11月1日起施行。

部长　张福森
2002年9月26日

第一章　总则

第一条　为了规范人民调解工作，完善人民调解组织，提高人民调解质量，根据《中华人民共和国宪法》和《中华人民共和国民事诉讼法》、《人民调解委员会组织条例》等法律、法规的规定，结合人民调解工作实际，制定本规定。

第二条　人民调解委员会是调解民间纠纷的群众性组织。

人民调解员是经群众选举或者接受聘任，在人民调解委员会领导下，从事人民调解工作的人员。

人民调解委员会委员、调解员，统称人民调解员。

第三条　人民调解委员会的任务是：

（一）调解民间纠纷，防止民间纠纷激化；

（二）通过调解工作宣传法律、法规、规章和政策，教育公民遵纪守法，尊重社会公德，预防民间纠纷发生；

（三）向村民委员会、居民委员会、所在单位和基层人民政府反映民间纠纷和调解工作的情况。

第四条　人民调解委员会调解民间纠纷，应当遵守下列原则：

（一）依据法律、法规、规章和政策进行调解，法律、法规、规章和政策没有明确规定的，依据社会主义道德进行调解；

（二）在双方当事人自愿平等的基础上进行调解；

（三）尊重当事人的诉讼权利，不得因未经调解或者调解不成而阻止当事人向人民法院起诉。

第五条　根据《最高人民法院关于审理涉及人民调解协议的民事案件的若干规定》，经人民调解委员会调解达成的、有民事权利义务内容，并由双方当事人签字或者盖章的调解协议，具有民事合同性质。当事人应当按照约定履行自己的义务，不得擅自变更或者解除调解协议。

第六条　在人民调解活动中,纠纷当事人享有下列权利:
(一)自主决定接受、不接受或者终止调解;
(二)要求有关调解人员回避;
(三)不受压制强迫,表达真实意愿,提出合理要求;
(四)自愿达成调解协议。

第七条　在人民调解活动中,纠纷当事人承担下列义务:
(一)如实陈述纠纷事实,不得提供虚假证明材料;
(二)遵守调解规则;
(三)不得加剧纠纷、激化矛盾;
(四)自觉履行人民调解协议。

第八条　人民调解委员会调解民间纠纷不收费。

第九条　司法行政机关依照本办法对人民调解工作进行指导和管理。

指导和管理人民调解委员会的日常工作,由乡镇、街道司法所(科)负责。

第二章　人民调解委员会和人民调解员

第十条　人民调解委员会可以采用下列形式设立:
(一)农村村民委员会、城市(社区)居民委员会设立的人民调解委员会;
(二)乡镇、街道设立的人民调解委员会;
(三)企业事业单位根据需要设立的人民调解委员会;
(四)根据需要设立的区域性、行业性的人民调解委员会。

人民调解委员会的设立及其组成人员,应当向所在地乡镇、街道司法所(科)备案;乡镇、街道人民调解委员会的设立及其组成人员,应当向县级司法行政机关备案。

第十一条　人民调解委员会由委员三人以上组成,设主任一人,必要时可以设副主任。

多民族聚居地区的人民调解委员会中,应当有人数较少的民族的成员。

人民调解委员会中应当有妇女委员。

第十二条　村民委员会、居民委员会和企业事业单位的人民调解委员会根据需要,可以自然村、小区(楼院)、车间等为单位,设立调解小组,聘任调解员。

第十三条　乡镇、街道人民调解委员会委员由下列人员担任:
(一)本乡镇、街道辖区内设立的村民委员会、居民委员会、企业事业单位的人民调解委员会主任；

（二）本乡镇、街道的司法助理员；

（三）在本乡镇、街道辖区内居住的懂法律、有专长、热心人民调解工作的社会志愿人员。

第十四条 担任人民调解员的条件是：为人公正，联系群众，热心人民调解工作，具有一定法律、政策水平和文化水平。

乡镇、街道人民调解委员会委员应当具备高中以上文化程度。

第十五条 人民调解员除由村民委员会成员、居民委员会成员或者企业事业单位有关负责人兼任的以外，一般由本村民区、居民区或者企业事业单位的群众选举产生，也可以由村民委员会、居民委员会或者企业事业单位聘任。

乡镇、街道人民调解委员会委员由乡镇、街道司法所（科）聘任。

区域性、行业性的人民调解委员会委员，由设立该人民调解委员会的组织聘任。

第十六条 人民调解员任期三年，每三年改选或者聘任一次，可以连选连任或者续聘。

人民调解员不能履行职务时，由原选举单位或者聘任单位补选、补聘。

人民调解员严重失职或者违法乱纪的，由原选举单位或者聘任单位撤换。

第十七条 人民调解员调解纠纷，必须遵守下列纪律：

（一）不得徇私舞弊；

（二）不得对当事人压制、打击报复；

（三）不得侮辱、处罚纠纷当事人；

（四）不得泄露当事人隐私；

（五）不得吃请受礼。

第十八条 人民调解员依法履行职务，受到非法干涉、打击报复的，可以请求司法行政机关和有关部门依法予以保护。

人民调解员履行职务，应当坚持原则，爱岗敬业，热情服务，诚实守信，举止文明，廉洁自律，注重学习，不断提高法律、道德素养和调解技能。

第十九条 人民调解委员会应当建立健全岗位责任制、例会、学习、考评、业务登记、统计和档案等各项规章制度，不断加强组织、队伍和业务建设。

第三章 民间纠纷的受理

第二十条 人民调解委员会调解的民间纠纷，包括发生在公民与公民之间、公民与法人和其他社会组织之间涉及民事权利义务争议的各种纠纷。

第二十一条 民间纠纷，由纠纷当事人所在地（所在单位）或者纠纷发生地的人民调解委员会受理调解。

村民委员会、居民委员会或者企业事业单位的人民调解委员会调解不了的疑难、复杂民间纠纷和跨地区、跨单位的民间纠纷，由乡镇、街道人民调解委员会受理调解，或者由相关的人民调解委员会共同调解。

第二十二条 人民调解委员会不得受理调解下列纠纷：

（一）法律、法规规定只能由专门机关管辖处理的，或者法律、法规禁止采用民间调解方式解决的；

（二）人民法院、公安机关或者其他行政机关已经受理或者解决的。

第二十三条 人民调解委员会根据纠纷当事人的申请，受理调解纠纷；当事人没有申请的，也可以主动调解，但当事人表示异议的除外。

当事人申请调解纠纷，可以书面申请，也可以口头申请。

受理调解纠纷，应当进行登记。

第二十四条 当事人申请调解纠纷，符合条件的，人民调解委员会应当及时受理调解。

不符合受理条件的，应当告知当事人按照法律、法规规定提请有关机关处理或者向人民法院起诉；随时有可能激化的，应当在采取必要的缓解疏导措施后，及时提交有关机关处理。

第四章 民间纠纷的调解

第二十五条 人民调解委员会调解纠纷，应当指定一名人民调解员为调解主持人，根据需要可以指定若干人民调解员参加调解。

当事人对调解主持人提出回避要求的，人民调解委员会应当予以调换。

第二十六条 人民调解委员会调解纠纷，应当分别向双方当事人询问纠纷的事实和情节，了解双方的要求及其理由，根据需要向有关方面调查核实，做好调解前的准备工作。

第二十七条 人民调解委员会调解纠纷，根据需要可以邀请有关单位或者个人参加，被邀请的单位或者个人应当给予支持。

调解跨地区、跨单位的纠纷，相关人民调解委员会应当相互配合，共同做好调解工作。

第二十八条 人民调解委员会调解纠纷，一般在专门设置的调解场所进行，根据需要也可以在便利当事人的其他场所进行。

第二十九条 人民调解委员会调解纠纷，根据需要可以公开进行，允许当事人的亲属、邻里和当地（本单位）群众旁听。但是涉及当事人的隐私、商业秘密或者当事人表示反对的除外。

第三十条　人民调解委员会调解纠纷，在调解前应当以口头或者书面形式告知当事人人民调解的性质、原则和效力，以及当事人在调解活动中享有的权利和承担的义务。

第三十一条　人民调解委员会调解纠纷，应当在查明事实、分清责任的基础上，根据当事人的特点和纠纷性质、难易程度、发展变化的情况，采取灵活多样的方式方法，开展耐心、细致的说服疏导工作，促使双方当事人互谅互让，消除隔阂，引导、帮助当事人达成解决纠纷的调解协议。

第三十二条　人民调解委员会调解纠纷，应当密切注意纠纷激化的苗头，通过调解活动防止纠纷激化。

第三十三条　人民调解委员会调解纠纷，一般在一个月内调结。

第五章　人民调解协议及其履行

第三十四条　经人民调解委员会调解解决的纠纷，有民事权利义务内容的，或者当事人要求制作书面调解协议的，应当制作书面调解协议。

第三十五条　调解协议应当载明下列事项：

（一）双方当事人基本情况；

（二）纠纷简要事实、争议事项及双方责任；

（三）双方当事人的权利和义务；

（四）履行协议的方式、地点、期限；

（五）当事人签名，调解主持人签名，人民调解委员会印章。

调解协议由纠纷当事人各执一份，人民调解委员会留存一份。

第三十六条　当事人应当自觉履行调解协议。

人民调解委员会应当对调解协议的履行情况适时进行回访，并就履行情况做出记录。

第三十七条　当事人不履行调解协议或者达成协议后又反悔的，人民调解委员会应当按下列情形分别处理：

（一）当事人无正当理由不履行协议的，应当做好当事人的工作，督促其履行；

（二）如当事人提出协议内容不当，或者人民调解委员会发现协议内容不当的，应当在征得双方当事人同意后，经再次调解变更原协议内容；或者撤销原协议，达成新的调解协议；

（三）对经督促仍不履行人民调解协议的，应当告知当事人可以请求基层人民政府处理，也可以就调解协议的履行、变更、撤销向人民法院起诉。

第三十八条　对当事人因对方不履行调解协议或者达成协议后又后悔，起诉到人民法院的民事案件，原承办该纠纷调解的人民调解委员会应当配合人民法院对该案件的审判工作。

第六章　对人民调解工作的指导

第三十九条　各级司法行政机关应当采取切实措施，加强指导，不断推进本地区人民调解委员会的组织建设、队伍建设、业务建设和制度建设，规范人民调解工作，提高人民调解工作的质量和水平。

各级司法行政机关在指导工作中，应当加强与人民法院的协调和配合。

第四十条　各级司法行政机关应当采取多种形式，加强对人民调解员的培训，不断提高人民调解员队伍的素质。

第四十一条　各级司法行政机关对于成绩显著、贡献突出的人民调解委员会和人民调解员，应当定期或者适时给予表彰和奖励。

第四十二条　各级司法行政机关应当积极争取同级人民政府的支持，保障人民调解工作的指导和表彰经费；协调和督促村民委员会、居民委员会和企业事业单位，落实人民调解委员会的工作经费和人民调解员的补贴经费。

第四十三条　乡镇、街道司法所（科），司法助理员应当加强对人民调解委员会工作的指导和监督，负责解答、处理人民调解委员会或者纠纷当事人就人民调解工作有关问题的请示、咨询和投诉；应人民调解委员会的请求或者根据需要，协助、参与对具体纠纷的调解活动；对人民调解委员会主持达成的调解协议予以检查，发现违背法律、法规、规章和政策的，应当予以纠正；总结交流人民调解工作经验，调查研究民间纠纷的特点和规律，指导人民调解委员会改进工作。

第七章　附则

第四十四条　人民调解委员会工作所需的各种文书格式，由司法部统一制定。

第四十五条　本规定自二〇〇二年十一月一日起施行。本规定发布前，司法部制定的有关规章、规范性文件与本规定相抵触的，以本规定为准。

四、最高人民法院关于人民法院民事调解工作若干问题的规定

(2004年8月18日最高人民法院审判委员会第1321次会议通过)

法释〔2004〕12号

中华人民共和国最高人民法院公告

《最高人民法院关于人民法院民事调解工作若干问题的规定》已于2004年8月18日由最高人民法院审判委员会第1321次会议通过,现予公布,自2004年11月1日起施行。

二〇〇四年九月十六日

为了保证人民法院正确调解民事案件,及时解决纠纷,保障和方便当事人依法行使诉讼权利,节约司法资源,根据《中华人民共和国民事诉讼法》等法律的规定,结合人民法院调解工作的经验和实际情况,制定本规定。

第一条 人民法院对受理的第一审、第二审和再审民事案件,可以在答辩期满后裁判作出前进行调解。在征得当事人各方同意后,人民法院可以在答辩期满前进行调解。

第二条 对于有可能通过调解解决的民事案件,人民法院应当调解。但适用特别程序、督促程序、公示催告程序、破产还债程序的案件,婚姻关系、身份关系确认案件以及其他依案件性质不能进行调解的民事案件,人民法院不予调解。

第三条 根据民事诉讼法第八十七条的规定,人民法院可以邀请与当事人有特定关系或者与案件有一定联系的企业事业单位、社会团体或者其他组织,和具有专门知识、特定社会经验、与当事人有特定关系并有利于促成调解的个人协助调解工作。

经各方当事人同意,人民法院可以委托前款规定的单位或者个人对案件进行调解,达成调解协议后,人民法院应当依法予以确认。

第四条 当事人在诉讼过程中自行达成和解协议的,人民法院可以根据当事人的申请依法确认和解协议制作调解书。双方当事人申请庭外和解的期间,不计入审限。

当事人在和解过程中申请人民法院对和解活动进行协调的,人民法院可以委派审判辅助人员或者邀请、委托有关单位和个人从事协调活动。

第五条 人民法院应当在调解前告知当事人主持调解人员和书记员姓名以及是否申请回避等有关诉讼权利和诉讼义务。

第六条　在答辩期满前人民法院对案件进行调解,适用普通程序的案件在当事人同意调解之日起 15 天内,适用简易程序的案件在当事人同意调解之日起 7 天内未达成调解协议的,经各方当事人同意,可以继续调解。延长的调解期间不计入审限。

第七条　当事人申请不公开进行调解的,人民法院应当准许。

调解时当事人各方应当同时在场,根据需要也可以对当事人分别作调解工作。

第八条　当事人可以自行提出调解方案,主持调解的人员也可以提出调解方案供当事人协商时参考。

第九条　调解协议内容超出诉讼请求的,人民法院可以准许。

第十条　人民法院对于调解协议约定一方不履行协议应当承担民事责任的,应予准许。

调解协议约定一方不履行协议,另一方可以请求人民法院对案件作出裁判的条款,人民法院不予准许。

第十一条　调解协议约定一方提供担保或者案外人同意为当事人提供担保的,人民法院应当准许。

案外人提供担保的,人民法院制作调解书应当列明担保人,并将调解书送交担保人。担保人不签收调解书的,不影响调解书生效。

当事人或者案外人提供的担保符合担保法规定的条件时生效。

第十二条　调解协议具有下列情形之一的,人民法院不予确认:

(一) 侵害国家利益、社会公共利益的;

(二) 侵害案外人利益的;

(三) 违背当事人真实意思的;

(四) 违反法律、行政法规禁止性规定的。

第十三条　根据民事诉讼法第九十条第一款第 (四) 项规定,当事人各方同意在调解协议上签名或者盖章后生效,经人民法院审查确认后,应当记入笔录或者将协议附卷,并由当事人、审判人员、书记员签名或者盖章后即具有法律效力。当事人请求制作调解书的,人民法院应当制作调解书送交当事人。当事人拒收调解书的,不影响调解协议的效力。一方不履行调解协议的,另一方可以持调解书向人民法院申请执行。

第十四条　当事人不能对诉讼费用如何承担达成协议的,不影响调解协议的效力。人民法院可以直接决定当事人承担诉讼费用的比例,并将决定记入调解书。

第十五条　对调解书的内容既不享有权利又不承担义务的当事人不签收调解书的,不影响调解书的效力。

第十六条　当事人以民事调解书与调解协议的原意不一致为由提出异议,

人民法院审查后认为异议成立的,应当根据调解协议裁定补正民事调解书的相关内容。

第十七条　当事人就部分诉讼请求达成调解协议的,人民法院可以就此先行确认并制作调解书。

当事人就主要诉讼请求达成调解协议,请求人民法院对未达成协议的诉讼请求提出处理意见并表示接受该处理结果的,人民法院的处理意见是调解协议的一部分内容,制作调解书的记入调解书。

第十八条　当事人自行和解或者经调解达成协议后,请求人民法院按照和解协议或者调解协议的内容制作判决书的,人民法院不予支持。

第十九条　调解书确定的担保条款条件或者承担民事责任的条件成就时,当事人申请执行的,人民法院应当依法执行。

不履行调解协议的当事人按照前款规定承担了调解书确定的民事责任后,对方当事人又要求其承担民事诉讼法第二百三十二条规定的迟延履行责任的,人民法院不予支持。

第二十条　调解书约定给付特定标的物的,调解协议达成前该物上已经存在的第三人的物权和优先权不受影响。第三人在执行过程中对执行标的物提出异议的,应当按照民事诉讼法第二百零八规定处理。

第二十一条　人民法院对刑事附带民事诉讼案件进行调解,依照本规定执行。

第二十二条　本规定实施前人民法院已经受理的案件,在本规定施行后尚未审结的,依照本规定执行。

第二十三条　本规定实施前最高人民法院的有关司法解释与本规定不一致的,适用本规定。

第二十四条　本规定自2004年11月1日起实施。

五、最高人民法院《关于审理涉及人民调解协议的民事案件的若干规定》

(2002年9月5日最高人民法院审判委员会第1240次会议通过)

法释〔2002〕29号

最高人民法院公告

《最高人民法院关于审理涉及人民调解协议的民事案件的若干规定》已于2002年9月5日由最高人民法院审判委员会第1240次会议通过。现予公布,自2002年11月1日起施行。

最高人民法院

为了公正审理涉及人民调解协议的民事案件,根据《中华人民共和国民法通则》、《中华人民共和国合同法》、《中华人民共和国民事诉讼法》,参照《人民调解委员会组织条例》,结合民事审判经验和实际情况,对审理涉及人民调解协议的民事案件的有关问题作如下规定:

第一条 经人民调解委员会调解达成的、有民事权利义务内容,并由双方当事人签字或者盖章的调解协议,具有民事合同性质。当事人应当按照约定履行自己的义务,不得擅自变更或者解除调解协议。

第二条 当事人一方向人民法院起诉,请求对方当事人履行调解协议的,人民法院应当受理。

当事人一方向人民法院起诉,请求变更或者撤销调解协议,或者请求确认调解协议无效的,人民法院应当受理。

第三条 当事人一方起诉请求履行调解协议,对方当事人反驳的,有责任对反驳诉讼请求所依据的事实提供证据予以证明。

当事人一方起诉请求变更或者撤销调解协议,或者请求确认调解协议无效的,有责任对自己的诉讼请求所依据的事实提供证据予以证明。

当事人一方以原纠纷向人民法院起诉,对方当事人以调解协议抗辩的,应当提供调解协议书。

第四条 具备下列条件的,调解协议有效:
(一)当事人具有完全民事行为能力;
(二)意思表示真实;
(三)不违反法律、行政法规的强制性规定或者社会公共利益。

第五条 有下列情形之一的,调解协议无效:
(一)损害国家、集体或者第三人利益;
(二)以合法形式掩盖非法目的;
(三)损害社会公共利益;
(四)违反法律、行政法规的强制性规定。

人民调解委员会强迫调解的,调解协议无效。

第六条 下列调解协议,当事人一方有权请求人民法院变更或者撤销:
(一)因重大误解订立的;
(二)在订立调解协议时显失公平的;

一方以欺诈、胁迫的手段或者乘人之危,使对方在违背真实意思的情况下订立的调解协议,受损害方有权请求人民法院变更或者撤销。

当事人请求变更的,人民法院不得撤销。

第七条 有下列情形之一的,撤销权消灭:

（一）具有撤销权的当事人自知道或者应当知道撤销事由之日起一年内没有行使撤销权；

（二）具有撤销权的当事人知道撤销事由后明确表示或者以自己的行为放弃撤销权。

第八条　无效的调解协议或者被撤销的调解协议自始没有法律约束力。调解协议部分无效，不影响其他部分效力的，其他部分仍然有效。

第九条　调解协议的诉讼时效，适用民法通则第一百三十五条的规定。

原纠纷的诉讼时效因人民调解委员会调解而中断。

调解协议被撤销或者被认定无效后，当事人以原纠纷起诉的，诉讼时效自调解协议被撤销或者被认定无效的判决生效之日起重新计算。

第十条　具有债权内容的调解协议，公证机关依法赋予强制执行效力的，债权人可以向被执行人住所地或者被执行人的财产所在地人民法院申请执行。

第十一条　基层人民法院及其派出的人民法庭审理涉及人民调解协议的民事案件，一般应当适用简易程序。

第十二条　人民法院审理涉及人民调解协议的民事案件，调解协议被人民法院已经发生法律效力的判决变更、撤销，或者被确认无效的，可以适当的方式告知当地的司法行政机关或者人民调解委员会。

第十三条　本规定自2002年11月1日起施行。

人民法院审理民事案件涉及2002年11月1日以后达成的人民调解协议的，适用本规定。

六、最高人民法院《关于进一步贯彻"调解优先、调判结合"工作原则的若干意见》

法发〔2010〕16号
最高人民法院印发
《关于进一步贯彻"调解优先、调判结合"工作原则的若干意见》的通知
各省、自治区、直辖市高级人民法院，解放军军事法院，新疆维吾尔自治区高级人民法院生产建设兵团分院：

现将最高人民法院《关于进一步贯彻"调解优先、调判结合"工作原则的若干意见》予以印发，请各地结合实际，认真贯彻执行。

二〇一〇年六月七日

"调解优先、调判结合"工作原则是认真总结人民司法实践经验，深刻分

析现阶段形势任务得出的科学结论，是人民司法优良传统的继承和发扬，是人民司法理论和审判制度的发展创新，对于充分发挥人民法院调解工作在化解社会矛盾、维护社会稳定、促进社会和谐中的积极作用，具有十分重要的指导意义。为进一步贯彻该工作原则，特制定本意见。

一、牢固树立调解意识，进一步增强贯彻"调解优先、调判结合"工作原则的自觉性

1. 深刻认识新时期加强人民法院调解工作的重要性。全面加强调解工作，是继承中华民族优秀文化和发扬人民司法优良传统的必然要求，是发挥中国特色社会主义司法制度政治优势的必然要求，是维护社会和谐稳定的必然要求，是充分发挥人民法院职能作用的必然要求。

我国正处于经济社会发展的重要战略机遇期和社会矛盾凸显期，维护社会和谐稳定的任务艰巨繁重。深入推进社会矛盾化解、社会管理创新、公正廉洁执法三项重点工作，是人民法院在新形势下履行自身历史使命的必然要求，是人民法院积极回应人民群众关切的必然要求，也是当前和今后一个时期人民法院的首要工作任务。"调解优先、调判结合"既是推动矛盾化解的重要原则，也是社会管理创新的重要内容，又是对法官司法能力的考验。深入推进三项重点工作，必须坚决贯彻这一工作原则，不断增强调解意识，积极创新调解机制，努力提高调解能力，着力推动人民调解、行政调解、司法调解"三位一体"大调解工作体系建设，有效化解社会矛盾，真正实现案结事了，为保障经济社会又好又快发展，维护社会和谐稳定，提供更加有力的司法保障和服务。

2. 牢固树立"调解优先"理念。调解是高质量审判，调解是高效益审判，调解能力是高水平司法能力。调解有利于化解社会矛盾，实现案结事了，有利于修复当事人之间的关系，实现和谐。各级法院要深刻认识调解在有效化解矛盾纠纷、促进社会和谐稳定中所具有的独特优势和重要价值，切实转变重裁判、轻调解的观念，把调解作为处理案件的首要选择，自觉主动地运用调解方式处理矛盾纠纷，把调解贯穿于立案、审判和执行的各个环节，贯穿于一审、二审、执行、再审、申诉、信访的全过程，把调解主体从承办法官延伸到合议庭所有成员、庭领导和院领导，把调解、和解和协调案件范围从民事案件逐步扩展到行政案件、刑事自诉案件、轻微刑事案件、刑事附带民事案件、国家赔偿案件和执行案件，建立覆盖全部审判执行领域的立体调解机制。要带着对当事人的真挚感情，怀着为当事人解难题、办实事的愿望去做调解工作。要做到能调则调，不放过诉讼和诉讼前后各个阶段出现的调解可能性，尽可能把握一切调解结案的机会。

3. 准确认识和把握"调解优先、调判结合"工作原则。要紧紧围绕"案结事了"目标,正确处理好调解与裁判这两种审判方式的关系。在处理案件过程中,首先要考虑用调解方式处理;要做到调解与裁判两手都要抓,两手都要硬;不论是调解还是裁判,都必须立足于有效化解矛盾纠纷、促进社会和谐,定分止争,实现法律效果与社会效果的有机统一。要根据每个案件的性质、具体情况和当事人的诉求,科学把握运用调解或者裁判方式处理案件的基础和条件。对于有调解可能的,要尽最大可能促成调解;对于没有调解可能的、法律规定不得调解的案件,要尽快裁判,充分发挥调解与裁判两种手段的作用。既要注意纠正不顾办案效果、草率下判的做法,也要注意纠正片面追求调解率、不顾当事人意愿强迫调解的做法。要努力实现调解结案率和息诉服判率的"两上升",实现涉诉信访率和强制执行率的"两下降",推动人民法院调解工作迈上新台阶,实现新发展。

二、完善调解工作制度,抓好重点环节,全面推进调解工作

4. 进一步强化民事案件调解工作。各级法院特别是基层法院要把调解作为处理民事案件的首选结案方式和基本工作方法。对依法和依案件性质可以调解的所有民事案件都要首先尝试通过运用调解方式解决,将调解贯穿于民事审判工作的全过程和所有环节。

对《最高人民法院关于适用简易程序审理民事案件的若干规定》第十四条规定的婚姻家庭纠纷、继承纠纷、劳务合同纠纷、交通事故和工伤事故引起的权利义务关系较为明确的损害赔偿纠纷、宅基地和相邻关系纠纷、合伙协议纠纷、诉讼标的额较小的民事纠纷,在开庭审理时应当先行调解。但是根据案件的性质和当事人的实际情况不能调解或者显然没有调解必要的除外。

要下大力气做好以下民事案件的调解工作:事关民生和群体利益、需要政府和相关部门配合的案件;可能影响社会和谐稳定的群体性案件、集团诉讼案件、破产案件;民间债务、婚姻家庭继承等民事纠纷案件;案情复杂、难以形成证据优势的案件;当事人之间情绪严重对立的案件;相关法律法规没有规定或者规定不明确、适用法律有一定困难的案件;判决后难以执行的案件;社会普遍关注的敏感性案件;当事人情绪激烈、矛盾激化的再审案件、信访案件。

对《最高人民法院关于人民法院民事调解工作若干问题的规定》第二条规定的适用特别程序、督促程序、公示催告程序、破产还债程序的案件,婚姻关系、身份关系确认案件以及其他依案件性质不能进行调解的民事案件,不予调解。

5. 积极探索刑事案件调解、和解工作。要在依法惩罚犯罪的同时,按照

宽严相济刑事政策的要求，通过积极有效的调解工作，化解当事人恩怨和对抗情绪，促进社会和谐。

要根据刑事诉讼法有关规定，积极开展刑事自诉案件调解工作，促进双方自行和解。对被告人认罪悔过，愿意赔偿被害人损失，取得被害人谅解，从而达成和解协议的，可以由自诉人撤回起诉，或者对被告人依法从轻或免予刑事处罚。对民间纠纷引发的轻伤害等轻微刑事案件，诉至法院后当事人自行和解的，应当准许并记录在案。也可以在不违反法律规定的前提下，对此类案件尝试做一些促进和解的工作。

对刑事附带民事诉讼案件，要在调解的方法、赔偿方式、调解案件适用时间、期间和审限等方面进行积极探索，把握一切有利于附带民事诉讼调解结案的积极因素，争取达成民事赔偿调解协议，为正确适用法律和执行宽严相济刑事政策创造条件。

6. 着力做好行政案件协调工作。在依法维护和监督行政机关依法行使行政职权的同时，要针对不同案件特点，通过积极有效的协调、和解，妥善化解行政争议。

在不违背法律规定的前提下，除了对行政赔偿案件依法开展调解外，在受理行政机关对平等主体之间的民事争议所作的行政裁决、行政确权等行政案件，行政机关自由裁量权范围内的行政处罚、行政征收、行政补偿和行政合同等行政案件，以及具体行政行为违法或者合法但不具有合理性的行政案件时，应当重点做好案件协调工作。

对一些重大疑难、影响较大的案件，要积极争取党委、人大支持和上级行政机关配合，邀请有关部门共同参与协调。对具体行政行为违法或者合法但不具有合理性的行政案件，要通过协调尽可能促使行政机关在诉讼中自行撤销违法行为，或者自行确认具体行政行为无效，或者重新作出处理决定。

7. 努力做好执行案件和解工作。要进一步改进执行方式，充分运用调解手段和执行措施，积极促成执行和解，有效化解执行难题。

对被执行财产难以发现的，要充分发挥执行联动威慑机制的作用，通过限制高消费措施、被执行人报告财产制度，以及委托律师调查、强制审计、公安机关协查等方式方法，最大限度地发现被执行人的财产，敦促被执行人提出切实可行的还款计划。

对被执行人系危困、改制、拟破产企业的，要协调有关部门和被执行人，综合运用执行担保、以物抵债、债转股等方式，促成双方当事人达成执行和解协议。

8. 进一步做好诉前调解工作。在收到当事人起诉状或者口头起诉之后、

民间纠纷调解

正式立案之前,对于未经人民调解、行政调解、行业调解等非诉讼纠纷解决方式调处的案件,要积极引导当事人先行就近、就地选择非诉讼调解组织解决纠纷,力争将矛盾纠纷化解在诉前。

当事人选择非诉讼调解的,应当暂缓立案;当事人不同意选择非诉讼调解的,或者经非诉讼调解未达成协议,坚持起诉的,经审查符合相关诉讼法规定的受理条件的,应当及时立案。

要进一步加强与人民调解组织、行政调解组织以及其他调解组织的协调与配合,有条件的基层法院特别是人民法庭应当设立诉前调解工作室或者"人民调解窗口",充分发挥诉前调解的案件分流作用。

9. 进一步强化立案调解工作。在案件立案之后、移送审判业务庭之前,要充分利用立案窗口"第一时间接触当事人、第一时间了解案情"的优势,积极引导当事人选择调解方式解决纠纷。

对事实清楚、权利义务关系明确、争议不大的简单民事案件,在立案后应当及时调解;对可能影响社会和谐稳定的群体性案件、集团诉讼案件,敏感性强、社会广泛关注的案件,在立案后也要尽可能调解。对当事人拒绝调解的,无法及时与当事人及其委托代理人取得联系的,或者案情复杂、争议较大的案件,以及法律规定不得调解的案件,应当在立案后及时移送审理。对在调解过程中发现案件涉及国家利益、社会公共利益和第三人利益的,案件需要审计、评估、鉴定的,或者需要人民法院调查取证的,应当终结调解程序,及时移送审理。

立案阶段的调解应当坚持以效率、快捷为原则,避免案件在立案阶段积压。适用简易程序的一审民事案件,立案阶段调解期限原则上不超过立案后10日;适用普通程序的一审民事案件,立案阶段调解期限原则上不超过20日,经双方当事人同意,可以再延长10日。延长的调解期间不计入审限。

10. 积极探索和加强庭前调解工作。在案件移送审判业务庭、开庭审理之前,当事人同意调解的,要及时进行调解。要进一步加强庭前调解组织建设,有条件的人民法院可以探索建立专门的庭前调解组织。要进一步优化审判资源配置,有条件的人民法院可以探索试行法官助理等审判辅助人员开展庭前调解工作,提高调解工作效率,减轻审判人员的工作负担。

11. 继续抓好委托调解和协助调解工作。在案件受理后、裁判作出前,经当事人同意,可以委托有利于案件调解解决的人民调解、行政调解、行业调解等有关组织或者人大代表、政协委员等主持调解,或者邀请有关单位或者技术专家、律师等协助人民法院进行调解。调解人可以由当事人共同选定,也可以经双方当事人同意,由人民法院指定。当事人可以协商确定民事案件委托调解的期限,一般不超过30日。经双方当事人同意,可以顺延调解期间,但最长不超过60日。延长的调解期间不计入审限。人民法院委托调解人调解,应当制作调解移交函,附送主要案件材料,并明确委托调解的注意事项和当事人的相关请求。

12. 大力做好再审案件调解工作。对历时时间长、认识分歧较大的再审案件,当事人情绪激烈、矛盾激化的再审案件,改判和维持效果都不理想的再审案件,要多做调解、协调工作,尽可能促成当事人达成调解、和解协议。对抗诉再审案件,可以邀请检察机关协助人民法院进行调解;对一般再审案件,可以要求原一、二审法院配合进行调解;对处于执行中的再审案件,可以与执行部门协调共同做好调解工作。

13. 扎实做好调解回访工作。对于已经达成调解协议的,各级法院可以通过实地见面访、远程通讯访或者利用基层调解工作网络委托访等形式及时回访,督促当事人履行调解协议。对于相邻权、道路交通事故、劳动争议等多发易发纠纷的案件,应当将诉讼调解向后延伸,实现调解回访与息诉罢访相结合,及时消除不和谐苗头,巩固调解成果,真正实现案结事了。

14. 注重发挥律师和法律援助机构在调解工作中的积极作用。各级法院要积极推动、引导律师和法律援助机构参与或者主持调解、和解,共同做好调解工作。要积极探索,争取当地司法行政部门、律师协会的支持,注意解决律师风险代理收费与调解结案之间的矛盾。要积极推动律师协会建立推荐优秀律师担任调解员的制度,推进律师和法律援助机构参与或者主持调解工作的制度化、规范化。对于在调解工作中成绩突出的律师和法律援助机构,人民法院应当向当地司法行政部门、律师协会提出予以表彰和奖励的建议。

三、规范调解活动,创新调解工作机制,提高调解工作质量

15. 切实贯彻当事人自愿调解原则。要积极引导并为双方当事人达成调解协议提供条件、机会和必要的司法保障。除了法律另有规定的以外,要尊重当事人选择调解或者裁判方式解决纠纷的权利,尊重当事人决定调解开始时机、调解方式方法和调解协议内容的权利。要在各个诉讼环节,针对当事人的文化知识、诉讼能力的不同特点,用通俗易懂的语言,进行释法解疑,充分说明可能存在的诉讼风险,引导当事人在充分认识自身权利义务的基础上,平等自愿地解决纠纷。

16. 切实贯彻合法调解原则。要依法规范调解过程中法官审判权的行使,确保调解程序符合有关法律规定,不得违背当事人自愿去强迫调解,防止以判压调、以拖促调。要及时查明当事人之间的纠纷争执点和利益共同点,准确合理确定当事人利益关系的平衡点,维持双方当事人权利义务基本均衡,

确保调解结果的正当性。要认真履行对调解协议审查确认职责,确保调解协议的内容不违反法律规定,不损害国家利益、社会公共利益、第三人利益以及社会公序良俗,正确发挥司法调解的功能,切实维护公平正义。

17. 科学把握当判则判的时机。要在加强调解的同时,切实维护当事人合法权益,注意防止不当调解和片面追求调解率的倾向,不得以牺牲当事人合法权益为代价进行调解。对当事人虚假诉讼或者假借调解拖延诉讼的,应依法及时制止并做出裁判;对一方当事人提出的方案显失公平,勉强调解会纵容违法者、违约方,且使守法者、守约方的合法权益受损的,应依法及时裁判;对调解需要花费的时间精力、投入的成本与解决效果不成正比的,应依法及时裁判;对涉及国家利益或者社会公共利益的案件,具有法律适用指导意义的案件,或者对形成社会规则意识有积极意义的案件,应注意依法及时裁判结案,充分发挥裁判在明辨是非、规范行为、惩恶扬善中的积极作用。

18. 加强对调解工作的监督管理。要充分考虑调解工作的特点,建立健全有利于调解工作科学发展的审判流程管理体系。要落实《最高人民法院关于人民法院民事调解工作若干问题的规定》第四条、第六条关于特定情况下的和解、调解期间不计入审限的规定,合理放宽对调解案件适用时间、期间和审限的限制。当事人愿意进行调解,但审理期限即将届满的,可以由当事人协商确定继续调解的期限,经人民法院审查同意后,由承办法官记录在卷。案件有达成调解协议的可能,当事人不能就继续调解的期限达成一致的,经本院院长批准,可以合理延长调解期限。同时,要针对各类调解案件在审理流程中不同环节的特点,确定合理的案件流转程序,避免在调判对接、调判转换环节因效率不高而延长案件处置周期;要加强对调解工作的跟踪管理和评查,及时纠正调解工作中存在的问题,着重解决硬调、久调不决等问题,确保调解工作质量。

19. 进一步加强对法官在调解工作中的职业行为约束。各级法院的法官,在调解过程中要注重着装仪表,约束举止言行,保持客观公正,平等保护各方当事人合法权益,不偏袒一方。根据案件的具体情况,法官可以在调解过程中分别做各方当事人的调解工作,但不得违反有关规定,私自单方面会见当事人及其委托的代理人。

20. 进一步规范调解协议督促条款、担保履行条款的适用。在调解过程中,要关注义务履行人的履行能力和履行诚意,在确保调解协议内容具体、明确并具有可执行性的同时,注重引导当事人适用《最高人民法院关于人民法院民事调解工作若干问题的规定》第十条、第十一条规定的督促条款和担保履行条款,提高调解协议的自动履行率。对原告因质疑被告履行调解协议的诚意而不愿调解的案件、争议标的额较大的案件,以及调解协议确定的履行期限较长或者分期履行的案件,可以通过适用督促条款、担保履行条款,促进调解协议的达成,促使义务履行人自动履行调解协议。要注意总结调解经验,制定规范性的表述方式,明确条款的生效条件,防止调解结案后双方当事人对协议条款内容的理解产生歧义。

21. 建立健全类型化调解机制。要不断总结调解经验,努力探索调解规律,建立健全以调解案件分类化、调解法官专业化、调解方法特定化为内容的类型化调解机制,建立相应的调解模式,提高调解同类案件的工作效率和成功率。要根据案件利益诉求、争议焦点的相似性,对道路交通事故损害赔偿纠纷、医疗损害赔偿纠纷、劳动争议等案件试行类型调解模式,实现"调解一案、带动一片"的效果。要根据类型案件的特点,选配具有专业特长、经验丰富的法官调解,鼓励法官加强对类型案件调解理论和方法的梳理和研究,将经过实践检验行之有效的个案调解方法,提升为同类案件的调解技巧,不断丰富调解的形式和手段。

22. 建立健全调解工作激励机制。要修改完善调解工作统计指标体系,完善统计口径,要从统计和考核民事案件调解情况,发展到对诉前、立案、庭前、庭中、庭后、执行、再审、申诉、信访等诸环节的调解案件,以及刑事、行政等各项调解、和解和协调工作进行统计和考核。在考核指标体系方面,在适当考虑办案数量、结案率和改判发回率的同时,突出对办案社会效果的考核,加大调解撤诉率、服判息诉率、申请再审率、申诉率、信访率、强制执行率和调解案件自动履行率等指标的权重。要建立健全能够反映调解工作量和社会效果的量化考核体系和考评方法,作为评价各级法院调解工作成效的标准和法官业绩考评的参考依据,正确引导调解工作方向,提高调解水平。

23. 建立健全调解能力培养长效机制。要及时总结调解工作经验,整理典型案例,加强对调解工作的指导。要把调解能力培养列入法官年度和专门培训计划,要以提高做群众工作的能力为核心,着力加强调解能力建设。要继续推行法官教法官、新进人员到基层和信访窗口接受锻炼等做法,鼓励法官深入社会、深入实践、深入基层,深刻把握社情民意,了解本地风俗习惯,学会运用群众语言,不断贴近人民群众,切实增强调解工作的效果。

24. 建立健全调解保障机制。各级法院要积极争取当地党委和政府的支持,把调解工作经费纳入财政预算。要积极争取中央政法补助专款资金和省级财政配套资金支持,充分发挥专款资金的使用效益,加大对调解工作的经费投入。要在经费、装备和人员编制等方面向基层法院和人民法庭倾斜,加大投入，进一步夯实调解工作基层基础。要争取专项经费支持，为参与调解的特邀调解员、委托调解人提供经费保障，对在调解工作中成绩突出的特邀调解员、委托调解人，要予以表彰和奖励。

四、进一步推动"大调解"工作体系建设，不断完善中国特色纠纷解决机制

25. 坚持在党委领导和政府支持下推进工作体系建设。各级法院要紧紧依靠党委领导，积极争取政府支持，鼓励社会各界参与，充分发挥司法的推动作用，将人民调解、行政调解、司法调解"大调解"工作体系建设纳入推进三项重点工作的整体部署。在坚持三大调解各司其职的前提下，充分发挥司法的引导、保障作用，加强与人民调解、行政调解在程序对接、效力确认、法律指导等方面的协调配合，及时把社会矛盾纠纷化解在基层和萌芽状态，有力促进社会和谐稳定。

26. 推动"大调解"工作网络体系的建立。各级法院要加强与村委会、居委会、工会、共青团、妇联、侨联等组织密切配合，形成化解社会矛盾的合力。要充分利用自身的资源来支持其他调解组织开展工作，有条件的地方可以在基层法院和人民法庭设立人民调解工作室等必要的办公场所，为其他组织调处纠纷提供支持，同时也要注意利用其他社会组织和有关部门的调解资源。可以在处理纠纷比较多的派出所、交警队、妇联、工会等单位设立巡回调解点。要建立以人大代表、政协委员、基层干部、人民陪审员、离退休干部以及社会各界人士组成的覆盖各级、各部门、各行业的特邀调解员、调解志愿者网络库，加强与人民调解、行政调解组织网络的对接，逐步形成资源共享、力量共用、良性互动的"大调解"工作网络体系。

27. 加强在"大调解"工作体系中的沟通协调。各级法院要加强与各级联席会议、人民调解、行政调解以及其他调解组织的联系，及时掌握矛盾纠纷排查情况，紧紧抓住影响社会和谐稳定的源头性、根本性、基础性问题，充分发挥不同调解组织的职能互补作用，引导不同类型的矛盾纠纷由不同的调解组织解决，相互借力、共谋调处。要依靠党委的领导和"大调解"工作体系，对可能起诉到人民法院的重大案件提前做好工作预案，对已受理的重大或群体性案件，要充分依托"大调解"工作体系协调相关职能部门稳妥处置化解。

28. 加强对人民调解、行政调解的法律指导。各级法院要加强与人民调解、行政调解组织的工作沟通和经验交流，相互学习借鉴好经验、好做法，共同提高调解水平。要积极开展对"大调解"工作中新情况、新问题的分析研究，加强对人民调解、行政调解组织的指导，帮助人民调解、行政调解组

织完善工作程序，规范调解行为。要配合司法行政机关等政府职能部门和有关组织，指派审判经验丰富的审判人员采取"以案代训"、"观摩调解"等方式对人民调解员、行政调解人员开展培训。对人民法院变更、撤销或者确认无效的调解协议及其原因，应当以适当方式及时反馈给相关调解组织，并就审理中发现的问题提出意见和建议。

29. 进一步完善调解衔接机制。对经人民调解、行政调解、行业调解或者其他具有调解职能的组织调解达成的协议，需要确认效力的，有管辖权的人民法院应当依法及时审查确认；符合强制执行条件的，人民法院应当依法及时执行。具有债权内容的诉讼外调解协议，经公证机关依法赋予强制执行效力的，债权人可以向被执行人住所地或者被执行的财产所在地人民法院申请执行。

参考文献

1. 王红梅编著. 新编人民调解工作技巧. 北京：中国政法大学出版社，2006.
2. ［英］迈克尔·努尼. 法律调解之道. 杨利华、于丽英译. 北京：法律出版社，2006.
3. ［英］戴安娜·特赖布. 法律谈判之道. 高如华译. 北京：法律出版社，2006.
4. 李傲主编. 法律诊所实训教程. 武汉：武汉大学出版社，2010.
5. 张晓秦、刘玉民. 调解要点与技巧. 北京：中国民主法制出版社，2009
6. 北京市朝阳区人民法院民一庭编. 诉讼调解实例与研究. 北京：中国法制出版社，2007.
7. 浙江省司法厅编. 优秀调解案例选编.
8. 李中莹. NLP 简快心理疗法. 北京：世界图书出版公司北京公司，2003.
9. 李中莹. 重塑心灵（修订版）. 北京：世界图书出版公司，2006.
10. ［英］亚伦·皮斯、芭芭拉·皮斯. 身体语言密码. 北京：中国城市出版社，2007.
11. 刘树桥、马辉主编. 人民调解实务. 广州：暨南大学出版社，2008.
12. ［美］罗伯特·西奥迪尼，诺亚·戈登斯坦，斯蒂芬·马丁. 说服力. 天津：天津教育出版社，2009.
13. 司法部基层工作指导司编. 人民调解工作典型案例汇编. 北京：法律出版社，2008.
14. 吴玉华主编. 人民调解案例. 北京：中国检察出版社，2006.
15. 宋才发，刘玉民主编. 调解要点与技巧总论. 北京：人民法院出版社，2007.
16. 孙国明，鲁桂华主编. 民事纠纷调解要点与技巧. 北京：人民法院出版社，2007.

17. ［日］谷口安平. 程序的正义与诉讼. 北京：中国政法大学出版社，1996.

18. 全国人大常委会法制工作委员会民法室、中华人民共和国司法部法制司编著，扈纪华、陈俊生主编. 中华人民共和国人民调解法解读. 北京：中国法制出版社，2010.